旅游景区营销

旅游景区认知

旅游景区服务　　旅游景区现代化管理探讨

旅游景区日常管理

旅游景区规划

TOURISM

教育部高等学校高职高专餐旅管理与服务类专业教学指导委员会推荐教材

全国高职高专旅游类"十二五"示范教材

景区服务与管理

TOURISM

本教材编写委员会

主　编　邹统钎　吴丽云

委　员　郑　洁　彭　敏　高　润

　　　　杨会娟　徐　萍

南京师范大学出版社
NANJING NORMAL UNIVERSITY PRESS

图书在版编目(CIP)数据

景区服务与管理/邹统钎,吴丽云主编.—南京:
南京师范大学出版社,2013.2(2020.3 重印)
(全国高职高专旅游类"十二五"示范教材/黄震方总主编)
ISBN 978-7-5651-0855-6

Ⅰ.①景… Ⅱ.①邹… ②吴… Ⅲ.①旅游区－商业服务－高等职业教育－教材 ②旅游区－经济管理－高等职业教育－教材 Ⅳ.①F590.654

中国版本图书馆 CIP 数据核字(2012)第 309977 号

书　　名	景区服务与管理
主　　编	邹统钎　吴丽云
责任编辑	崔　兰
出版发行	南京师范大学出版社
地　　址	江苏省南京市宁海路 122 号（邮编：210097）
电　　话	(025)83598919(传真)　83598412(营销部)　83598297(邮购部)
网　　址	http://www.njnup.com
电子信箱	nspzbb@163.com
印　　刷	江苏扬中印刷有限公司
开　　本	787 毫米×1092 毫米　1/16
印　　张	14.5
字　　数	300 千
版　　次	2013 年 2 月第 1 版　2020 年 3 月第 2 次印刷
印　　数	3601－5100 册
书　　号	ISBN 978－7－5651－0855－6
定　　价	34.5 元
出 版 人	张志刚

南京师大版图书若有印装问题请与销售商调换
版权所有　侵犯必究

全国高职高专旅游类"十二五"示范教材专家指导委员会

主　任：黄震方（南京师范大学）
副主任：黄维兵（四川烹饪高等专科学校）　　海米提·依米提（新疆大学）
委　员：（按姓氏笔画排序）

　　　王全在（内蒙古财经学院）　　　　　王美萍（北京联合大学）
　　　石　强（深圳职业技术学院）　　　　冯玉珠（河北师范大学）
　　　朱水根（上海旅游高等专科学校）　　杨　坚（西南大学）
　　　杨　柳（中国饭店协会）　　　　　　汪京强（华侨大学）
　　　邹益民（浙江大学）　　　　　　　　林伯明（桂林师范高等专科学校）
　　　赵桂毅（淄博职业学院）　　　　　　唐　文（吉林商业高等专科学校）
　　　徐桥猛（无锡商业职业技术学院）　　彭诗金（郑州轻工业学院）
　　　魏洁文（浙江商业职业技术学院）

全国高职高专旅游类"十二五"示范教材编审委员会

主　任：黄震方（南京师范大学）　　　　徐　蕾（南京师范大学出版社）
副主任：黄维兵（四川烹饪高等专科学校）　林荣芹（南京师范大学出版社）
委　员：（按姓氏笔画排序）

　　　丁彦宏（河北旅游职业学院）　　　　方法林（南京旅游职业学院）
　　　匡家庆（南京旅游职业学院）　　　　朱海榕（南京师范大学出版社）
　　　刘　伟（广东金融学院）　　　　　　刘晓琳（山东旅游职业学院）
　　　刘惠芹（江苏经贸职业技术学院）　　吉良新（日照职业技术学院）
　　　吴　云（上海旅游高等专科学校）　　吴　江（南京师范大学）
　　　吴丽云（中国旅游研究院）　　　　　汪京强（华侨大学）
　　　宋益丹（南京旅游职业学院）　　　　张树夫（应天职业技术学院）
　　　张　骏（南京旅游职业学院）　　　　张　晶（上海旅游高等专科学校）
　　　邹统钎（北京第二外国语学院）　　　周春林（南京旅游职业学院）
　　　胡　强（江苏经贸职业技术学院）　　徐桥猛（无锡商业职业技术学院）
　　　徐洪灿（应天职业技术学院）　　　　崔　兰（南京师范大学出版社）
　　　曹艳芬（湖北职业技术学院）　　　　谢元博（桂林旅游高等专科学校）
　　　詹兆宗（浙江旅游职业学院）　　　　滕玮峰（浙江商业职业技术学院）
　　　魏　凯（山东旅游职业学院）

总 序

近年来,我国高等职业教育主动适应社会经济发展的需要,以培养生产、建设、服务、管理第一线的高素质技能型专门人才为主要任务,坚持以服务为宗旨、以就业为导向,走产学研结合发展道路,通过不断深化教育教学改革,推进体制机制和办学模式创新,办学思路日益明确,教育规模不断扩大,人才培养质量显著提升,为经济社会的发展提供了强大的人才支撑和智力支持。

"十二五"时期是我国高等职业教育稳步发展和全面提升的关键时期,是办学活力明显增强,办学水平整体提升,服务能力显著提高的重要时期,是高等职业教育深化改革、创新发展的攻坚时期。这一时期,也是我国文化和旅游业大发展、大繁荣的黄金机遇期。高等职业旅游教育面临着巨大的行业人才需求,也肩负着深化教育教学改革,全面提高教育质量,培养高素质技能型旅游专门人才的历史重任。

教材是实现教育目的的主要载体,是教学的基本依据,是培养高质量优秀人才的基本保证。伴随着我国高等职业旅游教育的发展,教材建设也取得了明显的成果,教材种类大量增多,教材内容不断丰富,对促进高等职业旅游教育发展起到了积极的作用。但是,现有的高职旅游教材还存在一些不足,主要表现在:一是高职教育特色不强,仍然没有完全摆脱本科压缩型的教材模式;二是教材内容与生产实践结合不紧,实践性内容相对不足,没有充分体现行业生产实践和职业技能鉴定规范的要求;三是教材低水平重复建设现象比较严重;四是教材内容比较单调、陈旧,难以适应现代技术、行业发展和教学改革要求。

高职旅游教材的编写是一项研究课题,需要变革和创新。应根据高职培养目标准确进行教材定位,按照应用导向设计教材内容结构,将"做中学"、"用中学"、"工学结合"等现代性、实用性观念融入教材,进入课堂教学。必须面向广大学生,研究专业的职业特点及培养目标的业务规格,突破传统教材框架,探索易于高职学生接受的编写模式和内容体系,编写体现高职院校自身特色的专业教材,使教材真正成为实现旅游教学与职业紧密对接的现代教学媒体。

高职旅游示范教材的编写更是一项系统工程,需要多领域高水平协同研发。南京师范大学出版社在全国范围内精心组织编审、编写团队,其研发历经三年多时间。从深入一线课堂进行调研,听取相关领域众多师生的意见;到向全国不同教学层次学者、行业专家征求高职旅游课程建设与教材改革、行业发展新建议、新要求,在全国多所骨干、示范性高职院校旅游类重点建设专业和精品课程负责人中遴选作者;再到多次召开调研会、编委会、组稿会、统稿会、评审会……其目的在于让教材跟上时代步伐、体现高职旅游类课程改革最新成果、彰显示范性。

本套教材结合高职旅游专业的特点,围绕工作过程(任务)系统化的课程要求,在遵循科学性、职业性、实用性、创新性、示范性的编写原则的同时,在现代职业教育理念与教材有机融合、体现课程改革与高职教材特点、教材框架体系与教材内容选择、教材编写队伍与编写方式、教材立体化开发和呈现形式等方面,体现出较好的示范作用。

本系列教材基本涵盖了当前高职高专院校旅游管理、酒店管理专业基础课、专业核心课程。编写体例分两个版本:A版偏重理论知识的课程体例,提倡以案例化、能力活动化形式展现;B版偏重实践操作的课程体例,提倡以情境化、实操化形式展现。无论是A版还是B版,其基本体例都包括"目标—过程—评价"。为了让学生在学习的过程中能够了解并熟悉行业要求,我们在体例设置上把"目标"进一步细化,分为"行业要求"和"学习目标或终极目标";为了把"知识和技能"融进学习任务或工作任务中,在每个教学任务下分设了"任务目标"、"案例聚焦"、"任务执行"、"任务拓展"、"任务反馈"栏目(另外,有些教材在栏目的增减或措辞上稍有差异,以适应相关课程的具体发展要求),加强了任务与任务、项目或模块与任务之间的条理性和系统性,突出了每个栏目下内容都是科学设置、合理设计的特点;为了使得学习过程和教学过程更加完整,我们在"模块评价或项目评价"栏目下分设了"知识/技能评价"、"能力应变或实训演练"、"模块链接或项目链接"三个小栏目,与行业动态、实训内容等相联系,使得学生在过程评价或实践演练中培养素质、积累经验、提高技能。

本套教材凝聚了国内多位高职旅游院校优秀教师和行业精英的智慧和经验,体现了现代旅游职业教育的特点和教育教学改革的成果,是高职旅游专业教材改革创新的一次有益尝试,对提高旅游专业教材质量,推进专业教材建设具有积极意义。

期待这套教材的出版,能在我国旅游人才的培养中发挥重要的作用,为促进高等职业旅游教育的发展作出更大的贡献。

教育部高等学校高职高专餐旅管理与服务类专业教学指导委员会 主任委员

南京师范大学旅游系主任、教授、博士生导师 黄震方

序

经过30多年的大发展,我国的旅游景区已经从重开发进入重管理的阶段,但随着绿色经济时代的到来,我国的旅游景区管理面临九个挑战。

1. 绿色经济时代。目前世界陆地生态系统服务每年损失500亿欧元;加勒比地区珊瑚礁的破坏导致旅游收入下降20%,约每年3亿美元;数百种处方药合成成分的药用植物种类濒临灭绝;气候变化的成本与风险相当于每年全球GDP的20%,而采取行动限制它的成本仅为1%(IUCN,2011)。这是绿色经济时代的征兆。34%的旅游者愿意多付钱住在环境友好的酒店以及选择可持续的居住方式(Trip Advisor,2012,WEF,2012),50%的国际旅游者愿意多付费以资助社区发展以及自然文化保护(CESD and TIES,2012);52%的旅游者愿意从那些有书面承诺愿意保护环境支持社区发展的企业定购旅游产品(SNV,2012)。绿色经济时代呼唤景区管理从观念、体制到技术层面进行改革与创新。

2. 经营绩效区域差异。景区收入在全国旅游总收入中的比重在不断提高。旅游接待规模与旅游收入近年年均增长20%以上,增速明显高于同期全国星级饭店和旅行社行业。中国A级景区接待游客数量东、中、西部的比例大致为6:2:2,营业收入比例为7:2:1,门票收入比例为7:2:1,东部明显强于中西部。

3. 景区门票怪圈。中国世界遗产地门票呈现以下价格规律:"十一五"期间门票涨幅远远超过GDP涨幅;经济越发达地区,门票价格越低,西部地区世界遗产地门票价格反而高;自然遗产、文化景观、自然文化双遗产、文化遗产门票价格依次下降;遗产地面积越大,门票价格越低,这点很奇怪;门票涨价对游客人数的影响极小,因为这些景区绝大多数为必看景区,即使涨价大家也要看。

美国政府财政支付了国家公园的绝大多数维持与营运成本。英国老百姓交税中已经为国有景区门票付了部分乃至全部费用。这就是美国门票低,英国所有国有景点免门票的根源。英国私人拥有的景点收门票,门票价格在10~20英磅之间,如Alnwick Castle团队票10英磅。这些都是贵族拥有,很注重文化传承与教育功能,门票仅用于补偿维修费用,因此较低,重在突出它创造就业的社会功能。而中国的景区维持费用绝大多数来自景区经营本身。一些专家总在强调综合收入,抨击我国景区过度依赖"门票经济",其实从综合盈利上我国景区远远超过许多外国景区。中国景区管理的差距绝对不是在经济上,而是在遗产与环境保护,以及教育职能的开发方面。提升景区的"必看性"是关键。

免票在杭州西湖成功了,但在经济欠发达、生态脆弱的西部景区可能会带来灭顶之灾。而我国景区的关系户免票、逃票真是中国特色。

4. 多头管理将长期维持。中国旅游景区存在住建部、环保部、林业局、国土资源部、文化部、宗教局、水利部、旅游局等多头管理,这个问题近期难以解决,引发管理错位与管理缺位等问题。其实联合国也存在对遗产的多头管理。UNESCO世界遗产委员会负责世界遗产的遴选与管理,联合国粮农组织另起炉灶,发起全球重要农业文化遗产(GIAHS)评选,中国青田田鱼、哈尼梯田、万年水稻等入选。

5. 智慧旅游何以成为血窟窿。中国旅游业的每次所谓信息革命都是投入巨大却血本无归。第一旅工程,投入大效率低;第二代数字景区,建设部在风景名胜区试点,投资动辄上亿,收效很低;第三代全国发展旅游信息中心,大量建设极不方便的"I"亭;现又忽悠智慧旅游。不绑定手机,不以游客为中心,必将劳民伤财!

6. 市场营销投机取巧。既有"我靠重庆"、"一座叫春的城市"、"处女免票"、"土匪抢亲"、"裸体纤夫秀"之类旅游营销刁钻古怪,也有湖南新晃、贵州赫章、贵州水城等地的"夜郎"之争,乃至山东阳谷、临清和安徽黄山的西门庆故里之争。改地名则是另外一种流行的方法:徽州改黄山、蒲圻改赤壁、崖县改三亚、中甸改香格里拉、大庸改张家界、思茅改普洱、崇安改武夷山、南坪改九寨沟、灌县改都江堰、路南改石林、南天一柱改哈利路亚山。有人认为宿迁的骆马湖(谐音落马湖)不吉利,就建议改名为马上湖。张家界的1999"飞机穿越天门山天门洞"、2007"法国蜘蛛人徒手攀爬"、2009"达瓦孜传人极限坡度高空走钢丝"、2011"翼装侠穿越天门洞",真可谓步步惊心!可至今没有一个像澳大利亚大堡礁的"世界上最好的工作"这样成功的营销案例。

7. 景区安全难以让人放心。华山、东部华侨城、阿里山等非常成熟的著名旅游景区依然发生重大旅游安全事故,绝大多数是我国旅游景区安全保障措施不力所致。科学管理客流、保证设施质量、完善管理制度、建立科学的预警机制是关键。另外,游客安全意识亟待提高。

8. 标准下的个性泯灭。地方标准、国家标准乃至世界标准满天飞。中国景区热衷于通过标准认证打品牌。各种标准良莠不齐,相互冲突。创A、低碳、生态等品牌,争地方、国家、国际等级别的品牌,相互模仿过多,强调自身特色以及创新不足,导致遍地人妖表演,四处俄罗斯风情,满目鬼城蛇馆,全国印象走秀。突出地方特色是唯一出路。

9. 遗产与生态保护是最大的挑战。平遥古城坍塌、乔家大院转让、水洗孔庙、武当山遇真宫焚毁、金山岭长城千人大派对、圆明园防渗工程等,片面追求经济利益导致我国自然遗产与文化遗产损失惨重,如何平衡利用与保护的关系是旅游景区的重大挑战。

战略决定方向,细节决定成败。以上问题看起来似乎是战略问题,实质上主要是管理细节问题。我国景区管理层普遍对旅游景区管理细节问题关注不足。本书是一部侧重旅游景区服务与管理细节的教材。本书内容包括旅游景区认知、旅游景区规划、旅游景区营销、旅游景区服务、旅游景区日常管理、旅游景区现代管理探索六大部分,旨在为建设让人民更加满意的旅游景区提供工具与指南。

2013年正月于北京市朝阳区定福庄1号

目 录

总序 （黄震方） ■ 001

序 （邹统钎） ■ 001

认知篇

模块一　旅游景区认知

任务一　认识旅游景区　　　　　■ 003
任务二　探讨旅游景区发展趋势　■ 013

管理篇

模块二　旅游景区规划

任务一　实施旅游景区功能分区　　■ 029
任务二　配置旅游景区产品　　　　■ 036
任务三　配置旅游景区交通设施　　■ 045
任务四　布局旅游景区交通线路　　■ 050
任务五　布局旅游景区商业网点　　■ 056

模块三　旅游景区营销

- 任务一　考察景区并进行游客问卷调查　064
- 任务二　细分并确定目标市场　070
- 任务三　树立景区旅游形象　076
- 任务四　制定景区营销组合策略　081
- 任务五　策划景区公关活动　089
- 任务六　策划景区节庆营销活动　093
- 任务七　制定渠道销售方案　098

模块四　旅游景区服务

- 任务一　预订与销售门票　104
- 任务二　接待参观游客　112
- 任务三　引导客流流量和流向　116
- 任务四　解说旅游景点　126
- 任务五　回答游客咨询　131
- 任务六　处理游客投诉　139

模块五　旅游景区日常管理

任务一　保护并管理景区资源　　148
任务二　保护并管理景区环境　　154
任务三　维护和更新设施设备　　165
任务四　处理景区安全事故　　173

提高篇

模块六　旅游景区现代化管理探讨

任务一　创建绿色景区　　185
任务二　创建标准化景区　　193
任务三　创建数字化景区　　202

参考文献　　215

认知篇

认知篇主要包括旅游景区认知模块,是景区服务与管理的导入部分。本篇系统介绍旅游景区的概念、类别、特征、未来发展趋势,使学生了解景区的来龙去脉及管理特点,为学生未来从事景区服务与管理工作奠定认知基础。

模块一　旅游景区认知

◆模块目标

【行业要求】

对景区管理充满热情,熟悉国内外旅游景区的相关知识;善于与同事相处,能够有效沟通,合作共事;能够根据社会资金、集团企业的投资动向及旅游需求变化判断旅游景区的发展方向和趋势。

【学习目标】

知识目标:了解旅游景区的内涵;了解世界和中国旅游景区的发展历史;熟悉旅游景区的分类标准及分类结果;熟悉我国旅游景区发展过程中存在的问题;掌握旅游景区的特征;掌握我国旅游景区未来的发展趋势。

技能目标:熟悉国内外旅游景区的管理制度和规范;能够运用互联网收集工作所需资料;能够撰写调研报告。

态度目标:善于与人合作,不计较别人缺点;工作勤奋、踏实、吃苦耐劳。

◆模块任务

本模块是景区管理的基础,是进行景区管理的前提。旅游景区(tourist attraction),是指具有吸引国内外游客前往游览的明确的区域场所,能够满足游客游览观光、消遣娱乐、康体健身、寻求知识等旅游需求,应具备相应的旅游服务设施并提供相应旅游服务的独立管理区。目前,旅游景区在我国旅游业的发展中起着不可忽视的推动作用。对旅游景区进行正确的认识是开展旅游景区服务和管理工作的前提;对国内外旅游景区发展现状及趋势的探讨,可以全面提升和完善旅游景区服务和管理的水平。

任务一　认识旅游景区

【任务目标】

了解景区是景区工作人员进入景区工作的开始。通过学习相关案例和小组探讨,学生可以了解旅游景区的概念、类别、主要特征等,对景区有基本认知,为从事景区工作奠定基础。

> **情景设计**
>
> 李明是北京某大学旅游管理专业的一名毕业生,在学习期间,他对旅游景区开发与管理产生了非常浓厚的兴趣。2010年大学毕业后,李明凭借自己的努力,加入了北京新起点旅游景区管理有限公司。入职后,公司人力资源部安排新员工开始了为期一月的入职培训,培训内容不仅包括让新员工学习、熟悉公司相关规章制度、发展历史、管理特色,也包含了对新员工进行系统的旅游景区管理知识培训。
>
> 专业培训的第一课,培训老师让新员工以6人为一组,开展了一系列讨论。

【案例聚焦】

案例1

环球嘉年华

环球嘉年华是世界知名的娱乐品牌,是与迪士尼主题公园、环球影城齐名的世界三大娱乐主题公园之一。环球嘉年华有独特的运营形式:场地向当地政府租借使用;活动时间多为一两个月;活动中的大型游艺机向欧洲地区的供应商租借,以保证其机械的更新换代和安全性能。

环球嘉年华的活动内容主要包含:

机动乘骑项目——包括具有极限速度、运动以及身体挑战的乘骑项目;亲朋好友一起体验的中度乘骑项目;青少年乘骑项目。重在提供刺激体验。

竞技项目——用有吸引力的和流行的奖品奖励熟练的玩家,鼓励游客积极参与其中,奖品通常为柔软可爱的玩具。

文化娱乐项目——种类繁多的国内外文化性民间娱乐表演。

美食与购物——多种多样的国内外食品,提供多样化的美食体验。

以上所有活动是在一种刺激、活跃和欢乐的环境中进行。此环境充满灯光、音乐、色彩、舞蹈、歌声和运动,使游客享受到独一无二的"环球嘉年华体验"。

案例2

特色旅游景区

1. 印度德里 Sulabh 国际厕所博物馆

Sulabh 在印度语中意为公共厕所,这家同名公司开设了"德里最古怪的博物馆",博物馆展示了自公元前2500年到现在的各种卫生间,使游客可以了解人类卫生间发展史。

2. 美国德州汉斯维尔监狱博物馆

监狱博物馆抓住游客的探奇心理,吸引游客前来体验与自己日常生活截然不同的而又神秘的监狱环境。监狱博物馆由已离职的监狱工作人员运营,馆中包括退役电椅"Old Sparky"、走私货、德州 Rodeo 监狱用品以及鸳鸯大盗邦妮(Bonnie)与克莱德(Clyde)被打死时所驾驶的汽车等各类展览物品。

3. 美国宾州的 Hellam Haines 鞋屋

"鞋巫师"建造的 Haines 鞋屋于1940年代末落成,现在已成为鞋迷和美国文化爱好者必看的景点。鞋屋的外观像一只巨大无比的鞋,它是 Haines 为了给自家生意做广告而建造的。鞋屋功能集广告牌、蜜月旅行旅店、冰淇淋店、私人住宅于一体,同时它也是对外开放的旅游景点。

4. 新西兰斯图尔特兰斯博格迷宫世界

迷宫世界位于新西兰瓦纳卡镇,是一处如梦幻般的地方。它的入口是一栋奇形怪状、倾斜达53度的房屋,造型非常吸引眼球。迷宫世界里,有设计独特的厕所、马桶,具有神奇视觉效果的头像房间,还有可以放大、缩小的房子,更有奇特的梦幻厅、神奇的恶魔图画等。这是一处具有独特吸引力的迷宫世界。

案例3
某风景旅游区组织机构设置

1. 综合办公室

(1) 协助管委会领导处理日常工作,综合协调各科室的有关工作。

(2) 负责对管委会工作部署和领导交办的重要事项的落实办理情况进行检查、督办。

(3) 负责文秘、人事、机要、档案、信访、信息、保密、财务(乡镇财政)、综合统计工作。

(4) 负责管委会机关后勤事务、固定资产管理、景区(点)门票管理工作。

(5) 负责对外联系和接待工作。

2. 农村工作办公室

(1) 负责农管处12个行政村的农业、农村、农民服务工作。

(2) 负责计划生育、科技、教育文化、卫生体育等各项社会事务和公共事业管理工作。

(3) 负责做好经济社会统计和村级财务内审监督工作;建立健全减轻农民负担的监督管理机制。

(4) 负责社会治安综合治理、信访、调解工作,化解农村社会矛盾,维护农村社会稳定。

(5) 负责农管处的党务和组织建设工作。

(6) 负责辖区内的土地征用、拆迁等政策处理工作。

3. 规划发展科

(1) 负责全县风景资源的勘察调查和风景名胜区的规划管理工作。

(2) 负责指导景区内村庄的建设工作。

(3) 负责旅游区(点)质量等级评定工作。

(4) 负责办理风景名胜区与县城城市规划区重叠区域内建设项目(含民居建设项目)选址的审核报批或审批和建设用地规划许可、建设工程规划许可的审核工作;负责风景名胜区县城城市规划区非重叠区域内建设项目(含居民建设项目)的选址、建设用地规划许可、建设工程规划许可的审核报批或审批工作。

(5) 负责风景区的园林绿化的规划管理和实施工作。

(6) 负责景区内各项工程的建设管理,基础设施和国有房产的维修工作。

(7) 负责编制和报批风景区内重大(要)建设项目的投资计划、建设项目库和招商引资工作。

(8) 负责风景区规划建设的监察管理工作。

(9) 履行各相应职能部门依法委托的管理职能。

4. 行业管理科

(1) 负责全县旅游业的行业管理。

(2) 负责推广旅游行业标准、规范

服务、旅游商品开发及旅游统计。

（3）负责指导全县旅游质量监督管理工作。

（4）负责漂流、缆车等特种旅游项目的审核工作。

（5）负责旅行社资格审核、申报、年检及星级宾馆申报、推介、评定等工作。

（6）负责旅游从业人员的资格考试、年审考核工作；履行各相应职能部门依法委托管理职能。

（7）组织重大旅游安全事故的救援和处理，督促检查旅游保险的实施、旅游安全等工作。

5. 市场开发科

（1）负责旅游市场开发规划和计划的编制工作。

（2）负责旅游市场开发策划和宣传营销工作。

（3）负责旅游节庆、促销活动的策划和组织工作。

（4）负责掌握旅游市场动态，提供市场信息，指导驻外办事处的日常工作。

案例 4

中华民族园有限公司组织机构设置

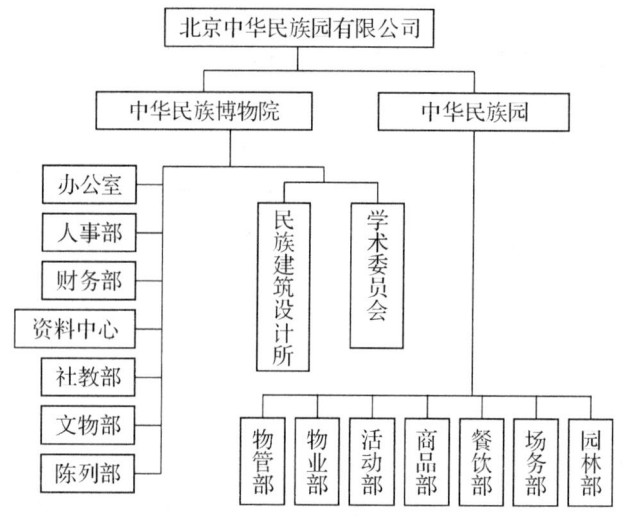

【任务执行】

任务发布

任务 1-1-1：以 6 人为一个小组，阅读案例 1~4，结合个人对旅游景区的理解，根据自查资料及"知识讲解"中部分内容，分组讨论如下三个问题。

①什么是旅游景区？

②旅游景区可分为哪些类别？

③从案例 3 和案例 4 中的两个旅游景区管理机构情况看，两者有何差异？

时间：40 分钟

任务分析

在现实生活中，景区的类型相对多样，对旅游景区内涵的辨识首先需要把握景区的几点重要特征，再从这些特征中归纳。景区的分类，最根本的是需要找到分类的标准,进而形成不同的分类结果。旅游景区管理部门的设置,需要根据景区的类别特点进行具体分析,国家所有的旅游景区,大多以管委会形式存在,其行政性特征更为鲜明;企业管理的旅游景区,多由公司运营,其经营性特征更为突出。

任务实施

①各小组阅读案例,用头脑风暴法,每人写出旅游景区具备的三个关键词。

②小组讨论,最终确定三个关键词,并以这三个关键词为中心,形成本小组对旅游景区概念的界定。

③各小组根据成员认知,确定旅游景区的一种分类标准,并形成分类结果。

④结合案例及小组成员自查资料,确定企业化运营的景区和国有国营性质的景区在组织机构设计上的差异,归纳两类景区组织结构设计的差异。

⑤各小组按任务完成的先后顺序上台展示小组成果。

各小组成员在充分讨论的基础上,形成本小组的最终成果。

学生小组任务成果书(NO.1)			
实训任务1-1-1:旅游景区特征研讨		任务性质	小组任务
小组任务成果名称	旅游景区的内涵、类别及机构设置		
要求:1. 写出旅游景区应具备的三个关键词 2. 为旅游景区下一个定义 3. 确定一种分类标准,对旅游景区进行分类,并形成分类结果 4. 总结企业运营及国有国营景区在管理机构设置方面的差异			
注:成果以A4纸打印或手写			

知识讲解

一、旅游景区的概念

旅游景区(点)目前还缺乏权威的、被大家广为认可的定义。在中文中,风景名胜、旅游区、旅游景区、风景旅游区都可以称为景区,主题公园、森林公园、地质公园、自然保护区、旅游度假区、国家公园等在特定的语境下也可以表示景区之意。英语一般用tourist attractions、visitor attractions表示旅游景区。目前具有一定代表性的定义有五种。

(1)我国国家质量技术监督局发布的《旅游景区质量等级的划分与评定》(GB/T 17775—2003)中对旅游景区的界定:具有参观游览、休闲度假、康乐健身等功能,具备相应旅游服务设施并提供相应旅游服务的独立管理区。该管理区应有统一的经营管理机构和明确的地域范围,包括风景区、文博院馆、寺庙观堂、旅游度假区、自然保护区、主题公园、森林公园、地质公园、游乐园、动物园、植物园及工业、农业、经贸、科教、军事、体育、文化艺术等各类旅游区(点)。

(2)国务院发布的《风景名胜区条例》中对风景名胜区的界定:具有观赏、

文化或者科学价值,自然景观、人文景观比较集中,环境优美,可供人们游览或者进行科学、文化活动的区域。

(3) 朱卓仁(Chuck Y. Gee)的定义:景区是因气候、风景、文化或活动而满足一个特定顾客群和市场的欲望和喜爱的一个区域。

(4) 约翰·斯沃布鲁克(John Swarbrooke)的定义:景区应该是一个独立的单位、一个专门的场所,或者是一个有明确界限的、范围不可太大的区域,交通便利,可以吸引大批的游人闲暇时来到这里,作短时访问。

(5) 英国旅游局(BTA)和英格兰旅游委员会(ETC)的定义:一个长期存在的出游目的地,其存在的首要目的是向公众开放并满足进入者的娱乐、兴趣和教育的需求,而不是仅仅用于购物、体育运动、观看电影和表演。旅游景区(点)的进入无需提前预定,可以吸引一日游游客和旅游者。

从国内外已有的定义可知,对旅游景区的界定仍存在差异,有从景区本身的参观、欣赏、体验功能出发界定,有从景区的接待、管理角度出发界定,反映了资源背景、学科背景等的差异。为便于统一,本书采用国家质量技术监督局的定义。

旅游景区的核心功能,应具备下述几点:

(1) 以吸引游客为目的,包括本地的一日游游客和旅游者,根据游客接待情况进行管理的;

(2) 为游客提供一种消磨闲暇时间或度假的方式,为他们提供一种快乐、愉悦和审美的体验;

(3) 开发游客对这种体验的追求并满足这种潜在的市场需求;

(4) 以满足游客的需求为管理宗旨,并提供相应的设施和服务。

相关链接

一些国内外学者对景区的界定

美国学者沃尔什·赫伦(Walsh Heron)和特里·史蒂文斯(Terry Stevens) 旅游景区是具备以下特征的地点或举办活动的场所:①吸引当地居民中的游客、一日游游客和旅游者,并对其进行相应的管理;②提供一种娱乐或愉悦的体验或打发休闲时间的方式;③满足这种潜在需要的开发;④管理侧重为游客提供满意的服务;⑤提供相关设施和服务以满足游客各方面的需求、需要和兴趣;⑥可以是收费或免费的。

英国学者克里斯·库珀(Chris Cooper) 旅游景区可以由自然馈赠和人工建造两部分组成。前者包括景观、气候、植被、森林和野生动物,后者包括历史和文化,但还包括诸如主题乐园之类的人造游乐设施。

张凌云 凡是符合以下要求的具有较为明确范围边界和一定空间尺度的场所、设施或活动项目者,称之为旅游景区:①以吸引游客为目的,包括本地的一日游游客和旅游者,根据游客接待情况进行管理的;②为游客提供一种消磨闲暇时间或度假的方式,为他们提供一种快乐、愉悦和审美的体验;③开发游客对这种体验的追求并满足这种潜在的市场需求;④以满足游客的需求为管理宗旨,并提供相应的设施和服务。

马勇 景区是由一系列相对独立景点组成的,从事商业性经营,满足旅游者观光、休闲、娱乐、探险、科学考察等需求,具有明确的地域边界,相对独立的小尺度空间旅游地。

董观志 景区是指具有满足旅游者需求的特定功能,空间边界明确的游乐活动场所。

岳怀仁 景区是指在一定区域范围内,旅游资源、旅游服务设施和机构、旅游交通设施等相互作用而形成的旅游地域系统。

二、旅游景区的分类

（一）按照旅游景区质量等级划分

1. 五级分类

国家标准《旅游景区质量等级的划分与评定》(修订)(GB/T 17775—2003)规定,旅游景区质量等级划分的依据与方法为:根据旅游景区质量等级划分条件确定旅游景区质量等级,按照《服务质量与环境质量评分细则》、《景观质量评分细则》的评价得分,并结合《游客意见评分细则》的得分综合进行。经评定合格的各质量等级旅游景区,由全国旅游景区质量等级评定机构向社会统一公告。评分内容涉及旅游交通、游览设施和服务、旅游安全、景区卫生、邮电服务、景区购物、景区经营管理、景区资源吸引力、景区的市场吸引力、景区的国外游客年接待规模、游客满意度的抽样调查结果。截至2011年,我国共有各类A级景区5 573家,其中,5A级旅游景区130家,占A级旅游景区2.33%;4A级旅游景区1 814家,占A级旅游景区32.55%;3级级旅游景区1 840家,占A级旅游景区33.02%;2A级旅游景区1 661家,占A级旅游景区29.80%、1A级旅游景区128家,占A级旅游景区2.27%。

表1-1 各等级景区标准

	服务质量与环境质量	景观质量	游客意见
5A	950分	90分	90分
4A	850分	85分	80分
3A	750分	75分	70分
2A	600分	60分	60分
1A	500分	50分	50分

服务质量与环境质量满分1 000分,共分为8个大项,各大项分值为:旅游交通130分,游览235分,旅游安全80分,卫生140分,邮电服务20分,旅游购物50分,综合管理200分,资源和环境的保护145分;景观质量满分100分,其中资源吸引力65分,市场吸引力35分;游客意见评分满分为100分,其中总体印象满分为20分,其他16项每项满分为5分,计80分。满意度评分依

据主要参考"旅游景区游客意见调查表"的得分情况。具体要求：在质量等级评定过程中，"旅游景区游客意见调查表"发放规模，应区分旅游景区的规模、范围和申报等级，一般为30～50分，采取即时发放、即时回收、最后汇总统计的方法；回收率不应低于80%；"旅游景区游客意见调查表"的分发，应采取随机发放方式；原则上，发放对象不能少于三个旅游团体，并注意游客的性别、年龄、职业、消费水平等方面的均衡。

2. 两级分类

《风景名胜区条例》将我国风景名胜区分为国家级和省级两级。自然景观和人文景观能够反映重要自然变化过程和重大历史文化发展过程，基本处于自然状态或者保持历史原貌，具有国家代表性的，可以申请设立国家级风景名胜区；具有区域代表性的，可以申请设立省级风景名胜区。自1982年以来，国务院共审批通过6批共187处国家级风景名胜区，面积近10万平方千米，约占国土总面积的1%。

（二）按旅游景区的功能划分

按旅游景区的功能划分，可以将旅游景区划分为观光体验类旅游景区、度假休闲类旅游景区、科学考察类旅游景区和综合类旅游景区。

1. 游览观光类旅游景区

该类景区主要以观光游览为主，拥有较高审美价值的旅游资源。如湖南张家界、澳大利亚大堡礁、尼亚加拉大瀑布等属于此类旅游景区。

2. 度假休闲类旅游景区

该类指拥有高质量的服务设施和环境条件，为旅游者提供度假康乐等休闲服务的独立景区。如北海银滩、美国夏威夷、印尼巴厘岛等属于此类旅游景区。

3. 科学考察类旅游景区

它指以科学考察和科学普及类旅游资源为主，具有较高的科学研究价值，能满足旅游者求知欲的相对独立景区。如北京周口店遗址、四川虹口地震遗址、五大连池世界地质公园等属于此类旅游景区。

4. 娱乐体验类旅游景区

该类指以现代游乐设施为基础，为旅游者提供娱乐体验的景区。如深圳欢乐谷、美国迪士尼、苏州乐园、日本豪斯登堡等属于此类旅游景区。

5. 综合类旅游景区

该类指具有两个或两个以上功能，以多形式的旅游产品组合吸引不同需求的旅游者的景区。因其多元性而竞争力较强，成为景区发展的流行趋势。

（三）按旅游景区的所有制形式划分

按旅游景区的所有制形式划分，可分为国有、合资、民营、股份制等多种形式。国有旅游景区一般科学和历史价值很高，需要特别保护和研究的景区，如世界遗产、地质公园、自然保护区等。目前国有旅游景区仍占据主导优势，但近年来在国家政策的鼓励支持下，其他所有制形式的旅游景区也得到迅速发展。

（四）按旅游资源类型划分

按旅游资源类型划分，旅游景区可分为自然类旅游景区、人文类旅游景区和复合类旅游景区。

1. 自然类旅游景区

由多个自然类旅游景点组成，并辅

以一定的人文景观的相对独立的景区，以名山大川和江河湖海为代表。如长江三峡、九寨沟、黄龙、鼎湖山等。自然类旅游景区又可分为山地旅游景区、水体旅游景区、森林旅游景区、洞穴旅游景区和综合型自然旅游景区。

2. 人文类旅游景区

由多个人文旅游景点组成，并辅以一定的自然景观为背景的相对独立的景区。如长城、苏州园林、白金汉宫、陈家祠等。人文类旅游景区又可分为历史文化名城、古代工程建筑、古代宗教、古代园林以及综合型人文旅游景区。

3. 复合类旅游景区

由自然旅游景点、人文旅游景点相互映衬、相互依赖而形成的相对独立的景区，该区域中自然景观和人文景观的旅游价值均较高。如泰山、黄山、峨眉山·乐山大佛、武夷山等。

（五）按照景区形成的原因划分

美国学者 C.R. 戈尔德耐、J.R. 布伦特·里奇、罗伯特·麦金托什在《旅游业教程》一书中，根据景区形成的原因将其划分为文化、自然、节庆、游憩和娱乐等五种类型。这种分类方法被人们称为景区类型的"五分法"，见下图 1-1。

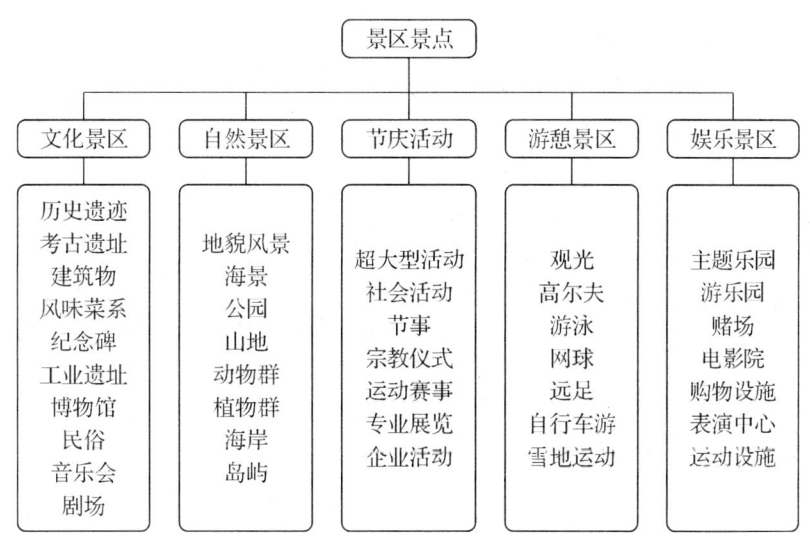

图 1-1 旅游景区类型的"五分法"

三、旅游景区的特征

（一）综合性

1. 旅游景区构景要素的多样性

如山地景观是由山体与林地、云雾等组成，海滨旅游资源是由阳光、海水、沙滩等组成。人文旅游景区同样具有综合性的特点：中国古建筑是由建筑物、风水地貌、礼制思想等组成，园林则由山、水、动物、植物、建筑、楹联等多种元素组成。

2. 旅游景区消费的综合性

一是旅游消费主体具有综合性。旅游景区能吸引和满足不同年龄、性别、信仰、民族、地域、收入、偏好的旅游者的消费需求。二是消费客体具有综合性。旅游景区的消费往往需要吃、住、行、游、购、娱等综合消费才能完成一次旅游消费过程。三是消费功能具有综合性。旅游景区不但能满足人们诸如审美、猎奇、求知、康乐等多样化的享受需求,而且能满足人们多方位的发展需求。

3. 旅游景区管理的综合性

首先是旅游景区管理主体的综合性,林业局、旅游局、文物局、宗教部门、环保总局等都可以是景区的管理主体;其次是旅游景区市场管理的综合性,涉及交通、工商、卫生、安全、公安等部门;再次是旅游景区人员管理的综合性,包括游客、社区人员、导游、股东等等。

旅游景区的综合性对景区的经营管理有着重要影响。首先,景区要和其他组织一起合作来提供产品,这导致其在资金、专业知识、安全标准各方面都存在一定变数,因而对产品的管理就比较分散;其次,任何一部分出差错,都会影响到其他组成部分的声誉,即存在旅游行业著名的 100－1＝0 公式。

(二) 地域性

地域性是指旅游景区需以一定的地域空间为载体,因而存在地域差异,带有地方色彩。

(1) 由于地域分异因素(纬度、地貌、海陆位置等)的影响,自然环境因素如气候、地貌、水文、动植物出现地域分异,从而导致自然旅游资源出现地域性。如雾凇的景观只有在北方寒冷天气下才可见到,佛光则需要在峨眉山、庐山等山顶上,并结合特定的天气条件才可出现。

(2) 由于人文景观与自然环境有紧密的联系性,这种联系性在农业社会及其以前的历史时期,甚至表现为强烈的依赖性,自然景观的地域性也导致了人文景观的地域性。如中国的传统民居是在特定地域的自然环境与人文环境的综合因素下产生,窑洞与黄土高原、吊脚楼与山区都是密不可分的。

地域性形成旅游景区的差异性,而这种差异性又是吸引力的基础。因此,对于旅游景区来说,正确认识和理解这种地域性对景区产品开发的作用意义非凡。旅游景区要以多种方式手段,营造自己与众不同的特色。

(三) 创新性

旅游景区产品与其他产品一样,其生命周期包括初创期、发展期、成熟期、衰退期四个阶段。随着时间的增长,景区产品对旅游者的吸引力会减弱乃至消失,如果不及时更新改造,产品必然走向衰亡(如图 1-2)。因此,景区要不断进行主题创新、结构创新、功能创新、管理服务创新,通过开发新产品、改进原有产品、优化产品组合等途径来保持景区产品的吸引力。如南岳衡山不断深挖寿文化资源,举办寿文化节,铸立中华寿坛,并策划一系列高空走钢丝、攀云梯等世界挑战赛活动,不断培育景区新的吸引力。

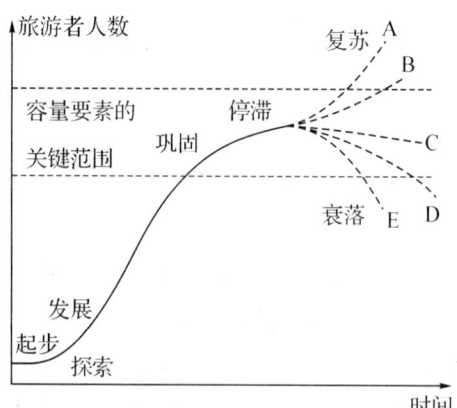

图 1-2　景区生命周期曲线(巴特勒,Butler)

（四）现代化

旅游景区的现代化是指在设施、服务、旅游产品、旅游文化等多个层面上体现出来的标准与特征，以适应现代人的审美和消费观念。旅游景区的现代化，不仅意味着设施、产品要现代化，更要体现在服务现代化、管理现代化、旅游文化现代化等软件方面。如青城山、白云山等景区的数字化建设，管理人员借助办公自动化、电子巡查、电子门票、实时监控等现代化手段大大提高了管理效率。

【任务拓展】

任务1-1-2：各小组自主选择本地某一知名景区，并提前将所选景区报至教师，由教师统一协调，避免雷同。小组制作幻灯片，重点介绍该景区的资源类型、该景区的资源特色、该景区的管理机构和管理模式。

【任务反馈】

各小组当堂汇报本小组的景区汇报成果，其他小组成员可以就感兴趣内容进行提问，由汇报小组解答。

任务二　探讨旅游景区发展趋势

【任务目标】

学生通过学习相关案例，了解中外旅游景区的发展历史、现状及趋势；通过小组任务体验和实施，能够全面了解并掌握我国旅游景区的经营管理现状及未来发展方向。

情景设计

李明入职后的培训接近尾声，最后一次专业课程培训，培训教师给出了考题，请新员工以6人为单位组成小组，结合小组一个月以来的培训内容及小组成员对景区的认知，分组讨论未来旅游景区的发展趋势，以更好地指导大家未来的工作。旅游景区未来将向什么方向发展呢？

【案例聚焦】

案例 1

广东旅行社进军旅游景区

我国旅行社业的发展面临利润日渐摊薄的现状，相关数据表明，目前国内游的毛利率下降至营业额的10%左右，出境游维系在10%~15%。而在获利的顶峰时期，国内游可达15%，出境游更是高达20%以上。据业内人士透露，在整个产业链整体利润上，省内游线路旅行社的利润还不到整体利润的10%，其中多数利润为酒店、景区、餐饮、交通瓜分，而景区经营利润率平均可高达营业额的20%以上，远高于同期旅行社和旅游酒店行业利润率。

据此，广东部分旅行社企业进军景区经营，延长产品链，提高企业利润率。广之旅率先以3亿元介入封开旅游景区景点经营，南湖国旅·西部假期涉足盘龙峡景区以及餐饮、酒店领域。广东中旅与两家海外战略投资方接触后，共同创立了投资额达10亿元，涉足景区、交通领域的产业多元化经营模式。他们投资的3个景区包括省内粤北、粤西2家及省外1家,而交通领域主要为泛珠地区的长途客运。

各种现象显示,旅行社直接投资景区、酒店等设施建设,意在旅游产业链上获取更多的利润,而其中不乏国有、民营旅行社。

案例2
景区商标注册引发热潮

近年来,我国频繁发生有关企业和个人把历史古迹、风景名胜的名称抢注成商标的事例。在一家商标类网站,以"九寨沟"为名的商标曾以120万元出售,商标类型多达30类,包括咖啡、白糖、蜂蜜、茶等。"香格里拉"也面临同样的状况。以"香格里拉"为名的商标,转让费开价已达200万元。其他如"瘦西湖"、"武当山"、"黄山"、"九华山"等商标都在某个商标类别中被抢注。

全国仅一成景区注册商标

针对景区商标遭遇抢注事件,中国旅游协会旅游景区分会发布通知,呼吁全国各景区抓紧时间注册商标,并已联合企业为景区提供注册服务。该协会在发布的《关于加强旅游景区商标知识产权保护的通知》中表示,旅游景区在知名度和美誉度不断提高的同时,品牌和商标保护意识明显不足。

据调查,目前我国各类旅游景区景点商标知识产权注册保护的只有10%,绝大多数旅游景区景点商标知识产权保护意识淡薄,从而给一些企业和个人有可乘之机。要保护好旅游资源及品牌,就必须注册商标,只有寻求商标专有权的法律保护,才能避免商标被抢注的厄运。注册商标是保护旅游品牌的唯一途径。

抢注不应被扣"恶意"帽子

由于景区疏于保护,对注册商标的认识不够深入,导致部分企业和个人有机可乘而被抢注了商标。部分遭抢注的商标在网上倒卖的事情引起了部分民众的愤怒,认为此举有投机倒把之嫌。

中国社会科学院旅游研究中心特约研究员刘思敏表示,景区商标遭抢注基本不存在恶意的问题,抢注者的动机是为了获利,只要注册人遵守了市场经济的规则和现行法律,抢注商标的行为不应该被扣上"恶意"的帽子,除非注册人主观上有诋毁、丑化景区形象的恶意。

业内人士认为,绝大多数的人抢注景区商标,是看到有利可图,希望利用景区的品牌影响力扩大产品的知名度,帮助推销自己的产品,然后从市场中获益。他认为,市场经济的本质是法制经济,市场经济不相信眼泪,也不需要同情。抢注行为在这点上有点类似于王海打假,风景名胜成为商标的历史很长,也很常见,像黄山、黄果树、大前门等都是著名的香烟商标,所有权都不属于景区,尽管形成事实的原因、背景不同,但不能认为这些烟厂侵权,更不能认为恶意抢注。

知识讲解

商标:是用以区别所提供商品及服务的标记,分商品商标和服务商标。

商品商标:是指商品的生产或经营者为了将自己的商品与他人的商品相区别而使用的标记。

服务商标:指服务的提供者为了将自己提供的服务与他人提供的服务相区

别而使用的标记。

商标分类：商标共分45个类别，商品商标是第1～34类，服务商标是第35～45类。商标有效期是10年，注册的商标到期需继续使用的应当在期满前的6个月内申请续展注册。

景区商标注册：景区商标注册大多集中在第39类（旅游）、第41类（教育，培训）、第43类（餐饮，住宿）、第29类（加工过的农产品）、第31类（未加工的农产品）、第30类（食品）、第20类（旅游工艺品）、第25类（服装、鞋、帽）、第26类（刺绣品）、第6类（金属工艺品）、第18类（皮革制品）等。

驰名商标：是商标领域的最高荣誉，对景区自身形象宣传、打击商标侵权有重要作用，现在"故宫"、"紫禁城"、"少林寺"等均已经被认定为旅游景区行业的驰名商标。

【任务执行】

任务发布

任务1-2-1：以6人为一个小组，阅读案例1～2，讨论确定未来旅游景区的发展方向与发展趋势有哪些？每小组至少写出三项发展方向或趋势，并解释选择该三项的理由。

时间：50分钟

任务分析

旅游景区在旅游业的发展中起着不可忽视的推动作用。住房和城乡建设部的资料显示，2012年全国国家级风景名胜区已达225处，其中43处被列入联合国教科文组织《世界遗产名录》，省级风景名胜区达700余外。了解旅游景区发展趋势是进行旅游景区服务与管理的前提。

任务实施

①各小组分组讨论，确定旅游景区发展的三个方向或趋势。

②各小组确定旅游景区发展方向的原因。

③各小组按顺序上台与其他小组分享本小组的讨论结果。

各小组成员在充分讨论基础上，形成本小组的最终成果。

学生小组任务成果书(NO. 2)			
实训任务1-2-1：旅游景区的发展趋势探讨		任务性质	小组任务
小组任务成果名称	旅游景区发展趋势判断		
任务形式：现场展示			

知识讲解

一、世界旅游景区的发展历程

世界旅游景区的发展大致可以追溯到古希腊和罗马时代，然后经历了萌芽阶段、大众化阶段、现代发展阶段。

（一）萌芽发展阶段

古希腊人和罗马人喜欢外出旅行，主要目的是泡温泉、参加集会、竞技体育，或者去参观艺术品和建筑杰作的所在地。古希腊的"奥林匹亚庆典"是当时影响最大的庆典，后终演变成现代奥林匹克运动;公元前4世纪,罗马人就有了导游手册;埃及、希腊和罗马时代同时也是人造景观最早发展的一个时期,旅行家昂蒂帕克总结了当时的"世界七大奇迹"。

罗马帝国衰败后,中世纪进入宗教旅游的繁荣时代,朝觐圣地成为主要的目的地和景区。14世纪出现了为朝圣者提供帮助的信徒证明和旅游指南,现代各国使用的护照据传是由此演变而来的。基督教和伊斯兰教信徒是朝圣活动的主要群体,他们不仅去朝圣,也会进行社交活动、商贸往来和游山玩水。这种宗教旅游被看成是早期的大众旅游。

欧洲文艺复兴时期,人们对知识和自由的崇尚导致人们的旅游活动体现出两大特征:对健康的关注和强烈的求知欲。前者体现在温泉疗养胜地和海滨度假胜地的发展。比利时的斯帕(Spa)因建成一座富含铁质矿泉的度假地而成为欧洲闻名的疗养胜地,而布莱克本也因人们发现海水的疗养功能后成为英国广受欢迎的海滨度假胜地。大旅游时代(Grand tour)则反映出人们对知识的渴望,年轻人纷纷涌向巴黎、威尼斯和佛罗伦萨这样的文化中心。

(二)近代旅游阶段

19世纪的工业化极大改变了人们的生活方式。铁路系统的发展使得旅游不再只是上流社会的专利,大众旅游时代正式形成。1841年7月5日,托马斯·库克(Tomas Cook)利用包租火车的方式组织了570多人从莱斯特前往洛伯罗赫,这被公认为近代旅游和旅游业开端的标志。1851年英国在海德公园举办一次大型的博览会,接待了来自世界各地630万人次的参观者,这在近代旅游景区发展史上具有重要意义。

与此同时,旅游的目的和旅游种类开始变得多样化。原有的温泉、海滨和文化遗迹作为旅游景区在旅游者心目中的地位更加巩固,博物馆、城市公园、美术馆、滑雪馆、水族馆等旅游景区也开始发展起来。1853年,英国在伦敦动物园内建造了世界第一座近代水族馆;1872年,美国建立了世界首个国家公园——黄石国家公园;1889年法国建成当时世界最高的塔——埃菲尔铁塔;1894年,美国芝加哥建立了世界上第一座现代乐园——保罗·波恩顿水滑道公园;1925年,扎伊尔建立世界上第一座真正意义上的野生动物园。

(三)现代发展阶段

第二次世界大战结束之后,世界各国经济普遍进入强劲复苏时期,以电气化为标志的第二次工业革命使得世界的距离更加缩短,长途旅游因而得到快速发展。在高科技的推动下,景区步入了综合发展的黄金时代。1955年7月,美国加州迪士尼公园正式建成开放,这标志着主题乐园的时代来临了。其他类型的景区也得到了充分的发展,且不断有新的旅游形式出现,如博彩、会展(MICE)、极限运动等。旅游者的休闲方式更加多元化和个性化,与此相对应,旅游景区提供的旅游产品和功能日益完善,服务更加迅捷周到,景区管理越来越规范化。

二、中国旅游景区的发展

(一)古代萌芽阶段

我国古代的旅游形式主要有以隋炀

帝、清乾隆为代表的皇帝巡游,李白、杜甫为代表的士大夫漫游,以玄奘、鉴真为代表的宗教旅游,以丝绸之路和海上香料之路为代表的商务旅游,以徐霞客、沈括为代表的科学考察旅游。我国古代的景区主要体现在园林方面,并对世界园林体系有着重大影响,有"世界园林之母"的美誉。

中国园林早期的形态有囿、苑、圃等形式。商代的囿是从天然地域中圈出一块土地,挖池筑台,放养禽兽,以供帝王狩猎取乐。秦始皇建上林苑,汉武帝后扩建,方圆达300里。魏晋南北朝,园林的建造趋于寄情山水,回归自然,设计者对写意的山水园林形成了初步的设计观念与手法。唐宋秉承魏晋之风,在形与意方面为后来的私家园林打下基础。明清之际,园林艺术日臻精湛,涌现出一批造园专著,如《园冶》《帝京物略》《娄东园林志》等,以及一批像计成、张然这样的造园专家。

中国园林的造园理念,首先秉承的是"天人合一"的哲学观点,追求的是人与大自然的和谐相处。园林是古代士大夫思想精神的空间寄托,如清代钱泳所说,"造园如作诗文"。在造园准则方面,强调"有定法,无定式";构景要素有叠山、理水、动植物、建筑等。

(二)近代的低迷阶段

通常人们把1840年以前的园林称为古典园林,我国园林从古代到近代的转折以公园的出现为标志。1868年,上海出现我国最早的公园——公花园(欧式花园,记载着"华人与狗不得入内"屈辱历史,现为黄浦公园)。西方园林追求理性,强调按照纯粹的几何结构和数学关系发展,强调"完整、和谐、鲜明"原则。这种公园的出现使得我国旅游景区的类型日渐多元。

但当时因为列强用坚船利炮打开国门,中国遭遇内忧外患,国力衰败,战火不断,景区的发展一直处于低迷状态,更有火烧圆明园这样的悲剧发生。

(三)现代旅游景区快速发展阶段

新中国成立后,景区的发展一度出现反复。新中国成立之初,为丰富人民的生活,政府在城市兴建了大量的休闲公园、疗养院,景区的发展全面复苏。之后"文化大革命"的十年,整个中国经济出现全面滑坡的情况,景区的发展停滞甚至崩溃。

改革开放后,旅游业进入快速发展阶段。20世纪80年代初,国家公布了首批24个历史文化名城和44个国家级风景名胜区,推动了我国景区的开发和建设。在市场经济的推动下,景区的经营管理与服务得到很大的提高。80年代中期以后,涌现出一片人造景观和主题公园,如华侨城、苏州乐园。国家公园、森林公园、世界遗产、旅游度假区、自然保护区、地质公园、温泉、海滨、滑雪、滑水、高尔夫等多种类型的景区也得到迅猛发展,形成比较完善的景区体系。90年代中期,国家又推动旅游示范区、生态旅游示范区的成立,强调可持续发展理念。2005年,国家旅游局公布首批全国工农业旅游示范点。中国从政府主导战略正向旅游强国战略转型。

三、我国旅游景区的发展现状

国家旅游局发布的《2011年中国旅游景区发展报告》显示,截至2011年底,全国共有各类旅游景区20 976家,形成我国旅游业的半壁江山。旅游景区已成为居民旅游消费的热点之一,景区收益不断增加。住房和城乡建设部的资料显示,2012年全国国家级风景名胜区已达225处,其中43处被列入联合国教科文组织《世界遗产名录》,省级风景名胜区达700余处。我国旅游景区的设立不仅保护了一大批风景名胜资源,也在保护生物多样性、维持生态平衡等方面发挥了重要作用。同时,资源的合理开发利用还促进了当地经济文化的快速发展。中国基本建立了具有中国特色的风景名胜区管理体系。近年来风景名胜区平均每年旅游总收入约为330亿元人民币。由此可见,我国旅游景区在旅游业的发展中起着不可忽视的推动作用。

四、我国旅游景区发展过程中存在的问题

目前,我国的旅游景区在发展中出现了以下五个主要问题。

(一)管理体制的局限性

1. 多头管理、条块分割

目前我国旅游景区的管理主体具有明显的多样性(如表1-2)。在我国,旅游景区归口管理部门达12家之多,如国家级森林公园归属国家林业局,宗教场所归属宗教部门,历史文化名城归属文化文物部门。而在一个景区的经营管理活动中,政府可出面干预的部门同样众多,如农业、环保、建设、文物、林业、水利、旅游等。"九龙治水"的现状导致管理的低效和实际管理主体的缺位,有利的时候大家争着抢,有责任的时候大家互相推诿。如山西广胜寺,庙是文物部门管理,而庙里的和尚是宗教部门管理。又如在2002年1月,庐山登山北路10公里马尾水处发生了炸山开路,毁林建停车场和房屋的事件,事实上该开发项目并没有得到风景名胜区管理部门的批准,但因为庐山风景的管理由多个部门负责,庐山风景名胜区管理局实际所能行使管理权的范围非常有限,对庐山山体以外地方无权管理,也无权监督。

表1-2 我国旅游景区管理主体

景区类型	景区主管部门
历史文化名城	国务院建设主管部门/国务院文物主管部门
宗教场所	宗教部门
国家级风景名胜区	国家住房和城乡建设部
国家级森林公园	国家林业局
国家级旅游度假区	国家旅游局
国家级地质公园	国土资源部
国家级自然保护区	国家环保总局/国家林业局
国家级文物保护单位	国家文物局

2. 行政事业性管理,产权不清晰

我国旅游景区属于行政事业性管理。这与市场经济的理念不符,导致景区在经营管理活动中背负不该背负的任务。由于资金来源主要靠财政拨款和门票收入,景区费用比较短缺;行政事业的性质又导致服务意识淡薄,机构臃肿,人浮于事;产权不清晰会导致景区的经营管理容易受"长官意志"的影响。景区市场化程度在不断提高,但产权依然不清晰。景区的所有权、经营权、管理权、监督权、受益权等权力分开,是景区发展的必经之路。

相关链接　东北虎之死与动物园改制

2009年11月,沈阳森林野生动物园出现了第一只非正常死亡的东北虎。这个消息直到2010年3月10日才被人们所知。其间,又有10只东北虎非正常死亡。而这些被列入濒危野生物种的国家一级保护动物,竟是活活饿死的。

11只东北虎饿死的消息让举国哗然,随着调查的深入进行,真相让人唏嘘。1999年,民营老板杨××出资85%的股份,成立了沈阳森林野生动物园,沈阳市政府以动物和地皮作为股本,占15%的股份。改制后的动物园按合同接受原国营动物园的动物、设备和员工。野生动物园打破了传统的笼养模式,一度吸引了不少游客。但从2004年开始动物园开始亏损,不但没有利润上缴,反而每年都要向政府索要拨款扶持。东北虎被饿死是企业向政府索要拨款的手段,用以支付拖欠的员工工资及相关方的欠款。"虎口夺食"终于导致悲剧发生。这促使人们思考像野生动物园这样的景区究竟该不该改制,如果改制又如何避免由于资本的逐利性而危及野生动物的生命等问题。

(二)环境污染与破坏

旅游景区环境的污染与破坏,有地震、火山、海啸、风化、流水侵蚀等自然因素,也有旅游者、景区管理者造成的污染和破坏等人为因素。目前我国景区环境污染问题依然比较严重,很多景区都存在不同程度的水体、土体破坏,大气与噪音污染等问题。

在利益的驱动下,有些景区出现严重"超载"现象,人满为患导致景区的游览质量下降,让旅行变成"大人看脑袋,小孩看屁股",同时也导致生态环境遭到严重破坏。像一些溶洞景观,因游客过多,游客呼出的二氧化碳导致景物质量受损。有些景区则因为经营管理水平低下,乱建索道、胡乱翻新古建筑等"建设性"破坏活动层出不穷。

游客素质不高也是我国景区环境破坏的重要原因。随地吐痰、乱扔垃圾、"到此一游"的涂刻等不文明行为在景区中随处可见。以四川的西岭雪山为例,黄金周接待了10万游客,从山门口到海拔3 000多米的日月坪,一路上全是被扔掉的各种胶袋、塑料瓶、易拉罐、方便面桶等废弃物,景区大扫除出动了300多名员工、40多辆农用车,用了300多个垃圾袋,在一周时间里共清理、销毁生活垃圾15吨。峨眉山节后每天出动170多名清洁人员、20多辆垃圾车,才将游客遗留下来的10余吨生活垃圾清理完。

(三)景区安全问题

我国旅游景区安全问题随着旅游事业的发展,变得越来越凸出。景区安全问题主要表现在:管理者安全意识差,对安全隐患未足够重视,保安队伍和报警设施难以满足治安需要;旅游经济活动滋生旅游地刑事案件和社会治安问题;景区交通、旅游线路设计与旅游活动组织不合理导致安全事故,如我国景区发生的几起缆车故障或坠毁事故;自然灾害与野生动物带来安全隐患;环境和食品安全卫生等问题导致旅游者安全和健康问题;景区设施设备导致安全问题。

相关链接

2008年旅游突发公共事件统计

据2008年旅游突发公共事件年报信息资料可知,2008年国家旅游局共收到各地报送的旅游突发公共事件48起(包括1起发生于2007年),共造成147人死亡,4人失踪,401人受伤。其中旅游重大突发公共事件6起,88人死亡,4人失踪,132人受伤;较大事件35起,59人死亡,231人受伤;一般事件7起,38人受伤。一个个触目惊心的数字,使人们在叹息之余,更清楚地认识到旅游安全的重要性。

(四)景区产品结构单一、内容雷同

我国多数景区旅游产品开发程度较低,结构单一,大部分景区、景点开发和形成的产品处于低层次、初级化的状态。观光、食宿、照相留念仍是很多景区主要的服务项目。单一的观光产品或度假产品,少量的专项产品,这样的景区产品结构难以满足旅游者旅游需求的多样性。景区需要在产品结构方面进行创新,使产品结构丰富起来。另外,景区在开发旅游产品时应注意挖掘自己产品的特色,避免因内容雷同而引发恶性竞争。以主题公园为例,我国大大小小的影视城不下30家,北京共有39家主题公园起名为"宫、馆、洞、祠",而以"看泥人、听故事、走小路"为主要内容的就有16家之多。

(五)景区营销水平落后

我国大多数旅游景区的营销工作才刚刚开始,还不能算是真正的市场营销,这其中既有管理体制落后,市场化程度不高,职业化经营管理人才缺乏等客观原因,更有经营管理人员认识不足,重视不够,不学习、不跟踪、不运用最新的营销理念、营销技术和营销手段等主观原因。

景区营销工作的问题主要表现在:

(1)缺少系统的营销规划,营销活动没有目的性和系统性。

(2)市场定位不科学。很多景区认为自己能应对一切市场,没有进行专业分工。像"东方瑞士"、"东方夏威夷"、"天下第一××"这样的定位方法被过度使用。

(3) 营销手段单一,缺乏新技术的运用,如互联网营销、多媒体信息亭、互动电视、虚拟技术等,很多景区宣传主要靠嘴吼,营销主要靠腿走,好坏基本靠导游,卖票基本靠人手,交流基本靠喝酒,关系基本靠朋友。

(4) 景区各部门各自为政,缺乏整体营销的合力。

五、我国旅游景区发展的未来趋势

(一) 市场化程度将不断提高

目前我国景区市场化程度仍较低,但将不断提高。这表现在:在供给方面,景区数量急剧增加,质量也在不断提高,开始出现一批精品;在需求方面,人们对景区的需求总量在持续增长;在竞争方面,由较低层次的价格战开始转向品牌竞争、文化竞争;在治理模式方面,由行政事业管理向多样化景区治理模式转变(如表1-3)。

表 1-3 我国景区的治理模式特征

模式	发展导向	经营主体	所有权与经营权	开发权与保护圈	实例
整体租赁经营模式	经济发展导向	民营企业或民营资本占绝对主导的股份制企业	分离	统一;由经营企业负责	四川碧峰峡、重庆芙蓉洞
上市公司经营模式	经济发展导向	股份制上市公司	分离	分离;上市公司行使开发权,景区管理机构行使保护权	安徽黄山、四川峨眉山
非上市股份制企业经营模式	经济发展导向	非上市股份制企业:国有股份制企业或国有与非国有参与的混合股份制企业	分离	统一;由经营企业负责	曲阜"三孔"、桐庐瑶林仙镜
隶属于企业集团的整合开放经营模式	经济发展导向	国有全资企业	分离	统一;由经营企业负责	陕西华清池、海南天涯海角
隶属于地方政府的国有企业经营模式	经济发展导向	国有全资企业	分离	统一;由经营企业负责	浙江乌镇、江苏周庄
隶属于政府部门的国有企业经营模式	经济发展导向	国有全资企业	分离	统一;由经营企业负责	宁夏沙坡头、南宁青秀山

续表

模式	发展导向	经营主体	所有权与经营权	开发权与保护圈	实例
兼具旅游行政管理的复合治理模式	综合效益导向	景区管理机构（与当地旅游局一套班子）	统一	统一；由景区管理机构负责	江西龙虎山、山东蓬莱阁
兼具资源行政管理的复合治理模式	综合效益导向	景区管理机构（与当地文物、建设、园林等某一资源主管部门一套班子）	统一	统一；由景区管理机构负责	山东泰山
隶属于旅游主管部门的自主开发模式	综合效益导向	景区管理机构	统一	统一；由景区管理机构负责	河北野三坡、重庆四面山
隶属于资源主管部门的自主开发模式	社会环境导向，兼顾经济效益	景区管理机构（隶属于当地文物、建设、园林等某一资源主管部门）	统一	统一；由景区管理机构负责	北京故宫、八达岭长城

（二）信息化趋势

随着旅游业的发展，信息技术的重要性也日益显现，旅游行业各部门之间的有效快捷沟通变得越来越重要。越来越多的景区着手打造数字化景区，实现资源保护数字化、景区经营管理智能化以及旅游产业整合网络化。

（1）资源保护的数字化。资源保护的数字化是通过3S平台，即GIS(Geographic Information System 地理信息系统)、RS(Remote Sensing GPS 遥感技术)、GPS(Global Positioning System 全球定位系统)，对景区内各项设施和资源进行监控，这种动态的监管方式能够在第一时间反馈景区内资源环境以及旅游者行为等状况，同时它能为政府决策提供依据。

（2）经营管理的智能化。景区经营管理中信息技术的含量不断增加，如景区自身的办公自动化，以大屏幕、触摸屏等多种技术手段为载体、以多媒体和虚拟现实(VR)等多种技术手段为表现形式的旅游资讯服务，基于视频监控和GPS技术的游客安全监控和指挥调度，电子门票系统等。

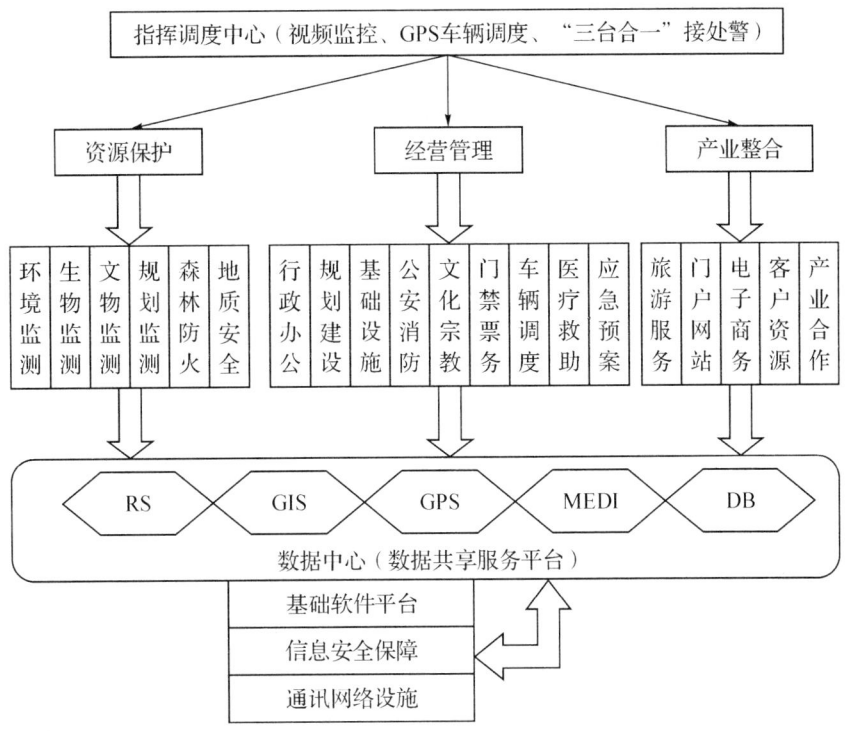

图1-3 数字化景区总体框架图

(3) 旅游产业整合网络化。信息技术可以有效帮助景区进行旅游产业整合。通过旅游电子商务、旅游网络互动平台等网络化手段，景区能解决传统旅游业不能解决的适应游客行、吃、住、游、玩一体化的需求。利用互联网可以使旅行服务、饭店、交通等环节连成一个统一的整体，进而可以大大提高服务的水平和业务的来源，而不再依赖旅行社和旅游饭店的分销平台。

数字化景区是一项复杂的工程，融合了计算机网络技术、现代通信技术、数据库技术、感测技术等信息技术，代表了景区的未来发展方向。按照国务院要求，住宅与城乡建设部（原建设部）2002年启动了风景名胜区监督管理信息系统试点建设工作，运用遥感技术对国家重点风景名胜区的资源进行保护和规划。（如图1-3）

（三）品牌化趋势

品牌是指经营者凭借其产品及服务确立的代表其产品及服务形象的名称、标记或符号，或它们的相互组合，是企业品牌和产品品牌的统一体，它体现着旅游产品的个性及消费者对此的高度认同。狭义的旅游品牌是指某一种旅游产品的品牌。广义的旅游品牌具有结构性，包含某一单项产品的品牌、旅游企业品牌、旅游集团品牌或连锁品牌、公共性产品品牌、旅游地品牌等。

我国景区的品牌建设相对滞后，但越来越多的景区意识到景区的核心竞争力是品牌,开始着手打造景区的特色并使之系统化。对景区商标品牌保护的重视程度也越来越高。比如苏州寒山寺一连注册了"寒山寺"、"寒山钟声"等商标;为了保护虎丘及其景区各个知名景点的商标价值,该景区也对六个商标名称进行了涉及十三类商标、上千种商品的商标注册。而在山东蓬莱,"八仙过海"、"海市蜃楼"等品牌,每年为蓬莱带来200多万游客和10多亿元的旅游收入,蓬莱也因此成为中国优秀旅游城市。

景区的品牌建设是一项长期工程,需经历品牌塑造、品牌维护和品牌提升三个阶段。目前我国已经形成一批具有一定知名度的景区企业,如华侨城、宋城集团、长隆等。但目前我国大部分知名旅游景区依然主要依靠资源品牌,如黄山、峨眉山、九寨沟等。

(四)集团化趋势

景区企业的集团化可以增强企业的实力,通过资源共享,节省成本和费用;集团成员的优势互补有助于提升企业的运作和管理效率,同时提高企业的创新能力和综合竞争能力。

我国旅游景区实行集团化,从对象来看主要有横向联合和纵向联合两种。所谓横向联合,是指旅游景区与其他旅游景区或非旅游企业在组织或资本上进行重组。与其他旅游景区进行联合有助于增强景区的吸引力,可以分享营销渠道,共同研发创新;而与非旅游企业进行横向联合可以增强整体抗击风险的能力。如华侨城、宋城集团以旅游为主营业务的同时,兼营房地产。

所谓纵向联合,是指旅游景区与其他旅游相关企业,如旅游饭店、旅游交通等,进行联合重组构建旅游集团的形式,即一手抓资源,一手抓市场。纵向联合使得原来的外部交易成本内部化,既提高了企业运行效率又降低了运营成本,是目前我国旅游集团化中较为常用的形式,如首旅集团、锦江集团。还有的旅游集团采取混合式,如中青旅以纵向为主,横向联合为辅,其旅游业务有旅行社、酒店(山水时尚酒店)和景点(乌镇),非旅游业务有房地产、中青旅大厦出租业务和福利彩票业务。

不少景区在尝试通过资产纽带实现集团化,如使用资产重组以及并购、参股、上市经营等手段,对存量资产进行剥离与优化。

(五)生态化趋势

随着人们环境保护意识的觉醒和生态旅游的发展,旅游生态化逐渐成为一种新的旅游理念,成为当代旅游的重要特征和发展趋势。这就给景区实施生态化管理提出了要求,并给景区生态化管理提供了发展空间。在未来很长一段时间内,对生态化管理方法的研究将会是景区管理界的一个重要发展方向。

景区生态化体现在两个方面:一是景区规划设计绿色化,一是经营管理的生态化。景区在规划时,要严格遵守生态环保理念,对景区进行功能分区。景区内产业也要生态化,在选择要素时企业要遵循无污染、低能耗与生态环境相协调的原则;在经营管理方面,不少景区都采用了低污染或无污染的绿色设施,如电瓶车、燃气车,A级景区基本上都要建立生态停车场,采用绿化草坪砖,以灌木为隔离线,用高大乔木和藤蔓植物遮荫,而传统停车场的混凝土地坪,不仅吸收更多的太阳辐射,且使城市地表含水量减少;在能源供应上则大量采用天然气、太阳能、沼气等天然绿色能源,有些景区利用现代生物技术对生活垃圾和污物进行降解;此外,旅游景区还日益重视对旅游者的环保教育。本书游客行为管理环节有专门介绍。

【任务拓展】

任务1-2-2:在实训任务1-2-1的基础上,每人撰写一份旅游景区发展之我见报告,具体讨论你对旅游景区未来发展的见解。

要求:字数不少于1 000字。内容必须原创。有真情实感。

【任务反馈】

从所有上交的旅游景区发展之我见作业中,挑选最优秀的5篇作品,在班级内组织优秀作品分组研讨。就作者所提出的见解进行讨论,深入剖析旅游景区发展中面临的问题,从而更好地判断旅游景区未来的发展趋势。

◆模块评价

【知识/技能评价】

旅游景区服务与管理是一项长期而复杂的任务,学生通过对上述任务的高仿真参与,对于旅游景区及景区管理有了基本的认知和了解。上述两个任务貌似分散,但实际均围绕认识旅游景区这个中心进行设计。在任务完成过程中,所有任务均以小组为单位进行,对学生独立工作能力缺乏考核。因此,在上述两个任务的基础上,学生以个人为单位,每人完成一份对我国旅游景区认识的总结,内容包括:你对旅游景区的认识;你所在的小组在完成两个任务的过程中的收获与不足;你个人从小组任务中的收获及反思。字数不少于1 000字。

【能力应变】

任务名称:××景区经营管理调研

任务要求:学生自主选择某一景区,并对该景区的经营管理现状进行各方面的总体调研,分析其在经营管理中的优点及存在的问题,并对其经营管理提出自己的建议,最终形成调研报告。

任务性质:小组任务

任务成果:××景区经营管理调研报告

任务成果要求:调研报告字数不低于2 000字。成果以A4纸打印或手写。任务成果不得有雷同,如果两份调研成果雷同,则视为互相抄袭,两份调研成果成绩为零分。

任务实施时间:周末,学生自主安排

【模块链接】

转让经营权"凤凰"重生

凤凰是湖南省湘西土家族苗族自治州的一个以苗族为主的多民族县,素有"中国最美的小城"之誉和"画乡"之称,2001年被批准为国家历史文化名城。

凤凰自古就是远近闻名的经济文化中心和旅游胜地。但在2001年之前,凤凰县的各个景点分别由不同政府部门分散管理,基本上还属于政府接待,政府几乎没有收入。为了改变凤凰的状况,县政府采用招标的方式,从投标者中选择了黄龙洞投资股份有限公司(以下简称黄龙洞公司),将凤凰的8个景区(点)50年的经营权进行转让。此后,凤凰的旅游业开始步入发展的快车道,旅游人次连年增长,旅游收入节节攀升,而经济效益和政府收入也明显增长。

具体而言,凤凰的旅游业之所以能快速发展起来,得益于旅游开发过程中实施了以下战略:①企业经营化战略。凤凰县政府享有凤凰景区景点的所有权与管理权,黄龙洞公司享有上述景区景点的经营权与收益权,对受让景区景点实行企业化经营。②资源保护性开发战略。凤凰县政府和经营者认识到旅游资源的不可再生性,在严格细致保护的基础上,制定了一系列旅游发展方略,实施了保护性开发计划。③品牌营销战略。结合凤凰旅游资源的特色,凤凰古城公司确立了打造文化旅游品牌的战略。凤凰古城公司还成立"天下凤凰文化传播公司"对旅游资源进行整体全程营销策划,实施"笔墨凤凰、镜屏凤凰、音乐凤凰、画笔凤凰"工程,加大宣传力度,扩大凤凰在全国和世界的影响。

拓展路径

①《旅游业教程》,(C. R. 戈尔德耐、J. R. 布伦特·里奇、罗伯特·麦金托什著,贾秀海译,大连理工大学出版社,2003)此书是经典的旅游学教材,读者可以从中全面了解旅游学的基础知识。

②《旅游景区开发与管理》(邹统钎主编,清华大学出版社,2011),此书是旅游景区开发与管理方面的经典教材,以旅游体验论、地方理论和可持续发展理论为核心,提出了旅游景区的管理模式,可以让读者全面了解景区开发与管理的各个环节。

③《现代景区经营管理》(董观志,东北财经大学出版社,2008),此书基于系统论和管理学的思想,深入阐述了景区经营管理的基础理论、基本流程和基本方法等。

④登陆国家旅游局网站(http://www.cnta.com),了解旅游景区质量等级的划分与评定(http://www.cnta.gov.cn/html/2008-6/2008-6-27-20-31-36-5.html)。

⑤登陆中华人民共和国中央人民政府网站(http://www.gov.cn),了解风景名胜区条例(http://www.gov.cn/zwgk/2006-09/29/content_402732.htm)。

⑥登陆国家旅游局网站(http://www.cnta.com),了解旅游资源分类调查与评价(http://www.cnta.gov.cn/html/2008-6/2008-6-27-20-31-36-7.html)。

管理篇

管理篇由旅游景区规划、旅游景区营销、旅游景区服务和旅游景区日常管理四个模块组成。管理篇按照旅游景区从无到有的发展顺序,从产品设计、产品销售、产品提供到日常管理等方面谋篇布局。景区规划是景区经营管理的开始,确定景区的目标顾客、主要产品及未来发展;景区营销是景区规划的延续和落实,是针对规划所确定的产品和目标顾客进行针对性营销的过程;景区服务是景区营销结果的落实,为来访游客提供相关产品和服务;景区日常管理是前述内容的保障,通过保护景区资源和环境保证景区发展的可持续性,通过维护保养和更新景区设施设备保障景区日常经营的顺利进行,通过制定安全事故预案和处理景区突发事故,保障游客的旅游权益,维护景区的良好形象。

模块二　旅游景区规划

◆模块目标

【行业要求】

熟悉旅游景区规划的相关国家标准；具备旅游景区规划和景区项目策划的能力；具备团队合作、分析思考、观察、学习的能力；具备战略分析、统筹协调、文案撰写的能力。

【学习目标】

知识目标：了解旅游景区规划相关国家标准；熟悉旅游景区规划的主要内容和基本原理；掌握旅游景区功能分区、产品配置、交通配置及线路布局、商业网点的布局原理和方法。

技能目标：能合理利用国家关于旅游景区规划的相关国家标准，能从规划角度对景区的产品组合、交通线路布局、商业网点配置提出合理建议。

态度目标：有良好的心态，能适应高强度的工作；善于学习，对于不懂的问题能主动钻研；工作勤奋、踏实、吃苦耐劳。

◆模块任务

景区规划是景区开发建设、经营管理的一个指导性文件，规划是否科学合理与景区开发的成败有直接的关系。景区规划已成为景区进行开发建设、经营管理、科学发展必不可少的科学依据，是帮助景区实现社会、环境、经济三大效益以及可持续发展的行动指南。

景区规划的主要任务是对景区进行旅游资源评价、功能分区、旅游产品开发及配置、交通设施的配置、旅游交通路线和商业网点的布局等，它们之间是层层递进、环环相扣的关系。每一个环节规划质量的好坏都直接关系着整个景区的发展前景，因此把好每个环节的质量关尤为重要。本模块将从功能分区、产品配置、交通设施配置、交通线路布局以及商业网点布局几个方面来提高学生景区规划的能力。

任务一　实施旅游景区功能分区

【任务目标】

学生通过情景设计融入角色进行学习，在具体案例赏析和任务完成过程中，了解功能分区的基础理论知识，并在"任务拓展"和"任务反馈"环节掌握对旅游景区进行功能分区的基本技能。

> **情景设计**
>
> 李明今天进入了单位的规划部门轮岗,该部门主要负责旅游景区的规划和策划工作。经理考虑到李明是新手,为了让李明能很快并顺利地融入到规划部门的工作中,首先为他安排的工作是对旅游景区进行功能分区。功能分区任务主要是让初学者李明能宏观地把握旅游景区的资源和发展情况,为今后的工作打下基础。如果你是李明,应如何完成该任务呢?

【案例聚焦】

案例1

音河湖风景区功能分区

1. 音河湖风景区概况

音河湖风景区位于黑龙江省齐齐哈尔市北,大兴安岭南麓,嫩江右岸,音河中游,其前身音河水库是黑龙江省大型水库中的重点水库,属于国家大型水库中的四等水库。音河水库建于1958年,建有高20米、长1 715米的拦洪大坝和高4.2米、长445米的副坝;水库坝址以上流域面积1 660平方公里,按二等二级工程标准,百年一遇洪水设计,千年一遇洪水校核,可能最大洪水保坝的多年调节水库,总库容为2.46亿立方米,总占地面积44 620亩。

音河湖风景区即音河水库位于甘南县城上游,库底高出县城地面8米,保护下游四个乡镇(甘南镇、宏镇、音河、长山乡)、两个农场(北京市双河农场、哈拉海军农场)和一个郊区(齐市梅里斯区)1 134平方公里范围内近20万人民生命财产的安全。下游工程控制灌溉面积35万亩,兴利水面3.3万亩,年产商品鱼百万斤,年发电量323万度。

2. 音河湖风景区旅游资源概况

依据《黑龙江省旅游资源研究》中的分类体系,综合分析音河湖现状旅游资源,经过研究统计,音河湖风景区旅游资源有三大类:第一,水域风光类,如音河水库;第二,古迹与建筑类,如坝址、金代东北路界壕遗址、民族风情、书画艺术;第三,生物景观类,如草原、森林、水稻田、向日葵生产基地。

3. 旅游产品开发方向构思

音河湖风景区的资源特色与区位条件,决定了音河湖风景区旅游产品的开发应以观光、度假旅游产品为主。

4. 客源市场分析与预测

(1)客源市场开发现状。音河湖风景区自建成以来,每年都吸引大批游人,其中以甘南县本地居民为主,其他还有齐齐哈尔、昂昂溪、大庆等地的居民。2002年,游人量已经达到了6万人次,但由于基础设施差,半日或一日游较多,没有形成良好的经济效果。2002年在国家旅游质量等级评定中荣获国家旅游AA级旅游区的称号。可知,音河湖风景区旅游的软硬件已经初具规模。

音河湖风景区现有客源市场主要是以夏季的大众观光、休闲为主,主要集中在7月、8月、9月。市场结构比较单一，市场规模小。

(2) 客源市场定位。根据音河湖风景区的区位、交通、历史、旅游资源品位等因素，可将音河湖风景区客源市场定位为：以甘南镇及周围100公里出游半径范围内的居民为主体客源市场；以齐齐哈尔、大庆、哈尔滨等城市居民为重点客源市场；以省内其他大城市如牡丹江、佳木斯、伊春等城市及国内三大客源产出地（京津唐地区、长江三角洲、珠江三角洲）、日本、我国台湾、韩国为拓展客源市场。

5. 规划性质与范围

(1) 规划性质。本旅游区是以水域、湿地、草原、森林旅游资源为依托，以大坝、古长城旅游资源为特色，以避暑、观光、度假、科普、娱乐为主要旅游项目内容的观光、生态旅游区。

(2) 规划范围。本旅游区分为音河水库行政管辖区、外围退耕还林区和景观控制区。音河水库行政管辖区东起301国道，西至水库设计水位线，南北与坝址平行，总面积约为37平方千米，退耕还林区和景观控制区分别位于它延伸数公里不等的周围。

6. 风景区功能分区

根据对音河湖旅游资源的评价、分析、市场评估与规划发展目标，旅游区形成五区一带的空间格局，即旅游度假区，游湖观光区，湿地、草原风光区，森林生态区，历史古迹游览区，湖滨游览带。其中以旅游度假区为整个旅游区的重点建设区。

(1) 旅游度假区。本区为音河湖管理处最大的陆域面积，约5.7平方千米。它是音河湖风景区的核心部分，规划将其发展成为旅游度假区的形式，建有各种观光、休闲、度假、服务设施，集中体现整个旅游区的度假功能。

(2) 游湖观光区。此区为音河湖常水位线以内的范围，面积为9.35平方千米。本区主要结合码头、游船开展水上游览观光项目。

(3) 湿地、草原风光区。本区位于音河湖常水位线以上，设计最高洪水位线以下的范围内，面积为20平方千米。此区由于经年的水位涨落，时为水域、时为湿地、时为草原，是一个水域和陆域的过渡地带，不具有开发建设的条件，只能开展观光、放牧、观鸟等旅游活动。

(4) 森林生态区。此区位于音河水库行政界线以外，延伸至数公里不等，主要为恢复库区周围的山林景观。同时迁移此区内的全部村庄，面积约为35平方千米。

(5) 历史古迹游览区。此区包括金代东北金界壕遗址及其周围数百米范围，呈条形带状分布，长度约为10千米。此区以保护为主，在与湖交接的区段上规划复原700~1 000米长的古长城，营造历史文化景观。

(6) 湖滨游览带。本区位于游船观光区，湿地、草原风光区与退耕还林区之间。此区主要结合游览道路进行观光游览，在适当位置结合村落设置小型服务站，长度为20千米。

案例 2

河南省博浪沙森林公园功能分区

1. 森林公园概况

博浪沙森林公园前身为国有原阳林场的沙圪垱林区,2002年5月被河南省林业厅批准为"河南省博浪沙森林公园"。公园森林覆盖率达70%以上,植被区系属温带落叶阔叶林带,自然植被少。公园内陆栖脊椎动物共有77种,其中兽类10种,鸟类58种,两栖类4种,爬行类5种。常见的动物有草兔、刺猬、黄鼬、猪獾、狗獾、大仓鼠、黑线姬鼠、白鹭、苍鹭、灰鹤、大天鹅、四声杜鹃、黑卷尾、黑枕绿啄木鸟、金翅雀、黑斑蛙、泽蛙、中华大蟾蜍、虎斑游蛇、红点锦蛇、中华鳖等。麋鹿是公园2002年从北京麋鹿苑引进散放保护的兽类,目前已达35只。

2. 森林公园旅游资源分析

博浪沙森林公园以平原森林和黄河故道景观为基础,以散养国家一级保护动物麋鹿为特色,其旅游资源的主要特征如下:

(1) 黄河故道自然风光优美(阐述略)。

(2) 历史文化积淀深厚(阐述略)。

(3) 万亩人工林——人为改善自然条件的典范(阐述略)。

(4) 博浪沙麋鹿散养场(阐述略)。

(5) 重要旅游资源。

重要的旅游资源有以谷堆文化遗址、践土会盟遗址、蒙城、张良击秦处、黄河故道等为代表的古遗址;有以善护寺塔、陈平祠、吕寨等为代表的古建筑;有以张苍墓、周亚夫墓、娄师德墓、明代画像石棺墓等为代表的古墓葬;有以中共原阳县第一个党支部成立纪念地、原阳县抗日民主政府成立纪念地为代表的革命纪念地;有以阎实口碑、元代石狮等为代表的石刻。

3. 森林公园旅游现状

随着社会经济的发展,周边城乡人民的生活水平日益提高,特别是随着假日旅游的火爆,来公园旅游的游客量逐年增多。据调查,2002年公园成立后的半年时间内就有上千人来园旅游观光,2003年游客猛增至五千人。但游人多数为当日来当日返,未能留住游客。本次规划为二日游,通过留住游客,从游客在此吃、住、游、购、玩的消费中增加公园的经济收入,促进当地经济发展。

4. 森林公园的性质

根据博浪沙森林公园的景观资源特点,将其定性为:在现有沙圪垱林区和部分集体、国有土地基础上,建设以森林游乐为主,融森林观光、度假休闲、野营、水陆活动为一体的多功能城郊型综合森林公园。

5. 森林公园功能分区

根据旅游区内自然资源现状、地形地貌状况、历史文化渊源及其旅游价值和资源特征,结合旅游开发的目的,满足人们的旅游需求,因地制宜,因势造景,统一规划,将森林公园区划分为六大功能分区:游客服务中心、麋鹿散养区、森林游憩区、水上康乐区、田园观光区、休闲运动区。

【任务执行】

任务发布

任务2-1-1:以6人为一个小组,阅读案例1~2,参考下面景区功能分区的相关知识和国家标准,各小组讨论和编制一套对旅游景区进行合理功能分区的方案。

任务具体要求:方案应是一个系统地对旅游景区进行功能分区的工作计划,在完成任务时需考虑以下问题。

①何谓功能分区?一个旅游景区都需要有哪些功能区?各功能区之间是何关系?如何协调?

②旅游景区可分为哪几种类型?不同类型的旅游景区在功能分区上有何异同?

③一个旅游景区要实现合理功能分区,主要受哪些因素影响?如何影响?

④要实现对旅游景区进行功能分区,需做哪些基础工作?

时间:60分钟

任务分析

功能分区是景区规划的第一步,它是后续工作的基础。功能分区合理,则景区今后发展就好。要实现合理的功能分区,需要宏观而全面地分析旅游景区的资源布局、旅游景区的客源市场情况、旅游景区开发现状等多方面因素,这需要相关工作者具有统筹全局和协调诸多因素的能力以及长远发展的眼光。

任务实施

①阅读案例1~2和"知识讲解"中相关内容,思考"任务发布"中提出的所有问题。

②小组讨论得出问题答案。

③小组讨论总结得出功能分区方案的初步思路。

④完善思路,编制任务成果书。

学生小组任务成果书(NO. 3)			
实训任务2-1-1:撰写景区功能分区工作方案		任务性质	小组任务
小组任务成果名称	景区功能分区工作方案		
相关要求:方案为实现一个景区功能分区的工作计划,需详细具体,具有可操作性			
注:成果以A4纸打印或手写			

知识讲解

旅游的功能分区(Functional Zoning)是依据旅游开发地的资源分布、土地利用、项目设计等状况而对区域空间进行系统划分的过程,是对旅游地经济要素的统筹安排和布置。

一、旅游功能分区的原则

(一)突出分区原则

这是旅游功能分区的核心原则之一。在旅游规划与开发中,必须通过各种产品与服务来突出旅游景区的主题形象,即通过自然景观、建筑风格、园林设计、服务方式、节庆事件等来塑造与强化不同旅游功能分区的形象。

(二)集中功能单元原则

对不同类型的设施,如住宿、娱乐、商业设施等,应采取相对集中的布局。游客光顾次数最多、密度最大的商业娱乐设施区域,宜布局在旅游地中心或交通便利的区位,如在酒店和主要景点附近,并在它们之间布设方便的路径,力求使各类服务综合体在空间上形成聚集效应。

集中功能单元的布局可以防止布局散乱,亦可防止对主要自然景观的视觉污染。另外,集中功能单元的布局也有利于主题形象的形成,可以产生一定的整体规模优势。

（三）协调功能分区原则

协调主要表现在处理旅游功能分区与周围环境、旅游功能分区与管理中心、旅游功能分区之间以及旅游功能分区与主要景观结构（核心建筑、主体景观）的关系等方面。

在规划设计时,有些功能分区具有特殊生态价值而应划为生态保护区,而旅游娱乐区则可承受较大的外界干扰,规划设计中通过合理划分,引入适当的设施使其达到各自最佳的使用状态。另外,协调功能分区还应通过对各种旅游活动进行相关分析,以确定各类活动之间的互补、相依或相斥关系,从而有效地划分功能分区。此外,各功能分区内的设施、活动安排也需要选择适当的布置位置,如野餐区必须具备良好的排水条件、浓密的遮荫、稳定的土壤表层和良好的植被覆盖及方便的停车场。

（四）合理规划动、视线原则

连接各旅游分区交通线路的规划应充分考虑旅游过程中游客的心理特性,以实现符合人体工程学的有效动线规划。其设计必须依照顺序推进,以建立理想的空间布局关系。

旅游区内部交通网络应高效且布局优化,路径与园林景观有效配置,并建立公共交通系统,采用步行或无污染交通方式,限制高速行车,使行走与休息均为一种享受。在相距较远的景点之间旅游区应配备公共交通工具,邻近景点间设置人行道、缆车或畜力交通方式,可使内部实现低污染的交通优化。

空间布局还应尽量考虑旅游者观赏视线上的层次性。在分区内布置有效的观景系统和视线走廊,如在一些制高点、开阔地带或主要景观地区设置一系列的眺望亭与休息区,让游客能在区内最佳视点充分享受到优美奇特的自然景观。

（五）保护旅游环境原则

环境保护的目的是保障旅游地可持续发展。它主要包括两个方面：其一是保护旅游区内特殊的环境特色,如主要的吸引物景观；其二则是使旅游区的游客接待量控制在环境承载力之内,以维持生态环境的协调演进,保证旅游区土地的合理利用。

二、景区空间布局模式

景区较为常见的空间布局模式主要有三种。

（一）同心圆式布局

旅游景区从里到外依次为核心保护区、游憩缓冲区以及密集游憩服务区（如图2-1）。其中,核心保护区是受到严密保护的自然区,限制乃至禁止游客进入。围绕它的便是游憩缓冲区,在规划游憩缓冲区时配置了野营、划船、越野、观景点等服务设施。最外层是密集游憩服务区,为游客提供各种服务,有饭店、餐厅、商店或高密度的娱乐设施。

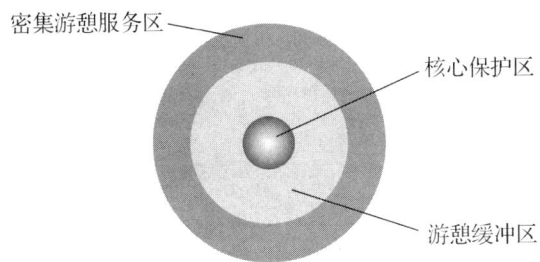

图 2-1 旅游区同心圆式布局模式

（二）环核式布局

旅游地空间布局是以重要景观或项目为核心,相关的旅游接待、服务设施以及娱乐项目等全部环绕该核心景观和项目进行布局的模式(如图 2-2)。一般而言,吸引物较为单一的旅游区的空间布局往往会采用环核式布局模式。在该模式下旅游接待服务设施与旅游吸引物之间由交通联系,呈现出伞骨型或车轮形状。

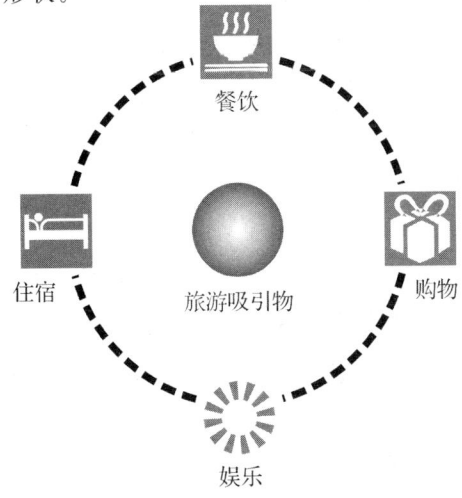

图 2-2 旅游区环核式布局模式

（三）社区—吸引物式布局

旅游区中心布局一个社区服务中心,外围分散形成一批旅游吸引物综合体,在服务中心与吸引物综合体之间有交通连接(如图 2-3)。该模式是在旅游资源较为丰富,但分布较为分散的情况下产生的一种分布形式。

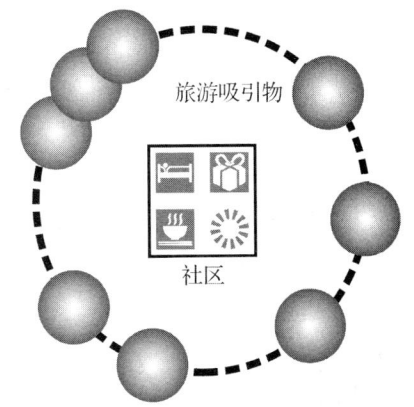

图 2-3 旅游区社区—吸引物式布局模式

【任务拓展】

任务 2-1-2：在实训任务 2-1-1 的基础上,各小组根据编写的《景区功能分区工作方案》成果,由教师选择某一景区,学生也可自主选择某一景区前去调研,全面考察该景区的功能划分、产品、交通设施和线路、商业网点等内容,撰写××景区考察报告。

要求：所调研景区应该是发展处于起步阶段或刚开发的景区,字数不少于 1 000 字。

【任务反馈】

各小组提交一份××景区考察报告。由教师选出最优考察报告 1 份,给予该小组全体成员任务成绩加 2 分。将该考察报告张贴于教室宣传栏,供其他

模块二 旅游景区规划

小组学习借鉴。

任务二　配置旅游景区产品

【任务目标】

学生通过情景设计融入角色进行学习,在具体案例赏析和任务完成过程中,了解旅游景区产品配置的基础理论知识,并在"任务拓展"和"任务反馈"环节掌握对旅游景区进行产品配置的基本技能。

情 景 设 计

李明在功能分区任务上完成得很出色,得到了部门经理的赏识。部门经理准备给他安排更加严峻的挑战任务,考虑到李明为××景区已经做过功能分区,因此给李明安排的第二个任务是在功能分区的基础上,配置该景区的旅游产品。产品是旅游景区吸引游客的根本,配置得好坏直接关系到旅游景区今后的发展,同时也是一个人能力强弱的很好反映,因此为了证明自己的实力,李明欣然地接受了挑战。如果你是李明,应如何完成该任务呢?

【案例聚焦】

案例 1

碣石山曹公岛旅游主题公园产品规划

一、碣石山旅游区概况

碣石山旅游区位于山东省滨州市无棣县北部大山、小泊头两镇境内,南距县城30公里,东距渤海40公里。碣石山所在地大山镇是历史悠久的古镇,大山镇自古就是山东进入京津物流通道上的要镇。著名的鲁北大集,是山东最大的牧畜集散地。大山镇还是金丝小枣的重要产地,深加工产品枣汁、枣酱连获省和全国的四个金奖,因此大山镇享有"中华金丝小枣第一乡"之美誉。

二、碣石山旅游区旅游资源概况

(一)历史文化名山

据专家考证,无棣县大山镇马谷山即为《尚书·禹贡》等史籍记载的碣石山,是禹疏九河,秦皇、汉武东巡,曹操东临的历史名山、文化名山。2001年9月15日,经省人民政府批准,马谷山复名碣石山。著名历史学家安作璋教授认为,碣石山复名,"解破了学术界包括我在内多年的疑惑与成见,同时也给无棣争得了一个千古名山胜地的美誉"。

(二)火山遗存

根据科学鉴定,碣石山形成于距今73万年的新生代第四纪更新世,是一中心式喷发而形成的锥型复合火山堆,是国内罕见的第四纪火山中最年轻的山体,也是华北平原唯一露头的火山。它由火山弹、火山灰、火山砾岩、火山熔岩组成,岩性为暗褐色霞石岩,极具地学价值。省有关文件认为,"它对于揭示鲁北平原、黄河三角洲的环境演变过程,追溯近代人类活动踪迹及进行火山岩科研教学均有着不可替代的作用和独特的人文地理意义。"1998年12月,碣石山被审定为省级地质遗迹自然保护区。

（三）黄河故道文化的"化石"

"禹迹茫茫问九河，海滨碣石未销磨"，碣石山地处黄河故道，经历、见证了黄河几千年的变迁，积淀了厚重的黄河故道文化，是黄河故道文化的"化石"。

首先，在自然景观方面，大自然鬼斧神工的雕琢，为碣石山留下了达摩洞、钓鱼台、山口井等颇具神奇色彩的景观。

其次，在人文景观方面，碣石山上曾建有玉皇庙、碧霞元君宫、观音堂、二郎庙、魁星阁、关帝庙等，佛、道、儒文化容于这小小的一山。

再次，根据史籍记载，夏禹、秦始皇、汉武帝、曹操等或治水、或巡游，都在碣石山留下了踪迹，也在碣石山留下了如《碣石门辞》《观沧海》等诗文。从唐代开始，历代诗人也为碣石山留下了数十首诗赋。

三、碣石山旅游区总体布局规划

采用"三干线、两板块、五片区、两水域"的总体布局结构。

（一）三干线

指大济路、辛海路、泊山路三条交通干线。借助"三干"形成旅游区良好的外部交通环境。

（二）两板块

指按泊山路为界，划分为南、北两大板块。

（三）五片区

指以旅游功能划分的五个片区：

（1）由火山遗迹、火山博物馆组合的科普旅游片区。

（2）由碣石山、九河苑组合的观光游览片区。

（3）由千童岛、屾分村组合的民俗风情旅游片区。

（4）曹公岛旅游主题公园。

（5）由饮马湖、群岛组合的休闲娱乐片区。

（四）两水域

泊山路以南的碣阳湖。泊山路以北的饮马湖。

四、碣石山旅游区旅游产品规划

（由于篇幅关系，此处仅以"曹公岛旅游主题公园"为例，其他片区略）

曹公岛旅游主题公园旅游产品

（一）主题设计

以曹操"东临碣石"的史事为背景，以"曹营"为拟态环境的小型旅游主题公园。

（二）概况

曹公岛是挖湖时预留的半岛，面积约50万平方米，东南部与饮马湖南岸相连，全岛填高约3米，地势起伏，南高北低，最高处为6米。为营造景观、安置节目，全岛采用"一环线、十板块"的总体布局结构。"一环线"是指环岛路，沙石路面，宽4～4.5米，是步游、车游的两用路，这里的"车"是指马车。环形路东南以吊桥与陆地连通，设立主题公园的大门。"十板块"是指十组节目场地或景观场地。板块之间以地形、树木等间隔，板块与环岛路之间以小路连通。

（三）创意说明

（1）旅游主题公园是一种以游乐为目标的拟态环境空间，它的最大特点是赋予节目以某种主题，围绕主题营造游乐内容与形式，吸引旅游者参与其中并获得特殊感受。

（2）曹公岛因曹操"东临碣石"的史事而命名。旅游主题公园做的是曹操的文章，它以"曹营"的典型环境、典型人物、典型器物营造拟态空间。目前我国旅游主题公园多以科技、机械手段创作场景与节目，曹公岛反其道而行之，根据历史资料，复原、创作了十几项汉魏时期的游乐节目，妙趣横生，简单易行，健身益智，具有很强的旅游吸引力。

（3）曹公岛建筑景观独特，吊桥、辕门、路砦、云梯、营盘等呈现一派军旅建筑风貌，全部建筑物均为木柱、泥墙、茅顶，简拙古朴，仿汉制式的驿车环岛游弋，既为游人提供代步工具，也为小岛增添了一道流动的风景。

（4）曹公岛全体服务人员都是汉代"武士"，从当地居民中挑选。

（四）建设项目、游乐节目说明

（1）入口区。入口区设在岛的东南角，在挖湖时预留一段堤坝，以石料加固，作为上岛的通道。堤坝两侧建护栏，护栏为水泥仿木墩，连接粗绳索或铁链。入口处放置奇突磊落、苍硬顽涩的巨石，以汉隶书体镌刻"曹公岛"三个大字，巨石旁有汉代戎装武士守护。

（2）吊桥。木制，长约5米，宽约3米，以绞盘控制起落，由武士操作。吊桥既是交通建筑，也是景观建筑。吊桥每小时作一次起落表演，起落时武士们击鼓鸣角，迎送游人通过。

（3）辕门、路砦。辕门是主题公园的大门，路砦是建在大门两侧的围墙，均以圆木制作，路砦旗杆上悬挂"曹"字旌旗，晚上悬挂红灯。

（4）武舞区。武舞与武术在原始文化中本为一体，但武舞具有表达思想感情和娱乐的功能，因此往往用来迎送宾客，在我国历史文献中记载有干戚舞、破阵乐舞、大面舞等多种武舞。在辕门内侧有一小型武舞广场，由武士表演武舞迎宾，可以表演汉晋时盛行的"傩舞"，即戴有面具的舞蹈，热烈、神秘、威猛，极具感染力。

（5）射庐。射庐就是古代射箭馆。由于孔子倡导"六艺"和身体力行，早在春秋战国时就有射庐、射馆，并且射术与礼仪相结合而形成了中国独有的"射礼"，在射术中贯穿道德礼仪观念和规则，寓德于武，使人们从射术中学礼。东汉、三国是箭弩射技发展最快的时期，所以《汉书·地理志》说"汉兵器以弩为尚"。射庐包括箭庐、弩庐两个场所，在入口厅上空悬挂着由箭、弩携带的古代火器，如"神火飞鸦"、"火龙出水"、"蒺藜火球"等，通道两侧阵列弩机、弩床等，令人目不暇接。游人们习射按"礼"的要求，可分为手射、燕射、宾射、大射等不同等级，不同等级的习射使用不同的"侯"（箭靶），这使游人的习射活动充满神奇色彩。

（6）角抵场。角抵场是一个露天表演、竞技场所，不设座椅，旅游者可以围观，也可以下场一显身手。汉代的角抵类似今天的摔跤。角抵既是民间喜爱的体育活动，也是汉王朝待宾客的节目。汉代中日交往频繁，据《后汉书·东夷传》云："倭在东南大海中，依山岛而居，凡百余国","通于汉者三十余国"。一再目睹亲抵的日本使者将其带回日本，逐渐形成了今天的相扑。曹公岛上的角抵场，既有角抵表演，又有手博、中幡、戏法、杂耍等民间百艺，全部由武士表演。

（7）试力廊。依山势而建的木廊，廊内有"扛鼎"、"翘关"等十余项古代练力、试力活动，游人可自娱自乐，也可以在武士辅导下参加"武举考试"，廊内也是游人小憩的场所。

（8）云梯。分为木梯、绳梯，安置在山脚下、供游人攀援。

（9）水寨。建在岛西北侧滩地上的滨水建筑，木结构，主要功能是开办"武士餐"，同时也兼作游人码头。

（10）曹操雕像。据史书，建安十一年（206），曹操自并州东略边境，征讨海贼，曾登临碣石山，留下了著名的《步出夏门行》。另据《南齐书》载，曹操、曹丕父子都喜"上马横槊"，故后人多以"横槊赋诗"赞叹之。本雕像为曹操依马横槊，气宇轩昂，英武非凡。"依马"突出了曹操伟大军事家的气质，也点化出"饮马湖"的寓意。雕像立于全岛最高处台地上，像高3米，基座高2米，加上台地的6米高度，使雕像成为全岛的制高点。雕像是曹公岛的主题建筑、标志建筑。台基上镌刻《步出夏门行》。

（11）中军大帐。建在曹公岛东侧坡地，圆形拱顶，可用水泥建筑，但外饰面及内壁必须作出布、革效果。帐内放置座榻、屏风、书几、灯盏及短兵器。

（12）其他建筑物、小品。①抛石机。据《后汉书·袁绍传》载，曹操在官渡之战中曾经用霹雳车发石击败袁绍，在《后汉书》注中说"以其发石声震烈，呼为霹雳，即今之抛车也"。抛车就是抛石机，是汉代体积最大的武器，可依据历史资料复原，在公园内展示。

②小军帐。在几处适宜地点建造小型军帐，以营造军旅氛围，并能用来开设小卖点、游人休息点。

③望台。木制、茅顶两层，以木梯上下，上有戎装武士守卫。

案例2
临川温泉风景名胜区景点项目规划

一、临川温泉风景名胜区概况

临川位于江西东部，抚河中游，地理坐标东经116°04′至116°39′，北纬27°31′至28°14′。临川温泉风景区位于江西抚州市临川区温泉镇，距抚州市区仅15公里，东靠抚州市区，南邻上顿渡镇，西邻高坪，北与抚北镇、展坪乡接壤。温泉风景区附近有三个自然村，即范源、大塘塍、山下村。现有一个为省人民银行所属的温泉疗养院，总面积9.4平方公里。

二、临川温泉风景名胜区旅游资源分析

（一）风景资源特征分析

临川温泉风景名胜区风景资源非常丰富。"远色入江湖，烟波古临川"，这里除了日月双泉、地下温泉带以及青山碧水、丰林茂树、潺潺溪水以外，更有山地、平原、低丘和盆地等复杂地形地貌，是一处不可多得的人间美境；诸多人文景观点缀其间，为风景区增添了许许文化韵味，使得资源更加丰富迷人。概括之，临川温泉风景名胜区资源的基本特征有：

(1) 温泉适宜,水温 40℃~60℃,总涌水量为 5 000 吨/日以上;

(2) 水库生态环境优美,山水资源融合;

(3) 临川温泉独特的人文资源景观——历史温泉,从苏东坡的评价到蒋介石、宋美龄、蒋经国、邓小平、李井泉来此沐浴,留下不少名人遗迹;

(4) 临川地区独特的历史人文资源——王安石、汤显祖。

(二) 风景资源评析

《风景名胜区规划规范》将风景资源划分为特级、一级、二级、三级和四级等五个等级。经评价,在自然景观方面:

水景。一级景点有两处,为日泉、月泉;二级景点两处,为明水湖和余山水库;三级景点为青莲溪一处。

山景。最有开发价值的重要景源点有六处:其中二级景点二处,为青莲山、铜山;三级景点四处,为登天石、木鱼石、龟石、仙人洞。

生物景观。有一定开发价值的重要景源点有三处,其中二级景点一处,为古樟蔽日;三级景点两处,为古松林、林场。

在人文风景方面:

一级资源三处,分别为小平池、经国亭、经国书屋;二级资源九处,分别为抚州疗养院、才子之乡、临川贡酒、傩舞以及王安石等五位历史名人;三级资源五处,分别为青莲山寺、铜山庙、翁氏宗祠、林果园、西瓜之乡。

(三) 临川温泉风景名胜区功能分区

根据临川温泉地区的风景名胜资源类型、丰度、价值及分布特点,参考国内外一些风景名胜区及国家公园的分区模式,考虑到维护风景名胜区的生态质量,缓解城市化的压力及促进风景名胜区周边城镇生态化发展,将温泉风景名胜区划分为五个区,即森林游赏区、湖泊休闲区、温泉休闲区、湿地生态区和城镇服务区。

表 临川温泉风景名胜区分区模式

系列	类别	位置	开发程度	游憩活动	景观特征
风景名胜区	森林游赏区	青莲山地区 铜山地区	极少开发	徒步观光,攀登,垂钓等静态活动	山林地貌 植物景观
	湖泊休闲区	明水湖地区	一般开发	野营,野外拓展 划船等水上活动	水域风光
	温泉休闲区	范源村以北—山下村—疗养院带状地区	一般开发	会议、疗养、温泉休闲活动	温泉资源
	湿地生态区	罗家岭大塘塆周边耕地地区	极少开发	栈道游览,木屋茶室	湿地植物景观
	城镇服务区	罗家岭大塘塆村地区	高密度开发	旅游接待商贸活动	田园城市

（四）临川温泉风景名胜区游览景点项目规划

规划根据风景资源的分布情况，分析其游赏开发潜力，结合文化内涵，在各分区内因地制宜地规划了多个风景游赏的主题，带给游客不同的游憩体验。

1. 森林生态区

结合本区特点，主要开发山地游览、森林游览、垂钓游玩、寺庙游览、溪涧游览、洞石游赏等旅游产品。

2. 野营拓展区

结合环明水湖周围丰富的植被资源，将拓展运动器械置于山水环境之中，与水体、山体、树体相结合，形成温泉风景名胜区独有的拓展活动区。主要旅游产品有野营活动、湖泊游览、野外拓展体验、钡石工艺品展销等。

3. 温泉休闲区

结合本区特点，主要开发自然山地水景欣赏、温泉休闲度假、文化体验等旅游产品。

4. 湿地游憩区

结合本区特点，主要开发水上娱乐、芦荡游玩、湿地花卉观赏等旅游产品。

5. 城镇服务区

结合本区特点，主要开发乡村体验旅游、旅游商贸休闲街等旅游产品。

【任务执行】

任务发布

任务2-2-1：以6人为一个小组，阅读案例1~2，参考下面景区产品配置的相关知识和相关国家标准，各小组结合任务2-1-1所提的景区功能分区工作方案，编制一个旅游景区产品的配置方案。

任务具体要求：该方案不针对某一类型景区，需注意方案的全面性。在完成方案过程中请考虑以下问题。

①旅游景区产品包括哪些内容？不同类型的景区在产品配置上有何异同？

②旅游景区产品配置与功能分区之间是何关系？如何协调？

③旅游景区产品配置受哪些因素影响？如何影响？

④如何实现景区产品设计及其配置的创新？

时间：60分钟

任务分析

旅游景区产品的配置是继功能分区之后的一个重要步骤，产品是景区吸引客源的根本，景区产品配置的合理性、科学性、创新性和可持续性直接决定了该景区未来的发展。合理配置旅游景区产品，需要相关工作人员拥有能以资源为基础，以市场为导向，以创新为理念，以可持续发展为目标，深入地分析景区实际状况并提出可行解决方案的能力。

任务实施

①阅读案例1、2和"知识讲解"中相关内容，完成"任务发布"所提问题的思考。

②小组讨论得出问题答案。

③小组讨论总结得出旅游景区产品配置的初步思路。

④完善思路，编制任务成果书。

学生小组任务成果书(NO. 4)			
实训任务2-2-1:编制旅游景区产品配置方案		任务性质	小组任务
小组任务成果名称	旅游景区产品配置方案		
相关要求:方案应体现一定的创新性,内容需具有系统性,且详细具体,具有可操作性			
注:成果以A4纸打印或手写			

知识讲解

旅游景区产品范围非常广阔,一般分为吃、住、行、游、购、娱六大方面,即所谓旅游活动六要素。此六大方面配置的好坏直接反映了一个旅游景区规划的质量,也直接关系到一个景区的发展。

一、景区游览产品

旅游景区的游览产品主要是旅游景点,而对旅游景区而言,旅游景点基本是固定的,因此旅游景点配置主要体现在线路设计和时间配置上。

(一)线路设计方面

从游览线路的形态上,主要有闭合线路、组团线路、联点线路和单点线路四大类。这四类线路往往并存于同一个景区。但是从总体框架上说,景区游览线路策划最好采用闭合线路。闭合线路最大的优点是不走回头路,能够让旅游者得到最多的体验。在闭合线路的基础上,结合组团线路、联点线路和单点线路进行策划也是必要的。有时还可结合景区区划,形成数个闭合线路。

游览线路策划必须注意空间的合理组织。既要尽可能减少不必要的迂回,以缩短行程,同时也要保证旅游者能够在一定时间内游览最多的景点或者在一定的路程内拥有最多的游览时间。

游览线路策划必须充分考虑安全因素。要避开气象灾害区、地质灾害区和人为灾害区,避免游客拥挤、碰撞、阻塞线路,以防造成事故。在旅游线路上应设置必要的安全保护措施和救护措施。

游览线路策划必须充分考虑生态环境和旅游资源的保护。要避开生态敏感区和脆弱区,减少对旅游资源的损害,使景区能够实现可持续发展。

(二)时间配置方面

旅游景区应考虑到全年时间的利用、景区内游客游览时间的规划以及游客综合消费时间的安排。在全年时间的利用上,旅游景区应争取全年的利用时间更长,可采取如增加淡季旅游项目、改变市场形象、调整消费观念、开展适合旅游的活动等措施来解决淡季游客不足的问题。在游览时间规划上,景区应规划好客人的活动,争取达到5分钟有一个兴奋点,每15分钟一个高潮。在综合消费时间安排上,旅游景区应采取为游客提供休息、购物场所等措施来增加游客在景区停留的时间,从而增加景区收入。

二、景区娱乐产品

旅游景区娱乐产品按活动规模和提供频率可分为小型常规娱乐和大型主题娱乐。

（一）小型常规娱乐

它指旅游景区长期性提供的娱乐设施及活动，占用员工较少，规模小，游客每次娱乐时间不长的娱乐设施及活动。其主要形式如下表2-1：

表2-1 旅游景区小型常规娱乐形式分类

大类	细分类别		特征及举例
表演演示型	地方艺术类		法国"驯蟒舞女"、日本"茶道"、"花道"、吉普赛歌舞
	古代艺术类		唐乐舞、祭天岳阵、楚国编乐器演奏
	风俗民情类		绣楼招亲、对歌求偶
	动物活动类		赛马、斗牛、斗鸡、斗蟋蟀、动物算题
游戏游艺型	游戏类		节日街头（广场）舞蹈、苗族摆手舞、秧歌、竹竿舞
	游艺类		匹特博枪战、踩气球、单足赛跑、猜谜语、卡拉OK
参与健身型	人与机械	人机一体	操纵式：滑翔、射击、赛车、热气球
			受控式：过山车、疯狂老鼠、拖拽伞、摩天轮
		人机分离	亲和式：翻斗乐
			对抗式：八卦冲霄楼
	人与动、植物	健身型	钓虾、钓鱼、骑马
		体验型	观光茶园、观光果园、狩猎
	人与自然	亲和型	滑水、滑草、游泳、温泉疗养、潜水
		征服型	攀岩、原木劳动、迷宫、滑雪
	人与人	健身型	高尔夫球、网球、桑拿
		娱乐型	烧烤、手工艺品制作

（资料来源：王衍用、宋子千著《旅游景区项目策划》）

（二）大型主题娱乐

它指旅游景区经过精心筹划、组织动用大量员工和设备推出的大型娱乐活动，一般在推出前进行较高频率的广告宣传，用心营造特定氛围，掀起游客游园新高潮的娱乐活动。按活动方式可分为三种类型，即舞台豪华型、花卉队列型、分散荟萃型。

三、景区住宿产品

（一）住宿项目主要模式

1．标准酒店

标准酒店指按照国际标准建设的酒店，提供标准化服务，能够满足不同国家和地区人群的需要，因此往往构成旅游景区住宿设施最重要的组成部分。

2. 经济酒店

经济酒店也可以是标准化的，包括背包旅馆、青年旅舍等，价格较为低廉，一般只提供最基本的住宿功能。

3. 民居与家庭旅馆

民居与家庭旅馆一方面是弥补旺季酒店床位不足的重要住宿设施，另一方面又具有体验当地生活以及价格低廉等特点。

4. 住宿交换系统

随着旅游活动和网络的普及、网络技术的发展，分时度假以及住宿交换系统将成为旅游景区住宿的重要组成部分。

5. 户外野营

旅游景区在进行住宿项目设计时可以适当考虑户外野营方式，规定野营区，并提供睡袋、吊床等装备租借服务。

6. 特色酒店

特色酒店包括利用现有地方特色建筑开办的酒店、以地方文化为主题的酒店、森林小木屋等。

（二）住宿产品配置原则

根据体验策划理论，旅游住宿产品的设计应该将住宿功能、主题建筑、景观房产加在一起，目的是使客人达到深度体验，而不能照搬城市房地产配置。

在住宿产品配置中，要在确定的规模上形成合理的档次结构和布局体系创新，进一步挖掘住宿文化体系，提升传统的住宿功能，在一定程度上达到住娱合一，使旅游者通过住宿也能够感受到当地文化的独特韵味，使独特的住宿体系也成为旅游地吸引游客的地方。例如，北京的四合院、湘西的吊脚楼、黔西南的石板寨、陕北的窑洞、东北的大炕、闽西的土楼等都可以策划成集功能住宿和文化体验为一体的旅游载体，让旅游者获得独特的旅游体验。

四、景区餐饮产品

（一）餐饮产品配置原则

在配置旅游景区餐饮产品时，应把握餐饮制作特色化和内涵化、餐饮发展品牌化、就餐环境体验化和就餐方式多样化原则。

（二）餐饮产品主要模式

1. 餐饮产品类型

餐饮项目策划由四个方面构成：餐饮环境设计、菜谱设计、服务方式设计、娱乐活动设计。餐饮产品类型主要有餐饮一条街、农家乐（城郊餐饮农家乐、度假型农家乐）、户外烧烤、特色餐馆、宴会餐厅、主题餐饮等。可以根据旅游景区的实际需要进行选择。

2. 餐饮经营方式

可以将餐饮产品和其他产品结合起来经营，如餐饮＋歌舞表演，餐饮＋康体活动，餐饮＋郊野娱乐，餐饮＋门票赠送等。

五、景区节庆产品

（一）节庆产品策划原则

旅游景区节庆活动的策划必须遵循市场为导向、避免雷同、深入挖掘文化内涵、联系当地社会经济、品牌化和系列化原则。

（二）节庆产品类型

根据旅游景区节庆活动的主题，可

以将旅游景区节庆活动分为八类,即以景区特色自然景观为主题、以景区文化纪念日为主题、以承办赛事为主题、以主办赛事和群众性活动为主题、以表演性活动为主题、以传统节日为主题、以法定假日为主题、以景区冠名的综合节庆。

【任务拓展】

任务2-2-2:在任务2-1-2和任务2-2-1的基础上,各小组根据自己编写的《旅游景区产品配置方案》成果,结合上次××景区调研时的判断,对××景区产品现状进行分析,并对此景区进行旅游产品重新配置,成果在一周后公开展示。

【任务反馈】

各小组在课堂上公开展示××旅游景区的产品配置方案成果,其他小组针对其成果提出修改意见,各小组落实修改。

任务三 配置旅游景区交通设施

【任务目标】

学生通过情景设计融入角色进行学习,在具体案例赏析和任务完成过程中,了解旅游景区交通设施配置的基础理论知识,并在"任务拓展"和"任务反馈"环节掌握对旅游景区进行交通设施配置的基本技能。

情 景 设 计

李明顺利地完成了对××景区的产品配置工作,并得到了部门经理的进一步肯定。为了让景区能更加系统地发展,经理又给李明安排了为该景区配置交通设施的任务。"景区发展,交通先行",交通是联系各产品的关键,同时交通配置是否合理也是对前期工作的一个检验和深入,由此李明毅然决定再一次接受挑战。如果你是李明,你该如何完成该任务呢?

【案例聚焦】

案例1

安徽省太平湖风景区综合交通规划

一、对外交通规划

在间接联系路线的重要节点和始终点开展宣传促销活动,发挥这些路线对风景区的带动力。

确定风景区的西入口、龙门乡和沧溪村为风景区的三个交通集散节点,在沧溪和龙门节点结合322省道的建设新建旅游交通设施。

规划建议与省内有关部门协商,在规划远期将103省道改线由风景区外围经过,而现103省道则改为风景区内部道路。

仙三路可成为太平湖风景区的备用入口。

322省道建成后,规划将湖北岸战备道路在泾县境内与322省道连接,成为322省道进入太平湖北岸的主要入口。322省道跨越湖区需建的桥梁必须考虑与风景区景观环境协调,桥梁形式需有风景区规划及管理人员参与确定。

二、内部交通规划

（一）主干道——风景区东南环线

规划将103省道和322省道定为风景区的主干道，路面宽7~12米，双向沥青路面，承担快速连接各主要区域和主要景点的功能。在风景区范围内的两省道路段应当以风景区景观道路的标准来进行建设。在103省道、322省道和湖北岸战备道路沿途择址建设若干汽车临时停靠点和观景平台，以方便各类游客。

（二）次干道——风景区北环线

规划将北岸战备道路定位为风景区次干道，主要负责连接湖北岸几个重要乡镇和景点，路面宽7米，双向沥青路面。

（三）支路

从风景区的主、次干道通向各景点及较偏远区域的道路定位为风景区的支路，主要包括从太平湖镇至乌石乡、主干道至金盆湾、次干道至祥符码头和沧溪以及龙门乡至华溪的几条道路。此外，规划从103省道择点选线架设公路桥梁通往半岛，并且修建支路经由湾里到达国际艺术家庄园，总长4.5公里。支路路面宽5米，为水泥或沥青路面。

（四）游步道

风景区的游路系统分布在各景区中，负责联系各景点。游步道路面宽1~3米，材料可为木制、碎石、块石、卵石、沙土等，按具体情况布置。

（五）自行车道

将103省道从太平湖镇区至中心旅游码头这段路程划定为自行车游览道路，总长8.67公里，范围为103省道从两侧路肩起的3米范围内。在非旅游交通和过境交通的高峰时段，允许游客租赁自行车进行沿湖游览。

三、水路交通

规划把水路交通分成主要水上线路和精品水上线路。主要水上线路分布在中心湖区，连接南北岸的旅游码头以及主要度假村和各景区景点；精品水上游线则主要连接一些如小三峡、乌石湿地等较为偏远、游人容量有较多限制的景区景点。

四、码头规划

（一）游艇码头

游艇码头为规模最大的码头，风景区中最主要的游艇码头为中心游艇码头；在各重要的旅游接待和交通集散节点均设置小型游艇码头，形成全面的水路旅游交通网络。

（二）水上巴士码头

主要的水上巴士码头位于太平湖镇区和北岸的祥符码头，其他几处的水上巴士码头分别位于平龙山茶庄、华溪和盘龙等地。水上巴士码头的规模比游艇码头小，需配备小型服务设施以满足游客和居民的双重需要。

（三）停靠点

各沿湖景点都应设置游船停靠点，以便游客上岸游览。停靠点的设施只需达到最基本的设施要求。

五、停车场规划

规划在太平湖南岸和北岸各建设一个旅游停车场，分别位于南岸的旅游服务基地（246辆）和北岸的康体健身基地（165辆）。主要的景点则按需要设置小型停车场以停放自驾游车辆和电瓶车。

在太平湖集镇应设置一小型社会停

车场,主要为集镇居民社会系统服务,可容纳40辆小轿车。

案例2
张家界再建"天梯"

一、事件概况

大庸天门山有著名的天眼,南北对开于千寻素壁之上,扶摇而通天,如明镜嵌于天幕,透过氤氲蒸腾的雾霭静看百态世间。

2011年5月,网上出现天门山旅游开发股份有限公司拟在天门洞西侧建设电梯工程的消息,在张家界再次引起热议。

2008年时,该公司曾通过媒体公布项目概要、意见建议征集通知以及专家论证会的消息,在一阵声讨声浪过后,两年间再无更多该项目的信息释放出来。天门山再度遭到关注时,天门山电梯工程已获得省环保厅和张家界市建设局原则同意的批复,悄然开工。2010年12月份开始在天门洞口旁施工,2011年建设通天大道广场西侧的隧道,现在已经开凿了百余米。按工程计划,从通天大道广场西侧开凿一条隧道直达天门洞口,在天门洞口旁与竖井电梯相接,游客可以通过隧道直达天门洞口。

二、背景资料

天门洞是台地边缘的地下溶洞,溶洞顶部是向斜构造的核部,因向斜之力挤压,核部岩层成为一个断裂破碎带,易于坍塌,再加上长期的溶蚀、侵蚀作用,终于使南北两端岩层崩落,露出天门。天门洞顶的桥状岩层是山体中最薄弱的部分,因此天门洞地质因素不利于天梯的建设。

同时,天门山在张家界当地人心中一直被视为神山,是湘西地区的佛教中心,天门洞是通天的唯一门户,跨过"天门坎"经过天门洞就可直达天堂,其地位高于武陵源核心景区。

据当地人介绍,当初武陵源修建百龙天梯的时候,施工单位往山体里打入很多钢筋,对山体影响很大。百龙天梯公司曾经搁置项目几年,一方面出于等待旅游市场成熟的考虑,另一方面,社会舆论压力过大也是重要原因。

百龙天梯建成以后,管理部门曾提出拆掉,但最后却不了了之。究其原因,一是既然已经建成,再拆会浪费钱;二是山体里已经嵌入了大量钢筋铁条,拆卸非常难,至少需要三年时间,同时拆卸后山体也很难恢复到原样。基于上述原因,当地一些知名人士表示希望不要拆,天梯由此保留下来。

三、开发推力

天门山电梯的建设被注入了强烈的经济价值逻辑,天门山旅游股份有限公司管理层认为没有旅游就没有张家界,没有开发就没有价值,天门山的深度开发被提上日程。

据武陵源区统计局制作的"近5年7月份各景点旅游接待人次占同期核心景区一次进山人数百分比一览表"显示,在张家界的传统旅游模式中,占据核心的两山一洞一湖,即黄石寨、天子山、黄龙洞、宝峰湖均出现不同程度的旅游人数下滑趋势。

"天门山国家森林公园现在还远不如武陵源核心景区,来到张家界的游客必去武陵源景区,但是未必来天门山,一百个游客中,大概有三十多人不会来天门山景区。"张家界一旅行社的管理人员告诉来访记者,天门山景区开发电梯除了满足运力方面的需求外,也是为了开发更多的旅游产品,此举也契合了当地政府的下一步发展意图。

四、谁管审批

天门山电梯项目的建设已经获得省环保厅和张家界市建设局原则上的同意。根据国家建设部1993年度发布的《风景区名胜区规划建设管理规定》,凡在风景名胜区进行的各项建设都应由建设单位填写《建设选址审批书》,分级上报建设行政主管部门审批。下列建设应从严控制,严格审查:①公路、索道与缆车;②大型文化、体育与游乐设施;③旅馆建筑;④设置中国国家风景名胜区徽志的标志建筑;⑤由上级建设主管部门认定的其他重大建设项目。

同时对上述所列的五类建设项目选址,实行分级审批。属于国家级风景名胜区的由省级建设主管部门审查后报国务院建设行政主管部门或其授权部门审批;属于省级和县(市)级风景名胜区的报省级建设行政主管部门或其授权部门审批。在各级风景名胜区建设项目进行前所列五类以外的其他建设项目选址,由省级建设行政主管部门或其授权部门审批。

据此规定,即便作为国家4A级旅游区的天门山国家森林公园,其天门山电梯工程项目不属于建设部规定的五类从严控制、严格审查的建设项目,不需要由省建设厅审查后报国务院建设部或其他授权部门,但是其审批也应经由省级建设行政主管部门或其授权部门。

【任务执行】

任务发布

任务2-3-1:以6人为一个小组,阅读案例1~2,参考下面景区交通设施配置的相关知识,完成下述讨论。

①旅游景区交通设施配置与景区功能分区、产品配置之间是何关系?如何协调?

②旅游景区交通设施包括哪些内容?相互间是何关系?如何协调?

③张家界的"天梯"建设为何受如此大的关注?旅游景区交通设施配置受哪些因素影响?如何协调?

时间:40分钟

任务分析

交通设施是旅游者在景区活动时的重要工具,其配置得合理,表明景区服务很到位,也能让旅游者在景区有个好的旅游体验。对旅游景区的交通设施进行配置时需要考虑景区对外界的联系、景区的功能分区及其相互间的联系、不同类型的交通设置之间的配置关系。要进行合理的交通设施配置,需要相关工作人员具备丰富的专业知识、宏观统筹的能力和长远发展的眼光。

任务实施

①阅读案例1~2和"知识讲解"中相关内容,思考"任务发布"所提问题。

②小组讨论问题答案。

③小组完成任务成果书的编制。

学生小组任务成果书(NO.5)		
实训任务2-3-1:完成旅游景区交通设施配置的讨论	任务性质	小组任务
小组任务成果名称	旅游景区交通设施配置讨论结果	
相关要求:组际交流。各小组分派出一名专家赴其他小组学习指导,接待小组认真汇报本小组的成果,专家给予建议和点评		

知识讲解

从旅游交通的空间范围来看,主要可以将之分为两大类:一是旅游景区外部交通,二是旅游景区内部交通。

一、旅游景区外部交通

旅游景区外部交通包括从旅游客源地、旅游集散中心或其他旅游景区到旅游景区的交通,主要交通工具包括飞机、火车、旅游大巴、自驾车、轮船等。从景区来说,关键是对旅游者使用的各种交通方式进行分析,包括到达时间和旅游者类型等,以便提供相应的产品和服务,其中特别要重视的是自驾车方式。自驾车的增多对旅游景区的道路建设、停车场建设、旅游者的消费方式等都产生了很大影响,要求旅游景区项目策划做相应调整。

二、旅游景区内部交通

景区的内部交通可以按其使用的主体分为如下类别:车行道(主要供景区内机动车以及非机动车辆行驶的道路)、步行道(仅供旅游者步行的道路,车辆不能进入)、特殊交通道(景区中特殊交通工具使用的交通道路,景区内常见的特殊交通工具主要有索道、水面交通、航空通道,也包括踏步电梯)以及停车场。

(一)景区公路(车行道)规划

景区车行道是景区内部交通网的骨干,包括主干道与次通道,用于解决游览运输与供应运输。要求路面平整、无尘,符合行车的技术标准,特别是登山、沿湖公路,不能破坏自然景观、植物、风景岩石、风景水系。为保证景区、景点的安静、安全与组景的意境,车行道不必完全通到景区、景点的出入口,可相隔一定距离设置停车场,游人下车可步行进入景区、景点。车行道要求配备的设施有各景点供游客上下车的站牌、根据道路交通情况设立的交通标志等。景区内要使用电瓶车、液化汽车等利于环保的交通工具。

(二)景区游步道(步行道)规划

景区游步道包括步行小径、登山石级等。在开辟时要因景制宜,随地势曲折起伏。在危险处须设置与环境协调的安全护栏,在陡峭处要安装扶手,以供行人借力攀登。有供大量游人通过的小路,应该注意有在通行高峰期时相互避让的宽度,最好能在附近设有供往返两路的复道。并且在道路设计时要考虑形成环线或半环线,尽量不走回头路。

(三)特殊交通道规划

在一些有较大水域或较长河段的旅游地中,需要重点开辟水上游线。在一般有较大或较长水体的旅游地中也可以考虑水上旅游,主要考虑有汽船、游船等。在一些较偏远的地方或地貌较复杂的地区,还可以考虑直升机、游览飞机、水上飞机等。在一些山地也可考虑使用登山火车。

客运索道是一种垂直交通工具,运量小、设备昂贵、不可转折,对坡度和高度有一定的限制(爬坡30度到40度之间,跨距可达上千米,八级大风不能运行),因此人们对建立客运索道有着一定的争议。在旅游地中要不要修建索道,应由建设、旅游、交通、环保、园林、生态、地质等多部门和多学科专家组成论证小组反复论证。如确有必要建,要选择国内外好的索道设计单位和生产单位,进行建设和施工。选线要避开传统的步行登山道路,以保证道路两旁的自然景观、文物古迹不受破坏。在建造过程中,要尽量使用新技术、新工艺,以减少对自然环境的破坏,如在安装塔时,为防止山石松动,应用人工开凿替代爆破开凿,使索道修建对环境可能造成的破坏减少到最小程度。索道修建问题比较复杂,修建前要仔细斟酌。

(四)停车场规划

对景区停车场一般有如下要求:停车场的建筑需与景区景观相协调,布局合理。例如,人文景区停车场的设施和建筑一般应仿照景区的建筑风格及特点建设,与景区景观融为一体。停车场的容量要能充分满足游客接待量要求,场地要平整坚实,绿化美观,保持清洁。同时,停车场需设立停车线、回车线,大型的停车场应进行分区,一般分为大车区和小车区,分别设立出口和入口。停车场一般应配备汽车维修、清洗保养、消防等设施,需要有专人管理,指挥车辆出入,保证车辆安全。另外,停车场的位置标志要做到规范、醒目和美观。

【任务拓展】

任务2-3-2:在任务2-1-2、2-2-2和任务2-3-1的基础上,结合小组××景区调研的结果,为××景区制定一份《旅游景区交通设施配置方案》,成果在一周后公开展示。

【任务反馈】

各小组在课堂上公开展示××旅游景区的交通设施配置方案成果,其他小组针对其成果提出修改意见,各小组落实修改。

任务四 布局旅游景区交通线路

【任务目标】

学生通过情景设计融入角色进行学习,在具体案例赏析和任务完成过程中,了解旅游景区交通路线布局的基础理论知识,并在"任务拓展"和"任务反馈"环节掌握在旅游景区布局交通路线的基本技能。

情景设计

李明经过不懈努力,又一次顺利地完成了交通设施配置的任务。部门经理对李明的表现甚是欢喜。为了进一步加强对李明的培养和锻炼,部门经理让李明在交通设施配置的基础上进一步为××景区布局交通线路。如果你是李明,你打算如何完成该任务?

【案例聚焦】

案例 1

莲花湖旅游区交通及旅游线路规划

一、旅游交通规划

（一）旅游集散中心

莲花湖旅游区主要的集散中心有：柴河、群力、二道子镇、三道子镇、钓鱼台、秋皮沟林场、大坝。

柴河：是牡丹江市区到莲花湖东区和莲花湖西区的重要的交通枢纽。

群力：是水路、陆路和空中旅游的重要枢纽。

二道子镇：是通向群力、库伦比拉湾（三站）以及锅盔湾的重要枢纽，也是经过库伦比拉湾到二道河口的双河村渔业文化旅游区的重要枢纽。

三道子镇：向北到大坝景区、向南到库伦比拉湾、群力湾景区，向西（水上）可到达"鹰嘴峰景区"、"荒沟抽水蓄能电站景区"（直达双桥）、"槟榔山庄"（直达秋皮沟林场）。

钓鱼台：南通柴河镇，西通宏声林场直达小九寨景区，北经红星林场、秋皮沟林场可达临江和大坝（或至槟榔山庄）。

秋皮沟林场：北可到双桥和荒沟电站，也可到临江狩猎场直至大坝，东到"槟榔山庄"经水路可达三道子镇。

大坝：连接东西线的一个重要的陆上节点。

（二）旅游区公路交通

牡丹江通向莲花湖景区主要有东西两条干道：柴莲线（海莲公路的一部分）、柴坝（大坝）线。前者称为东线，后者称为西线。

第一，莲花湖旅游区面积太大，必须要提升东、西两条景区内干道的等级，建立快速通道，从根本上解决交通瓶颈制约。

第二，要整修两条通向各个景区的景区道路。

第三，在各个集散中心，搞好站点建设。

（三）旅游区轨道交通

自钓鱼台沿二道河口（北岔屯附近），规划恢复原来的森林小火车轨道（21千米）。

（四）旅游车站码头

（1）主要旅游站点：柴河、群力、二道子、三站、三道子、钓鱼台、秋皮沟林场、大坝。

（2）渡船和码头。

群力——群力半岛渡船：群力码头、群力半岛；

老道庙——对岸：老道庙、对岸；

槟榔山庄——迎春：槟榔山庄、迎春；

三道——鹰嘴峰：三道、鹰嘴峰景区（包括鹰嘴峰度假村）。

二、旅游网络与线路组织

莲花湖旅游区范围较大，占地约4 220平方公里。区内旅游资源点众多，分布较散，可开发的旅游景点，主要集中在群力、库伦比拉、锅盔湾三个重点景区以及莲花湖水上观光带、小九寨—钓鱼台—漂流—森林小火车观光游览带两条旅游带中。

莲花湖旅游区内的旅游景点可以通过组合，形成莲花湖旅游区、周边县市以及跨区域的多种线路组合;也可以根据主题形成多种不同类型的主题旅游线路。

(一)区内线路组合

莲花湖旅游区内线路呈现"四环,两带"的游线组合格局。

1."四环"游线

四环即南、中、北三个小环线和一个大环线。

(1)南环线:柴河→杨子荣牺牲地→夹皮沟→(钓鱼台)→崴子沟红松母树林→双河渔业文化区→高波牺牲地→猴石→库伦比拉湾→老道庙→库伦比拉景区→炮台砬子→东沙古墓→群力景区→柴河。

(2)中环线:二道·三站游客中心→库伦比拉景区→老道庙→莲花湖→槟榔峡→槟榔山庄→布达拉宫峰→秋皮沟林场→鸡冠砬子→红星林场→小九寨景区(吊水湖瀑布)→宏声林场→钓鱼台景区→漂流→森林小火车→渔业文化区→猴石→高波牺牲地→库伦比拉湾→二道。

(3)北环线:三道镇游客中心→飞鹰会议度假中心→滑雪场→锅盔山→望天岭→狐仙洞→临江景区→莲花湖水电站→大坝→莲花湖湖面→滚兔岭→锅盔湾→鹰嘴峰→三道镇→锅盔湾动感水上乐园→三道游客中心。

(4)大环线:柴河→杨子荣牺牲地→夹皮沟→钓鱼台→小九寨景区→鸡冠砬子→秋皮沟林场→老虎砬子→临江景区→望天岭→狐仙洞→莲花水库大坝→三道游客中心→锅盔湾景区(锅盔湾水上动感乐园—飞鹰会议度假中心—飞鹰滑雪场—锅盔山)→二道集散中心→库伦比拉景区(老道庙·道教文化区—月亮湾康体保健区—库伦比拉滨水休闲区—莲花塘)→群力景区(群力岩画—航空旅游中心)→清烽火台→柴河。

2."两带"

"两带"即莲花湖水上观光带以及小九寨—钓鱼台—漂流—森林小火车观光游览带两条旅游带。

(1)莲花湖水上观光带:群力湾→断石通峡→望兰沟→老道庙峡→库伦比拉湾→槟榔峡→鹰嘴峰→锅盔湾→大坝。

(2)小九寨—钓鱼台—漂流—森林小火车观光游览带:小九寨→吊水湖瀑布→宏声林场产业旅游区→钓鱼台集散中心→二道漂流→神仙洞→崴子沟→森林小火车→渔业文化区→猴石→高波牺牲地。

3.主题旅游线

(1)群力"古韵"主题游。江东古墓群→清烽火台→高丽井→群力岩画→关帝庙。

(2)道教逍遥游。老道庙→道教健身园→太极康健宫→清雅斋。

(3)月亮湾康体保健游。①健康百草行:神农百草园→药膳居→茶道茶艺馆→棋牌书画馆;②康健鲜花之旅:百花康健园→鲜花世界→花味馆→花饰驿站;③名胜SPA之旅:水疗度假园→世界风情水疗馆→名泉故乡水疗馆。

(4)锅盔湾会议之旅。①高尔夫之行:高尔夫会所→山地高尔夫球场→灯光球场;②飞鹰商务之旅:飞鹰山地会议度假中心→山地高尔夫球场→鄂伦春民俗村→飞鹰滑雪场→锅盔山。

（5）临江野趣游。临江原始森林→野生动物养殖场→野生动物展示馆→临江猎苑→野趣人家→狩猎度假村→国际狩猎俱乐部。

（6）莲花湖冰雪游。月亮湾冬泳基地→双河渔业文化区→锅盔湾冰雪乐园→飞鹰滑雪场→锅盔山→山地度假村。

（7）"莲花三峡"风光游。群力湾码头→断石通峡→老道庙峡→槟榔峡→边安苍鹭岛停靠点→莲桦线。

（8）莲花湖风光空中游。群力湾机场（或热气球起落站）→群力湾→烟囱砬子→断石通峡→望兰沟→库伦比拉景区→槟榔峡→锅盔湾→大坝→折回。

（9）不眠之夜游。①飞鹰灯光高尔夫球场→水疗度假园；②锅盔湾夜间滑雪场→库伦比拉湾冰雪圣诞夜。

（10）自然原真山水游。崴子沟红松母树林→小九寨景区→临江景区。

（11）水电基地工业旅游线。望天岭→莲花湖水电站→大坝坝址→荒沟抽水蓄能电站→三道河子系列小水电站→二道河子小水电站。

（12）林业产业旅游线。钓鱼台→宏声林场产业区→秋皮沟林场。

（二）周边线路组合

1. 林海雪原寻踪游

高波牺牲地→猴石→河神庙→老道庙→夹皮沟村→杨子荣牺牲地→横道威虎山城→威虎山→座山雕棚

2. 冰雪风光游

锅盔山动感冰雪乐园→库伦比拉冬泳基地→双河渔业文化区→牡丹江大雪堡→中国雪乡（长汀·双峰林场）→横道滑雪场→亚布力滑雪度假区

3. 青少年修学游

临江·野生动物展示馆→水电基地→鸟语林·鸟类科普馆→双河·鱼类科普馆→群力·航空科普知识展览馆→横道虎园

4. 山水观光线

莲花湖旅游区→牡丹江→镜泊湖风景名胜区→火山口森林公园

5. 爱国主义教育游

莲花湖旅游区→牡丹江→林口八女投江殉难地→东宁要塞

6. 边境商贸游

莲花湖旅游区→牡丹江→东宁→绥芬河

（三）区域联动线路

1. 异域风情游

莲花湖旅游区→俄罗斯风情园→绥芬河→海参崴俄罗斯风情

2. 冰雪东北行

吉林松花湖→牡丹江雪堡→莲花湖旅游区→亚布力滑雪场→哈尔滨冰雪节

3. 生态观光游

莲花湖旅游区→牡丹江→镜泊湖风景名胜区→长白山

案例2

河南省博浪沙森林公园旅游线路规划

考虑到客源市场的吸引和游客进入博浪沙森林公园的途径，同时基于原阳丰富的旅游资源，在森林公园外围周边地区形成旅游圈，所以旅游路线的规划不仅仅是针对森林公园内部，而是从三方面进行规划设计：一是进入的路线规划,二是森林公园内部的旅游路线规划,三是博浪沙森林公园与外围周边旅游景点形成的旅游路线规划。

1. 进入路线

到达博浪沙森林公园的推荐交通路线:

(1) 直通车。为方便广大游客来博浪沙森林公园观光度假,公园可推出"博浪沙森林公园——郑州市区旅游直通车","博浪沙森林公园——新乡市区旅游直通车"。

(2) 豫北方向游客。沿京广铁路或京珠高速至新乡下车,转乘"博浪沙森林公园——新乡市区旅游直通车"到博浪沙森林公园。

(3) 豫南、豫西、豫东方向游客。从各个方向乘车在郑州市下车,转乘"博浪沙森林公园——郑州市区旅游直通车"到博浪沙森林公园。

2. 园内游览路线

(1) 生态观光游。大门→森林游憩区→经济林区。

(2) 文化科普游。①地方文化:游客服务中心(原阳地方民俗风情馆);②科普教育:动物观察(麋鹿散养苑、鸵鸟园)、植物识别、地理分异辨识(森林游憩区、经济林区)。

(3) 组合路线。大门→麋鹿散养区→森林游憩区→经济林区→水上康乐区→休闲运动区。

(4) 度假游(不定期)。①别墅度假(森林游憩区别墅);②小木屋、帐篷度假(森林游憩区)。

(5) 体育娱乐旅游。①垂钓旅游(水上康乐区);②休闲运动旅游(休闲运动区、水上康乐区)。

3. 外围周边旅游线路

①郑州市容观光→博浪沙森林公园;②云台山森林公园→新乡市区→博浪沙森林公园;③黄河游览区→博浪沙森林公园。

4. 线路组织的策略

(1) 景点类型及其相似性与差异性。线路包含的景点类型是有机联系的,即它们通过一个共同的主题联系在一起。例如摄影旅游,通过摄影活动主题将森林公园观光与民俗观光结合在一起;而景点内的活动应该是相异的,可以含有游览、娱乐、休闲等多项内容。应该强调的是每一条线路都应该有一个明确而诱人的主题,能反映该线路主要的、特色的内容。

(2) 景点级别。近期为了突出森林公园的整体形象,线路景点力图先强强联合;远期可设计热点与冷点结合的产品,主要目的是促销和带动新开发的或没有知名度的景点。

(3) 景点数量。通常情况下,景点间交通耗费时间不能超过全部旅程时间的三分之一,而对于每一天的具体安排而言,也应遵守以上的游览时间与交通时间之比,选择的旅游点间距应适中。

(4) 空间组织。通过选择较短旅程,科学安排景点顺序,来实现空间的合理组织。在保证游客充分游览每一个景点的前提下,在有限时间内多游景点。

(5) 组织区域联合旅游线路。合理组织区域内的联合旅游线路,可以强化区域整体的旅游形象,丰富线路的产品构成,提高线路的吸引力。与周边地区联合组织有利于实现组织的高效率。

【任务执行】

任务发布

任务2-4-1:以6人为一个小组,阅读案例1~2,参考下面景区交通线路布局的相关知识,各小组完成下述探讨。

①旅游景区交通线路布局包括哪些内容?

②旅游景区交通线路布局与交通设施配置之间是何关系?如何协调?

③旅游景区交通线路布局应遵循什么原则?

时间:30分钟

任务分析

旅游景区交通线路布局是旅游景区旅游线路组织的基础,要完成这个任务,需要全面分析旅游景区景点布局、旅游产品布局、交通设施配置等情况。景区交通线路布局需要考虑到游客心理和生理的需求,尽量保证游客旅游时不走回头路。实现合理的交通线路布局,需要相关工作人员具有宏观分析的能力和以人文本的工作理念。

任务实施

①阅读案例1~2和"知识讲解"中相关内容,思考"任务发布"所提问题。

②小组讨论问题答案。

③小组完成任务成果书的编制。

学生小组任务成果书(NO.6)		
实训任务2-4-1:完成旅游景区交通线路布局讨论	任务性质	小组任务
小组任务成果名称	旅游景区交通线路布局讨论结果	
相关要求:各小组在讨论基础上形成一份书面文件,系统阐述本小组对上述三个问题的讨论结果。要求问题的阐述应系统流畅,言简意赅,避免长篇大论,避免抄袭其他网站或书籍的文字内容		

知识讲解

景区道路路网直接关系到景区内部交通的快捷性,目前主要的路网有四种类型,即方格形、环状串连形、放射环形以及自由形。

1. 方格形路网

方格形路网又被称为棋盘式路网,是景区道路以垂直或近似于垂直的角度相交叉所组成的方格路网。该类路网简洁明确,划分的区域较为整齐。在游线组织上也较为灵活,空间行为较为便利,可以组织成为环形游线和单行游线。但是该类路网在对角线上的两点连接不甚畅通。一般景区内较少使用方格形路网,这主要受地形和景点开发的限制。目前较为典型的采取方格形路网的景区有北京故宫,这是由故宫旧有的建造格局所决定。其他的一些民居类型的旅游景区也大多采取方格形路网布局模式。

2. 环状串连形路网

环状串连形路网是以游客服务功能区为起点,将主要的景点成环状或串连状连接起来构成的交通道路网络。一般景区规模较小、景点不多的旅游景区或山地型旅游景区可以采取此方法。此路网游线组织十分简单明了，西湖景区就是典型的环状串连型路网设计。

3. 放射环形路网

放射环形路网是指由景区中心引出的若干放射性干道与多圈层的环线交通线组成的道路网。旅游景区中，这个中心往往是具有游客服务功能的区域。采取该路网设计一方面可以加强游客中心与各个旅游景点之间的交通联系，使各景点具有较高的连通率；另一方面使得不同圈层的旅游景点之间以及同一圈层的景点之间建立了快速的连通线路。此外，使用该类路网设计可以大大缓解道路的交通压力，对于大量的过境旅游客流起到有效的分流作用。

4. 自由形路网

自由形路网是景区道路交通规划中较为多见的成网模式。由于景区中资源的分布以及游客服务区域分布具有较强的不规则性，因此，景区交通路网的设计只能立足于景区资源和服务的实际，迎合其分布状况。在自由形路网中，景点、游客服务区域都由各级交通道路相连，旅游者可以自主选择游览线路进行旅游，具有较大的随意性。该类路网在平原地区和地形复杂的山地型旅游景区中较为常见。

【任务拓展】

任务2-4-2：在前述任务的基础上，各小组结合对××旅游景区调研的结果及考察报告，分析该景区旅游线路设计中存在的不足之处，提出该景区旅游交通线路优化布局方案，成果在一周后公开展示。

【任务反馈】

各小组在课堂上公开展示本小组为××旅游景区设计的交通线路优化布局方案，解释修改的理由，说明改进后的可能效果。

任务五　布局旅游景区商业网点

【任务目标】

学生通过情景设计融入角色进行学习，在具体案例赏析和任务完成过程中，了解旅游景区商业网点布局的基础理论知识，并在任务拓展和任务反馈环节掌握在旅游景区布局商业网点的基本技能。

情景设计

李明经过自己的不懈努力，顺利地完成了一系列部门经理交给的任务，得到了部门经理的较高评价。今天，李明在经理办公室接受了最后一个该部门的轮岗任务，即对旅游景区进行商业网点的布局。因为一直以来李明的优秀表现，所以经理在这个任务上也对李明给予了很高的期望。李明为了能为该部门的轮岗画上一个圆满的句号，因此很高兴地接受了挑战，并决定全力以赴。如果你是李明，你该如何完成任务呢？

【案例聚焦】

案例 1

临川温泉风景名胜区服务设施总体空间布局

服务设施要发挥应有的功能，就要有相应的级配结构和合理的单元组织及布局，并能与风景游赏和居民社会两个职能系统相互协调。规划将临川温泉风景名胜区的服务设施划分了四个等级，分别为旅游镇、旅游村、旅游点和服务部。

1. 旅游镇

规划将目前大塘滕村与罗家岭村所在地建设成为风景区的城镇服务区，在服务设施体系中定位为旅游镇级别，其中具备健全的吃、住、行、游、购、娱设施，包括邮电通讯、银行金融、旅游咨询与管理、医疗保健、商贸中心、餐饮、娱乐中心以及家庭旅馆等，并有齐备的基础工程相配套，也含有相应的居民社会组织因素。城镇服务区能够提供的床位数主要取决于村民自行经营的"农家乐"家庭旅馆，这些旅馆共能提供60～80个床位。

2. 旅游村

旅游村级别的服务设施有比较完全的食、住、行、游、购、娱设施，需要比较健全的基础工程与之配套。规划中这一级别的服务设施有三个主题温泉度假村（包括抚州疗养院），远期规划共能提供1 000～1 500个床位。除此以外，餐饮、休闲娱乐以及医疗保健也是旅游村主要提供的服务。

3. 旅游点

旅游点级别的服务设施规模较小，主要为游客提供休闲娱乐、餐饮休息以及旅游购物等服务，原则上不设置住宿设施。规划中将余山水库垂钓中心和拓展训练基地定为旅游点级别的服务设施，特色餐饮服务是本风景区旅游点提供的最主要的服务。

4. 服务部

服务部是指风景区内零星分布的小服务点。如小茶室、小商店、小型休憩点等等，设施简单，可灵活布置。这些服务点是风景区服务设施的有益补充，考虑临川温泉风景名胜区的现实情况，除了在旅游城镇服务区的服务部可以由当地居民自主经营以外，其他功能区内的服务部统一由风景区管理机构经营管理。

案例 2

千山风景区重新规划景区内商业网点

近日，千山风景区内建筑面积201平方米的北海商店开始拆除，就此拉开千山景区内网点进行重新规划和全面改造的序幕，为冲刺AAAAA级景区打好基础。

据介绍，千山古称积翠山，又名千顶山、千华山、千朵莲花山，是长白山的支脉。整个山脉呈东北、西南走向，经辽阳、海城、盖州、岫岩，止于金州。南北绵延200多公里，纵贯整个辽东半岛。自古以来就有"无峰不奇，无石不峭，无寺不古"之誉，为"园林寺庙山岳型风景区"，被誉为"东北明珠"。目前是AAAA级风景名胜区，为我市五大旅游品牌之首。

千山风景区在取得全国文明风景区的基础上，今年将全力冲刺AAAAA级风景名胜区。首先从整治景区内商业经营秩序着手,今年将对商业网点的布局、数量、外观形象做大幅度调整,改造后景区内保留9处商店,其中2处进行功能改造,拆除14组共26处商业网点,拆除面积达到792平方米,这一工程预计将于25日前后结束。同时,还将商业氛围浓厚、影响景区形象的正门里商店进行改造,拟将其改造调整为游客投诉中心、客运调度室和次日游票务办理处;祖越寺商店改造建成环境卫生管理用房。另外,在北部景区原有两处宾馆的前提下,取消圆通工程,从而减少对景区空气、水源以及周边环境的污染。商业网点被拆除后,管委会将就地进行植被覆盖,种草种花,还绿色、美景、清静于游人,充分展示千山的自然山水。保留的商业网点要进行全面规范,要求其建筑风格与景区风光相匹配,形成景观式商业网点。

案例3
东湖风景名胜区商业网点规划

1. 饭店及餐饮服务设施规划

目前风景区内有宾馆两座,350个床位,住宿以接待会议客人为主,餐饮设施十余处,这在东湖旅游旺季远远不能满足游客需要,而在淡季设施又出现闲置现象。目前东湖风景名胜区年游客量在150万～200万人次/年,根据旅游总体规划要求,将新增旅游景点,使游客由目前半日游延长至一日游,远期将达到二日游,这样东湖游客量将大幅度增长,对饭店及餐饮服务设施将会提出更高要求。近期规划,改造扩建湖宾客舍及碧波宾馆餐厅或建茶楼;在楚城建大型仿古食街,以出售湖北传统风味小吃为主,在景点集中的景区如听涛、磨山景区,旺季时可设旅游流动餐车为游客提供餐饮服务;落雁景区规划建成反映水乡风情的渔家餐厅一座,烧烤馆一座。远期规划东湖风景名胜区将由一日游变为二日游,需要增加饭店设施,而各景区自成体系又相互串连。落雁景区因体现水乡风情,田园风光,对周末度假的城市客人吸引最大,应将过夜客人重点吸引至该区,规划建设度假宾馆一座。磨山景区、听涛景区现有的两座宾馆可进行改造,发展成为会议与观光型宾馆,增加文化娱乐设施,丰富夜间生活。

2. 旅游商品开发及购物市场规划

目前楚城中楚市,建设已具有一定规模,且建筑风格与楚城整体建设相一致。而听涛区仅有几处小商亭出售食品及胶卷,在规划中应配合东湖大门改造,在主要景区门口建专业旅游购物市场,出售反映风景区特色的旅游商品。专业市场中还可荟萃我省主要景区的旅游纪念品,反映湖北特色,成为湖北旅游的窗口。主要的旅游商品,如陶器、手工编织等,还可以前店后厂方式生产经营,批零兼营。另外,在湖区规划建设的码头处及停车场处建专业购物市场。

【任务执行】
任务发布

任务2-5-1:以6人为一个小组,阅读案例1～3,参考下面景区商业网点布局的相关知识,完成下述讨论。

①何谓商业网点?旅游景区商业网点由哪些部分组成?商业网点的表现形

式有哪些?

②旅游商业网点及其布局受到哪些因素的影响?如何协调?

③旅游景区商业网点布局与景区功能分区、产品配置、交通布局之间分别是何关系?如何协调?

时间:40分钟

任务分析

商业网点能为景区经济收入做出重要贡献,也会影响到景区的服务质量,还承担着体现景区地方特色和文化的作用。合理的商业网点布局能起到事半功倍的效果。要实现此目标,要求相关工作人员必须具有宏观分析和统筹协调的能力,要在深入研究地方特色的基础上,科学合理地布局相关事宜。

任务实施

①阅读案例1~3和"知识讲解"中相关内容,思考"任务发布"所提问题。

②小组讨论问题答案。

③小组完成任务成果书的编制。

学生小组任务成果书(NO. 7)			
实训任务2-5-1:完成旅游景区商业网点布局讨论		任务性质	小组任务
小组任务成果名称	旅游景区商业网点布局讨论结果		
相关要求:各小组讨论上述问题,并形成书面结果,于讨论结束后上交			
注:成果以A4纸打印或手写			

知识讲解

一、商业网点类型

主要的旅游购物场所类型有旅游纪念品店、国际名品店、特色专营店、土特产店、工艺美术店、画店、玩具店、古董店、手工艺品店、旅游购物中心等。这些场所集中在一起往往构成旅游购物区或旅游购物一条街。

二、选址与布局

商业设施布局和选址应考虑旅游者在景区内活动的生理和心理习惯。一般有两种模式:其一,设置于旅游过程的结束阶段。例如,三亚的"天涯海角"景区的购物迷宫就位于景区出口处。其二,分散于旅游过程当中,如各分区的接待服务处。若将旅游购物点设置于旅游过程当中,就必须要将其与景区中的游憩、休闲设施相结合,让游客在休憩过程中参与旅游商品的选购。不过一般地说,在景区的内部不适宜设立很多的购物点。

三、商业设施的规模

景区内商业服务设施的建筑面积,建议在区内接待总床位数的基础上,按$0.4 \sim 0.6 \, m^2/$床的指标做估算,并按照总床位数分设若干个各类服务点,具体如表2-2所示。

表2-2 商业、饮食业设施的分项配置指标

类别	1 000床	2 000床	4 000床	7 000床	12 000床	20 000床
百货、食品类	1	2	4	7	10	20
综合类a	2	3	5	8	12	20
器材类b	2	5	10	20	35	50
服务类c	1	2	4	7	12	30
旅游咨询及车辆出租站		P	1	1~2	2	2~3
银行				1	2	2
房地产所			1	2	2~3	3
总计	6	12	26	47	75	123

注：假设旅馆最低出租率均为50%

P表示可以设置

a 包括药品、书报、烟草、花木、工艺品、礼品

b 包括体育物品、摄像用品、本地产品、家具及时装

c 包括饮食、理发、洗衣、加油、汽车修理

（资料来源：据GB/T 18971—2003附录A）

景区内单个商店的面积在90~130 m² 为宜。但有些商店可以组织在一起，由一个中心来管理，不同类型的商店可以混杂地组织起来创造有趣和多样的公共购物环境。

（一）购物环境设计

1. 外部环境

不能破坏景区内主要景观；不能阻碍旅游者的游览；不能与旅游者抢占道路和观景空间；购物场所的建筑造型、色彩、材质等与景观环境相协调；最好不要设置外来的广告标志，以免影响旅游景区的景观。

2. 内部环境

购物场所应有集中的管理，环境整洁、秩序良好；无围追兜售、强买强卖现象；陈列方式合理；购物商店装饰色调适宜；室内照明均匀、光线柔和、亮度适宜；室内空气新鲜、流动充分，温度和湿度宜人；有供旅游者休息游憩的场所。

（二）旅游商品类型

1. 图书类

此类主要指和旅游景区有关的文化名人的相关著作，反映旅游景区历史文化或介绍旅游景区旅游资源的图书、音像制品，具有旅游景区特色的纪念币、纪念信封、明信片、纪念邮票、书签等。

2. 工艺品类

该主要有传统民间工艺以及利用本地材料开发的现代工艺品等。

3. 食品类

该主要有传统食品、特色小吃、山珍

海鲜以及利用本地文化符号新开发的食品小吃等。

4. 模型类

这一类主要有著名旅游景观的模型以及建筑物、人物、器皿的模型、珍贵书画与古玩的仿制品等。

5. 日用品类

该类主要有服装、饰品、旅游用品等。

6. 特种纪念品

此类指根据景区特色开发的非常规旅游纪念品,如黄帝文化景区的"大战蚩尤的草鞋"等。

除此之外,玩具、本地生产的著名工业品等也是常见的旅游商品。但原则是,必须要有自己景区的特色,避免雷同和千篇一律。

【任务拓展】

任务2-5-2:在前述任务的基础上,各小组根据在××旅游景区调研的结果,结合该景区商业网点布局的情况,撰写××旅游景区商业网点布局优化方案,成果在一周后公开展示。

【任务反馈】

各小组在课堂上公开展示××旅游景区商业网点布局优化方案,阐述之前该景区商业网点布局存在的不足,解释本优化方案所作出的改进之处、改进原因和改进效果。

◆ 模块评价

【知识/技能评价】

本模块通过五个任务的设计,让学生经历了一次完整的旅游景区规划活动。在知识上,学生应形成一个系统完整的旅游景区规划知识体系;在技能上,学生应基本掌握对旅游景区进行功能分区、产品配置、交通设施配置、交通线路和商业网点布局的能力。具体考评方式是:让学生将在学习过程中完成的景区规划任务组合成一个完整的旅游景区规划文本,并要求每个学生撰写一份本模块的学习心得,总结自己在学习过程中所获得的知识和技能。

【能力应变】

任务名称:××景区旅游规划存在问题调研

任务要求:6人一组,对某景区进行实地调研和考察,要求所选景区应与模块学习过程中所选景区类型不同,学生以组为单位自主设计调研方案,并自主讨论该景区规划中存在的问题,包含整体布局、产品设计、交通设施设计、交通线路设计、商业网点布局等内容,并提出改进方案。

任务性质:小组任务

任务成果:××景区旅游规划存在问题及改进方案

任务成果要求:报告字数不低于2 000字。

任务实施时间:周末,学生自主安排。

【模块链接】

景区开发中利益相关者的协调问题
——以西江千户苗寨为例

弗里曼认为,凡是能影响企业活动

或被企业活动所影响的个人或团体，都是该企业的利益相关者。利益相关者理论认为，利益相关者能够影响企业或组织的发展，他们的意见应作为决策时的参考。

1. 西江千户苗寨旅游各利益主体之间的利益诉求

（1）政府。按照国家赋予政府的行政职责来看，地方政府应该代表人民保护公共资源，通过旅游景区的开发和经营，带动当地经济和区域其他产业的发展，实现当地经济、社会文化、环境效益"多赢"的和谐局面。地方政府首先追求的是稳定的社会秩序、既得的经济效益，然后是旅游景区的生态效益。

（2）旅游经营企业。在西江千户苗寨旅游开发之初，西江少有企业进驻。2009年4月，西江苗寨开始出售门票同时招商引资。这些企业固然可以快速发展当地经济、缓解财政压力，但作为旅游企业其本性是追逐利润。追求利益的最大化往往会造成对资源的毁灭性打击。

（3）旅游区居民。西江千户苗寨主要旅游资源是当地居民在长期的生产生活过程中所创造的各种精神文化和物质文化。作为这些旅游资源的创造者和保护者，他们理所当然成为旅游开发主要的受益者。他们的利益要求主要是：①希望旅游业的开发提高个人或家庭的经济收入，使其生活条件得到改善；②希望通过旅游业的良性发展，尽量减少负面影响，保证良好的社会治安和社会风气，以获得安全稳定的社区环境，从而保证本地的旅游吸引力以及本地旅游的可持续发展。

（4）旅游者。旅游者是旅游体验的消费主体，他们的利益需求不同于其他利益相关者，他们的利益核心是旅游经历的"质量"和"满足感"，希望欣赏到如旅游企业宣传中的、真正的、不经过任何修饰、不受到任何污染和破坏的自然景观和原生态文化景观；旅游者还希望在旅游过程中有比较舒适和安全的游览环境，希望旅游企业能够提供质量符合协议承诺的产品与服务。

2. 西江千户苗寨主要利益相关者的利益冲突表现

西江千户苗寨旅游开发由政府主导，政府投入了大量的人力、物力和财力。政府于2008年上半年旅发大会召开之前投入1.8亿多元进行大量的项目建设，其中西江主会场的实施项目26个，县城实施项目6个，为西江千户苗寨旅游业的发展奠定了坚实的基础。但当地政府为了发展西江旅游，已经贷款8000多万元，财政已无力负担后续开发。于是，雷山县政府召开新闻发布会宣布西江从2009年4月1日起对国内外游客收取每人100元的门票，在试收费第一年每人收取60元，并称门票收入将主要用于保护苗寨。由此引发的各利益主体冲突主要有：①当地居民认为自从收门票后，来苗寨的游客少了，经营商店和"农家乐"的村民收入减少，而门票收入并没有补给村民，导致居民利益受损。②由于旅游企业的进驻，居民在资金、技术、人力资源等方面的限制，在旅游开发过程中往往处于劣势，与旅游企业的经济地位极不对称,丧失了主导权。于是,为了在旅游发展中获得部分利益,居民采取各种行动与旅游企业争利,最为典型的就是在景区外带客逃避门票,严重影响了景区的整体形象。这些情况使得西江苗寨在短期内,各利益相关者间存在着尖锐的利益冲突。

拓展路径

①《旅游规划》(华东师范大学出版社,2011),此书详述了旅游规划的内容,并有利益相关者利益协调问题的探讨,可参阅。

②《西江千户苗寨旅游开发中利益相关者分析》(刘春莲、李茂林2011年在《安徽农业科学》上发表的文章),详细分析了西江千户苗寨旅游开发中利益相关者的利益冲突、利益协调等问题,值得研读。

③《我国遗产地旅游利益相关者系统研究——以丽江为例》(陈昕、吕宛青著,中国旅游出版社,2012)一书就如何运用利益相关者理论指导我国遗产旅游发展,提出了系列相关理论与方法,值得研读。

④《中国传统文化与企业管理——基于利益相关者理论的视角》(刘刚著,中国人民大学出版社,2010)一书基于中国传统文化"修齐治平"这一由己及人、由内及外的逻辑思维以及西方现代管理的利益相关者理论,综合中国传统文化中各学派的思想精髓,旨在构筑一个集"修己"、"安人"、"谋攻"与"定邦"于一体的传统管理思想在现代企业中运用的逻辑框架,被誉为管理者终身学习的书,可以作为景区管理者很好的参考,值得参阅。

模块三　旅游景区营销

◆ 模块目标

【行业要求】

具备管理、经济及营销等专业背景；熟悉景区营销模式，能合理规划景区市场并对市场开拓、维护、广告宣传等有深刻的了解和认识；具备旅游景区营销工作管理经验；具备优秀的市场开拓能力、控制协调能力、团队领导力；具备较高的政治素养，有强烈的事业心和责任感；适应能力强，能够经常出差。

【学习目标】

知识目标：了解景区营销的含义以及基本内容；熟悉景区营销组合的内容和策划原则及方法；掌握景区营销目标市场的确定方法；掌握景区形象定位策划和设计景区市场营销组合策略的基本方法。

技能目标：能够设计调查问卷进行市场调查；能够策划景区的营销活动；准确的语言表达能力和文案策划能力。

态度目标：让学生体会亲自到社会调查研究、收集数据的艰辛与喜悦；体验实事求是、严谨调研、客观分析、大胆预测等工作态度的重要性，从而逐渐养成良好的工作态度和习惯。

◆ 模块任务

本模块中，学生首先要运用市场营销的原理和方法进行市场调研，进行景区客源市场细分和目标市场定位。总结旅游景区相关产品及特征，对景区的形象进行定位并树立景区形象。运用 4PS 模式，设计景区营销组合策略，包括策划景区公关活动和景区节庆营销活动，选择合理而多样化的营销渠道，完成景区完整的营销过程。

任务一　考察景区并进行游客问卷调查

【任务目标】

通过任务实施，学生能够在全面考察景区之后，了解景区的基本情况，并能运用市场营销的有关原理，设计调查问卷，进行市场调研，发现市场机会。

情景设计

鉴于李明的良好表现,公司管理层决定重点培养他,让李明进入各个岗位轮岗,全面掌握景区各部门的管理职责,为以后更好地管理景区服务打基础。李明开始进入营销部门轮岗。营销部门下设三个小组,分别是市场调研组、策划组和销售组。营销部万经理安排李明首先到调研组去实习,市场调研是景区进行营销的开始和基础,从市场调研开始熟悉营销部门职责非常有必要。万经理给李明布置了首个任务,要李明设计一份游客调查问卷,对景区的来访者进行调查,以便更好地为游客提供适用的产品和服务,李明欣然接受了任务。

如果你是李明,该如何完成这项工作呢?

【案例聚焦】

案例1

某景区市场调查问卷问题分布

问卷部分	问题类型	问题数量
A 部分	公关和形象在旅游消费行为中的作用和影响	6
	产品的不同属性在旅游消费行为中的作用和影响	17
B 部分	促销方式在旅游消费行为中的作用和影响	8
	价格水平在旅游消费行为中的作用和影响	2
	渠道选择在旅游消费行为中的作用和影响	1
C 部分	旅游者的人口统计特征	7
共计		41

案例2

福州市森林旅游客源市场调查问卷

亲爱的朋友:您好!

为更好地了解游客朋友们从事森林旅游活动的情况,做好森林旅游市场细分,更好地服务朋友们的旅游需求,特设计此调查问卷。请在符合您情况的选项下画√。本问卷仅限于科学研究,您的信息将被严格保密。

感谢您的合作!祝您旅行愉快!

××景区管理公司

1. 您到这个景区的主要目的是:
   A. 观光游览　　B. 探亲访友　　C. 公务会议　　D. 度假/休闲
   E. 宗教/朝拜　　F. 文化/教育/科技交流　　G. 其他
2. 到这个景区,您是自助旅游,还是组团旅游?
   A. 自助旅游　　B. 旅行社组团

3. 您是乘什么交通工具到本景区的?
   A. 徒步　　　　　B. 自行车　　　　C. 电动车、摩托车　D. 公交车
   E. 自驾车　　　　F. 包车　　　　　G. 其他

4. 您是通过何种渠道知道本景区的?
   A. 旅游小册子　　B. 广播、电视　　C. 朋友介绍　　　　D. 旅行社
   E. 网络　　　　　F. 报纸杂志　　　G. 其他

5. 请问您通常是通过什么途径了解旅游信息的?
   A. 传统媒体(报纸等)　　　　　B. 公共关系　　　　C. 旅行社推荐
   D. 亲戚朋友介绍　　　　　　　E. 网络　　　　　　F. 其他

6. 景点开展怎样的活动比较吸引您?
   A. 在节假日票价的优惠政策　　　B. 推出优惠套票(家庭、情侣优惠套票)
   C. 提供免费餐饮　　　　　　　　D. 赠送纪念品
   E. 开展主题活动(比如:篝火节、音乐节、爬山节等)

7. 您到本景区的次数:
   A. 一次　　　　　B. 二次　　　　　C. 三次　　　　　D. 三次以上

8. 您认为本景区门票的价格:
   A. 偏贵　　　　　B. 适中　　　　　C. 偏低

9. 您对本景区的评价是:

景区服务	很好	好	一般	较差	不了解
景区环境	很好	好	一般	较差	不了解
景区住宿	很好	好	一般	较差	不了解
景区餐饮	很好	好	一般	较差	不了解
娱乐项目	很好	好	一般	较差	不了解
外部交通	很好	好	一般	较差	不了解

10. 您的性别:
    A. 男　　　　　　B. 女

11. 您的居住区域:
    A. 福州城区　　　B. 闽侯　　　　　C. 闽清　　　　　D. 永泰
    E. 福清　　　　　F. 平潭　　　　　G. 长乐　　　　　H. 连江
    I. 罗源　　　　　J. 其他(　　　)

12. 您的职业:
    A. 公务员　　　　　　　B. 企事业管理人员　　C. 专业/文教技术人员
    D. 服务销售商贸人员　　E. 工人　　　　　　　F. 农民
    G. 军人　　　　　　　　H. 离退休人员　　　　I. 学生　　　J. 其他(　　　)

13. 您的年龄:
    A. 14岁及以下　　B. 15~24岁　　　　C. 25~44岁

D. 45～64 岁　　　　E. 65 岁及以上

14. 您个人的月均收入：

A. 5 000 元以上　　B. 4 000～4 999 元　C. 3 000～3 999 元

D. 2 000～2 999 元　E. 1 000～1 999 元　F. 500～999 元　　G. 499 元及以下

15. 您的文化程度：

A. 小学以下　　　B. 小学　　　　C. 初中　　　　D. 中专及高中

E. 大专及以上

16. 您在本景区停留的时间：

A. 两小时左右　　B. 半天　　　　C. 一天　　　　D. 两天

E. 两天以上

17. 您本次同行人数：

A. 1 人　　　　B. 2 人　　　　C. 3～5 人　　　D. 6 人以上

18. 您本次旅游的人均费用(包括交通等)约为：

A. 50 元以下　　　B. 51～100 元　　C. 101～200 元　　D. 201～300 元

E. 301～400 元　　F. 401 元以上

19. 你认为本景区应该改进的地方？

A. 知名度　　　　B. 景区特色　　　C. 服务设施　　　D. 交通

E. 宿条件　　　　F. 其他

(资料来源：福建农林大学旅游学院福州市森林旅游与森林公园管理办公室)

【任务执行】

任务发布

任务 3-1-1：以 6 人为一个小组，阅读案例 1～2，参考下面问卷调查的相关知识和要求，讨论并设计一份北京市十二陵景区游客调查问卷(或本地某一景区游客调查问卷)。

任务具体要求：调查内容应涵盖游客基本信息、游客消费情况、游客对景区产品的评价、游客的出游行为；调查问卷控制在两页纸，尽量采用选择题；符合调查问卷的格式要求。

时间：60 分钟

任务分析

旅游景区客源市场调查是一个景区分析游客基本信息、旅游动机、旅游偏好，进行市场细分、确定目标市场，确定景区形象定位，确定景区营销策略和进行营销组合的基础。客源市场调查是景区营销部门的基础工作，而进行客源市场调查最有效的方式就是问卷调查，所以设计主题明确、问题设置科学的调查问卷是至关重要的。

任务实施

①小组阅读案例 1、2 和"知识讲解"中相关内容，讨论并确定景区游客调查问卷主要组成部分。

②采用头脑风暴法，每人就要调查的内容写 10 个问题，小组汇总并确定问卷的最终内容。

③形成小组任务成果书。各小组成员在充分讨论基础上，形成本小组的最终成果。

学生小组任务成果书(NO. 8)			
实训任务 3-1-1:设计景区游客调查问卷		任务性质	小组任务
小组任务成果名称	××景区游客调查问卷		
调查问卷内容应包括:封面信;指导语;问题和选项;游客基本信息			
注:成果以 A4 纸打印或手写			

知识讲解

一、问卷设计的原则

问卷的设计,应遵循几个基本原则:

(1)有明确的主题。根据调查主题,从实际出发拟题,问题目的明确,重点突出,没有可有可无的问题。

(2)结构合理、逻辑性强。问题的排列应有一定的逻辑顺序,符合应答者的思维程序。一般是先易后难、先简后繁、先具体后抽象。

(3)通俗易懂。问卷应使应答者一目了然,并愿意如实回答。问卷中语气要亲切,符合应答者的理解能力和认识能力,避免使用专业术语。对敏感性问题运用一定的技巧调查,使问卷具有合理性和可答性,避免主观性和暗示性,以免答案失真。

(4)控制问卷的长度。回答问卷的时间控制在 20 分钟左右,问卷中既不浪费一个问句,也不遗漏一个问句。

(5)问卷应便于资料的校验、整理和统计。

二、问卷基本结构

调查问卷一般由四部分组成。①封面信:一封致被调查者的短信,旨在向被调查者介绍说明调查者身份、目的等内容;②指导语:用来指导被调查者如何正确填答问卷;③问题和选项:主体部分;④其他资料:根据具体情况进行设计,包括问卷编码、编号、发送和回收日期、调查或审核员名字、被调查者住址等。

三、旅游景区市场调查的主要程序

旅游景区市场调查通常需要经过以下四个基本步骤。

(一)定义问题,确立目标

确定问题和调查目标是景区市场调查的第一步,是为了确定区域景区市场调查中存在的问题以及调查工作所要达到的目标。应避免盲目行事、搜集无价值的信息、无效耗费时间和费用。

(二)制定市场调查计划

在这一步骤中,要明确旅游调查决策需要搜集的信息,确定如何有效地收集到这些信息,最后提交书面的调查计划。

(三)实施调查计划

调查计划的实施主要包括搜集、整理和分析信息工作。调查中的数据收集阶段是花费巨大而且又容易失误的阶段,因此调查人员在计划实施的过程中,要尽可能按计划去做,使得到的数据尽可能地接近事实。

搜集来的信息必须经过分析和处理,调查人员应利用标准的计算程序和表格将这些数据整理好,如计算一些主要变量的平均值和离散程度等。

（四）解释并报告调查结果

景区市场调查的最后一步是对调查结果做出解释,得出结论,向调查管理部门提交调查报告。调查报告不能只是一系列的数据和高深的统计公式,而应当是简明扼要的结论及说明,并且这些结论和说明应当对调查决策有直接意义。

四、调查报告的撰写

（一）调查报告的概念

调查报告是对某项工作、某个事件、某个问题,经过深入细致的调查后,将调查中收集到的材料加以系统整理,分析研究,以书面形式向组织和领导汇报调查情况的一种文书。

（二）调查报告的特点

（1）写实性。调查报告是在占有大量现实和历史资料的基础上,用叙述性的语言实事求是地反映某一客观事物。充分了解实情和全面掌握真实可靠的素材是写好调查报告的基础。

（2）针对性。调查报告一般有比较明确的意向,相关的调查取证都是针对和围绕某一综合性或是专题性问题展开的。所以,调查报告反映的问题集中而有深度。

（3）逻辑性。调查报告离不开确凿的事实,但又不是材料的机械堆砌,而是对核实无误的数据和事实进行严密的逻辑论证,探明事物发展变化的原因,预测事物发展变化的趋势,揭示本质性和规律性的东西,从而得出科学的结论。

（三）调查报告的分类

调查报告的种类主要有以下几种：

（1）情况调查报告,是比较系统地反映本地区、本单位基本情况的一种调查报告。这种调查报告是为了弄清情况,供决策者使用。

（2）典型经验调查报告,是通过分析典型事例,总结工作中出现的新经验,从而指导和推动某方面工作的一种调查报告。

（3）问题调查报告,是针对某一方面的问题,进行专项调查,澄清事实真相,判明问题的原因和性质,确定造成的危害,并提出解决问题的途径和建议,为问题的最后处理提供依据,也为其他有关方面提供参考和借鉴的一种调查报告。

（四）调查报告的写法

调查报告一般由标题和正文两部分组成。

（1）标题。标题可以有两种写法。一种是规范化的标题格式,即"发文主题"加"文种",基本格式为"××关于×××的调查报告"、"关于××××的调查报告"、"××××调查"等。另一种是自由式标题,包括陈述式、提问式和正副题结合式三种。陈述式如《东北师范大学硕士毕业生就业情况调查》,提问式如《为什么大学毕业生择业倾向沿海和京津地区》,正副标题结合式,正题陈述调查报告的主要结论或提出中心问题，副题标明调查的对象、范围、问题。这实际上类似于"发文主题"加"文种"的规范格式，如《高校发展重在学科建设——×××大学学科建设实践思考》等。作为公文，最好用规范化的标题格式或自由式中正副题结合式标题。

（2）正文。正文一般分前言、主体、结尾三部分。

①前言。有几种写法：第一种是写明调查的起因或目的、时间和地点、对象或范围、经过与方法，以及人员组成等调查本身的情况，从中引出中心问题或基本结论；第二种是写明调查对象的历史背景、大致发展经过、现实状况、主要成绩、突出问题等基本情况，进而提出中心问题或主要观点；第三种是开门见山，直接概括出调查的结果，如肯定做法、指出问题、提示影响、说明中心内容等。前言起到画龙点睛的作用，要精练概括，直切主题。

②主体。这是调查报告最主要的部分，这部分详述调查研究的基本情况、做法、经验，以及从分析调查研究所得材料中得出的各种具体认识、观点和基本结论。

③结尾。结尾的写法也比较多，可以提出解决问题的方法、对策或下一步改进工作的建议；或总结全文的主要观点，进一步深化主题；或提出问题，引发人们的进一步思考；或展望前景，发出鼓舞和号召。

【任务拓展】

任务3-1-2：在实训任务3-1-1的基础上，小组将设计好的调查问卷印刷后，班级共同组织前往十三陵景区（或本地某景区）调查，每组发放调查问卷50份。

【任务反馈】

每一小组将收回的调查问卷进行数据分析，根据分析结果，最后形成一份十三陵景区游客市场调查报告（或某景区游客市场调查报告）。各组当堂展示本小组的市场调查结果。各组分别归纳出游客消费行为的五个特征，并针对游客的消费特点和调研情况，对景区的宣传活动提出两个金点子，以推动景区的营销活动。

任务二 细分并确定目标市场

【任务目标】

通过分析案例和完成任务，学生能根据调查报告和相关的市场营销的基本知识，细分景区的市场，并且能确定景区的主要目标市场。

【情景设计】

李明完成了在市场调研组的市场调研，并且和同事共同撰写了调查报告，接下来小李的任务是根据调查报告给××景区进行市场细分，并且确定××景区的主要目标市场。

【案例聚焦】

案例 1

无锡统一嘉园为何衰落？

近年来，无锡旅游业发展迅速，除传统景区外，一批新景点也成为旅游热点，如千年崇安古寺、蠡湖中央公园、马山欧洲嘉年华、薛福成故居、东林书院等，均吸引了大批游客。然而，开业不到四年的无锡统一嘉园景区，却因资不抵债、经营难以为继而破产倒闭。

无锡统一嘉园位于太湖之滨，与央视无锡影视基地隔水相望。景区依山傍水，山顶有高16.8米、耗费青铜80多吨的中华统一坛；山脚下有由六桥六亭二坊一榭组成的千米"缘廊"。

该景区有山有水，位置便利，为何会经营失败？这与该景区的市场定位严重偏差有直接关系。

镜花缘景区尚未开园，就已经流产，决策者不得不重新寻找市场出路。本来，就景区的资源特点和区位优势来看，它地处太湖风光带内，占据了太湖边的观景制高点，可远观太湖之烟波浩淼，也可体验江南水乡之苇荡野趣。其山水园林的市场定位，显而易见。

当时国内旅游市场的发展态势对景区非常有利。随着"人造景观热"的消退，自然景观和山水园林受到广大游客和旅行社的青睐。此时，如果决策者利用民营企业的灵活机制，及时进行战略转型，面向国内大众旅游消费市场，迅速推出"太湖山水园林"的新概念品牌，完全可能一举赢得市场主动。但是，决策者却匪夷所思地将景区定位成一个海峡两岸共同期盼统一的政治化主题景区，并且，在山顶的最佳观景之处，投入巨资修建了台湾妈祖庙和中华统一坛。

那么，对于这一战略转型，决策者是如何考虑的呢？该景区的决策者最初的造园念头来自当年蔓延全国的影视旅游热，尤其是中视无锡影视基地引起的旅游狂潮。看到无锡的唐城、三国城、水浒城的成功，业已有成的决策者决定和无锡郊区大浮乡合作开发旅游项目，为迎合潮流，园景主题定为"镜花缘"。未曾想到，1998年开始，红极一时的影视旅游热退烧了。好在决策者本来钟情自然山水，当初是借助真山真水进行园景布局，不仅仅是一些人造景点，这为景点转向留下空间。1998年，他敏感地觉察到台湾内地投资热正由原来的珠三角转移到长三角，经过重新征求专家意见和充分论证后，1999年下半年开始，决策者把园景定位转向两岸民间交流，在园区中引进了妈祖文化，给长三角附近的台胞提供了一个祭祀妈祖的去处。据不完全统计，现在居住上海的台湾人已有35万，周边台商投资企业超过2万家，但事实上，在开园后的数年间，从上海来无锡统一嘉园参观游览的台湾游客，只有1万多人。这一数字，对于一个投资上亿的大型主题景区来说，几乎是微不足道的。

从以上可以看出，景区的决策者其实是知道自己的资源优势的。之所以出现市场定位的严重偏差，问题主要出在"市场细分"和"目标市场选择"这两个环节。

评判市场细分是否成功，一般有四个基本原则：①可盈利性。就是细分市场的规模必须足够获取盈利。②同质性。市场细分的本质，就是将异质市场同质化，这样才便于制定同一营销计划。③显著性。就是所选择的细分市场应该能够跟其他细分片形成明显区隔。④可测量性。就是市场细分应能测量营销活动的效果。

在这个景区营销的失败案例中，决策者把居住上海的35万台湾人这一"特定消费群体"，错误地认定为景区的目标市场，其判断失误主要缘于两个原因：

一是严重忽视了目标市场的"可盈利性"。对于统一嘉园这样投资上亿的观光型景区来说，要确保"可盈利性"，所选择的目标市场必须有足够大的规模，后续客源要非常充沛。而总人数35万的目标市场，规模实在太小，根本不足以支撑景区的长期发展。当时统一嘉园的门票价格是35元，即使我们假设居住上海的所有台湾人都到景区游玩一次，也不过千万元左右，毛收入还不到景区投资的十分之一。

二是没有仔细辨析目标消费人群的"同质性"。居住上海的台湾人，的确是一个"特定消费群体"。但是，它跟景区的"目标消费群"不能混为一谈。这些台湾人来到上海，主要目的是在上海工作和生活，旅游消费并非他们的主要生活内容。只有他们当中那些具有较强的旅游消费欲望并且对统一嘉园景区的旅游资源感兴趣的人，才是真正意义上的目标消费群体。同样，所谓"周边台商投资企业超过2万家"，情形也是如此。

由于在市场细分和目标市场选择时缺乏理性的思辨，决策者误认为"居住上海的35万台湾人"就是统一嘉园的最大客源市场，这就无形之中人为地夸大了目标市场的规模，从而造成一种市场幻觉，导致景区定位发生偏差。

此外，在景区的主题设计方面，决策者也存在明显的失误。台湾民众对于两岸关系的主流意识是希望维持现状，这是一个起码的政治常识。因此，统一嘉园的"统一"主题，对台湾旅游者来说，其实并没有多少吸引力。而发源于福建湄洲岛的妈祖文化，虽然在我国沿海地区和世界其他华人聚集地具有广泛的影响，但是妈祖是海神，跟太湖并没有太大关系。海内外游客来无锡，主要是冲着太湖风光。专程来到太湖边祭拜台湾妈祖庙，既没有必要，也不合常理。

从景区营销的角度看，统一嘉园的山水资源，本来具有极大的市场宽容度。由于景区在市场定位时犯了方向性的重大错误，结果，景区产品被人为地局限在一个非常窄小的目标市场之中，这就大大压缩了它在大众旅游消费市场的发展空间。

【任务执行】

任务发布

任务3-2-1：以6人为一个小组，阅读案例1，参考下面旅游景区市场细分和目标市场定位的相关资料，结合北京市十三陵景区（或某景区）问卷调查的结果，制作一份十三陵景区（或某景区）市场细分报告。

任务具体要求：按某一标准或多标准对十三陵景区（或某景区）的客源市场进行细分，并确定十三陵景区（或某景区）的目标客源市场。

时间：40分钟

任务分析

旅游景区的市场细分有利于旅游景区及时发现市场上新出现或尚未被满足的市场机会，形成新的目标市场；有利于旅游景区适时调整经营策略，制定出最佳的营销战略，把握市场未来的变化方向；有利于旅游景区科学地开发目标市场和取得良好的经济效益。

任务实施

①小组阅读案例和"知识讲解"中相关内容，明确景区市场细分的标准。

②根据调查问卷的整理结果，确定十三陵景区（或某景区）市场细分的标准。

③根据确定的细分标准，进行市场分析，并确定十三陵景区（或某景区）的主要目标客源市场

④形成小组任务成果书。各小组成员在充分讨论基础上，形成本小组的最终成果。

学生小组任务成果书（NO. 9）		
实训任务3-2-1：撰写××景区市场细分报告	任务性质	小组任务
小组任务成果名称	××景区市场细分报告	
任务要求：按某一标准或多标准对××景区的客源市场进行细分；确定××景区的主要目标客源市场		
注：成果以A4纸打印或手写		

知识讲解

一、旅游景区的市场细分

（一）市场细分的概念

市场细分是按照购买者的需要和欲望、购买态度、购买行为特征等不同因素，把一个市场划分为若干不同的购买者群体的行为过程。

市场细分这一概念运用于旅游业，我们便可将旅游市场细分的概念定义为：旅游市场细分是指旅游企业根据人们对旅游产品需求的差异性，选择一定的标准将整个消费者群分割为若干个子消费者群（或子市场），以选择和确定目标市场的活动。我们可以从以下几方面理解旅游市场细分的含义：

①旅游市场细分的对象是消费者群而不是产品；

②旅游市场细分的客观依据是人们对某种旅游产品兴趣的差异性；

③按一定标准将总体市场细分所得的各个子消费者群对某种旅游产品的需求应该有显著的差异性，而同一子消费者群中不同的消费者却对该旅游产品有共同的需求，且对旅游企业的营销刺激产生雷同的回应；

④旅游市场细分的目的是选择目标市场。

(二) 旅游景区市场细分的原则

(1) 可衡量性。用来划分景区市场的标准必须是确切的可以衡量的,因此必须对游客各个方面的旅游消费需求做全面的、准确的了解,以使划分标准能够准确地确定。

(2) 可接受性。要发展区域旅游业,必须根据旅游区域有能力进行调查活动的范围,选定有效的目标市场。

(3) 实效性。景区市场细分的范围大小必须合理,即细分市场的规模大小必须适当,既要保证有利可图,又要具有相当的发展潜力。

(4) 稳定性。景区市场细分必须在一定时期内保持相对稳定,不可频繁变化,以便能在较长的时期内制定有效的调查策略。

(三) 旅游景区市场细分的程序

根据国际市场学家的普遍看法,市场细分的程序一般有以下五个步骤:

确定旅游景区市场范围(卖到哪Where);分析旅游景区现有和潜在顾客的不同需求;根据一定的细分标准分析可能存在的细分市场(卖给谁Who);进一步分析每个景区细分市场的不同需求与购买行为等特点;分析测量各旅游景区细分市场的规模和潜力。

(四) 旅游景区市场细分的标准

1. 地理细分

①根据客源国与接待国之间的距离进行细分,可分为远程市场、中程市场、近程市场或称邻近国市场。

②根据旅游者的流向细分,可分为一级市场、二级市场和机会市场。

③根据潜在客源地区与旅游目的地之间的自然环境的差异进行细分,可分为避暑市场、避寒市场、冬季(滑雪)市场、夏季(游泳)市场等。

2. 人口细分

①按年龄、性别细分。以年龄标准来划分,可分为儿童旅游市场、青年旅游市场、中年旅游市场、老年旅游市场等;以性别为标准来划分,有男性旅游市场和女性旅游市场。

②按收入、职业、民族、受教育程度和社会阶层细分。按职业、文化程度划分,有商务旅游市场、职工旅游市场、科教旅游市场等。

3. 心理细分

①按生活方式细分,可分为基本需求者市场、自我完善者市场、开拓扩张者市场等。

②按性格特征细分,可分为安逸者市场、冒险者市场、廉价购买市场等。

③按旅游动机细分,可分为度假市场、观光市场、会议商务市场、探亲访友市场等。

4. 行为细分

①按购买时机细分,可分为旺季旅游市场、淡季旅游市场、节假日旅游市场。

②按旅游者购买旅游产品所追求的利益细分,可分为经济型、享受型、时髦型等市场。

二、目标市场的选择

（一）目标市场的概念

旅游目标市场指旅游企业在市场细分的基础上，所选定的并决定为其服务的一部分消费者群。这一部分消费者群的需求即成为旅游企业的主要经营对象。

（二）评估细分市场

（1）该细分市场应有充分的现实需求量，其需求水平达到了旅游景区期望的特定市场。

（2）该细分市场有比较好的潜在发展前途，为旅游景区预留了发展空间和获取更大利润的前景，有利于景区持续地开拓该市场。

（3）该细分市场的竞争不甚激烈，竞争对手少，或景区在该市场的竞争中有绝对或相对的优势。

（4）通过适当的分销渠道可以接触或进入这一细分市场。

（三）目标市场选择策略

可供旅游景区选择的目标市场策略有以下三种：

1. 无差异市场营销策略

就是景区只推出一种类型的旅游产品，或只用一套市场营销办法招来顾客。

这种策略的优点是不必对市场进行细分，可以降低景区的营销和管理成本，容易形成一定的品牌。不足之处在于忽视了旅游者需求的差异性，不能适应旅游市场发展的需要。

该策略只能用于市场供不应求或竞争较弱的景区之间。

2. 差异性市场营销策略

就是景区根据各个细分市场的特点，增加旅游产品的种类，或制定不同的营销策略或办法，以充分适应不同消费者的不同需求，吸引各种不同的购买者，从而扩大景区产品的销售量。

该策略的优点在于在产品设计和宣传推销上能有的放矢，分别满足不同地区消费者的需求，增加产品的总销售量，可以使景区在细分市场上占有优势，从而提高市场占有率，在消费者中树立良好的景区形象，有利于降低景区的经营风险。缺点是这种策略将增加景区的各种费用，增加管理难度。

该策略适用于具有较强的经济实力和较丰富管理经验的景区。

3. 集中性目标市场营销策略

是指景区将一切市场营销努力集中于一个或少数几个有利的细分市场，采用不同的市场营销策略组合的过程。

该策略的优点在于其占用景区的资金相对较少，资金周转相对较快，有利于提高景区的投资收益率和利润率；可以更好、更有针对性地满足旅游市场的需求；可以形成比较强的竞争力和比较大的市场占有率。缺点在于由于过分依赖少数几个细分市场，风险较大。

该策略对于经济实力不够强、处于市场开拓的初级阶段的景区更为实用。

【任务拓展】

任务3-2-2：在实训任务3-2-1得出的景区主要目标市场的基础上，课下查找资料，并分析目标市场主体人群的旅游偏好（包括偏好旅游资源的类型),并制作成幻灯片(要求图文并茂),成果一周后公开展示。

【任务反馈】

由教师组织,每组派一名发言人在课堂展示本组是如何进行市场细分和最终目标市场选择的,并展示制作好的目标市场旅游偏好的幻灯片,教师、其他小组成员针对方案的内容给予点评,给出建议,并选出两份最优方案。获得最优方案的两个小组将获得课程成绩加分,分值可为2~3分,由教师控制。

任务三 树立景区旅游形象

【任务目标】

通过任务实施,学生可以进行旅游景区的形象定位和形象策划的基本工作,具备分析和找准旅游景区客源定位的能力,掌握旅游景区CIS设计的方法,并能完成旅游景区形象策划。

情景设计

李明完成了在景区管理公司市场调研组的实习后被安排到了公司的策划组,因为李明在调研部时参与了××景区的市场调查、市场细分以及目标市场的确定工作,所以部门经理给他安排了如下的任务:根据目标市场的需求和喜好以及景区的优劣势来完成××景区的形象定位,利用CIS设计方法来为××景区进行形象策划。

【案例聚焦】

案例1

部分景区形象定位口号

长城:不到长城非好汉。

深圳欢乐谷:奇妙的欢乐之旅。

武夷山:千载儒释道,万古山水茶,世界遗产地,中国武夷山。

开封清明上河园:一朝步入画卷,一日梦回千年。

西安大唐芙蓉园:在曲江花影里品味盛唐。

深圳宝安区:农业观光第一处,都市田园新宝安。

承德:承德来旅游,皇帝的选择。

海南:东方夏威夷。

苏州乐园:东方迪士尼。

案例2

兰州市旅游形象策划

一、兰州市旅游总体形象

总体形象——黄河之都,丝路金城

形象设计解释:表现兰州市是黄河上的都市,是陇原大地上的古城,体现自然与人文的交融、地域文化与中华文化的共存、古代和现代的印象、区域和点位的关联。

形象策划的理念基础

黄河:兰州是黄河穿越的唯一省会城市,这里有以"龙文化"为代表的黄河民族历史、黄河黄土民俗、黄河黄土生态,以及他们所代表的民族精神。

丝路:丝路文化艺术综合展示与创新中心,丝路古道金城关。

金城:西汉武帝年间,兰州市全部归

属汉朝版图,设置金城县,汉昭帝年间设金城郡,取"金城汤池"之意而称金城。

二、视觉识别系统

兰州市视觉识别系统要突出兰州市旅游地域特色景观,重点打造高品质的旅游地标系统,构成兰州市旅游在游人心目中鲜明、多元的旅游目的地的印象,使之成为展示兰州市旅游风采的地标符号。兰州市主题视觉形象识别系统包括：

黄河主题系列：皋兰山、五泉山、白塔山、九州台等兰州市天际线标志性建筑群,黄河文化广场黄河楼,中山铁桥,西关什字铁塔,黄河水车,黄河母亲雕像,什川古梨树,青城古建筑群景观。

丝路主题系列：金城关城楼,天斧沙宫景观,丝路广场飞天雕像,甘肃大剧院。

陇原主题系列：甘肃省博物馆,兰州市博物馆,中华彩陶王,引大入秦渡槽,苦水玫瑰,兴隆山云龙桥。

三、行为识别系统

服务形象："微笑兰州"

全面提升兰州市旅游服务质量,制定旅游优质服务职业化标准,开展职业化教育,职业化监督,严格的从业资格审核等措施,使兰州市的旅游服务标准化且富有亲和力。

文化形象："多彩兰州"

兰州市作为甘肃省文化产业创新中心,以各种各样的文化载体,体现兰州市丰富多彩的文化内涵。例如"兰州疯狂嘉年华"、"兰州水车节"等,将兰州市的黄河文化、丝路文化、始祖文化、都市文化、民俗文化、民族文化具象化,形成可观赏、可参与的文化活动。以多彩的文化内涵,开发出多彩的文化活动,使"多彩兰州"成为兰州市文化多样性的标志与品牌。

环境形象："山水兰州"

兰州市有着长期的生态建设传统与精神。将城市生态建设与旅游生态景观建设紧密结合,通过兰州市城市与旅游环境的保护与生态建设、旅游生态景观建设,使兰州市形成一系列"城市生态景观",展示城市与自然的和谐美；构建兰州市民绿色文明行为范式,形成兰州市"山水城市"的旅游环境感受与地区形象。

【任务执行】

任务发布

任务3-3-1：以6人为一个小组,阅读案例1~2,参考教材旅游景区形象定位和策划的相关知识,为十三陵景区(或本地的某一景区)撰写一份景区形象策划方案。

任务具体要求：策划要包括旅游景区的MI(理念识别)、BI(行为识别)、VI(视觉识别)三个方面。每个要素至少要包含以下相应要点。

MI：景区的形象定位；景区形象定位内涵解释。

BI：景区的员工管理行为守则,提炼出几组词,并解释内涵。

VI：景区标识(LOGO)的设计；设计1件景区旅游纪念品。

时间：60分钟

任务分析

景区形象的定位就是要使景区形象

深入潜在游客的心中,使景区在游客心中形成生动、鲜明而强烈的感知形象,树立起景区独特的风格并提升吸引力。景区CIS是景区为了塑造良好的形象,通过统一的视觉设计,运用整体传达沟通体系,将组织的经营理念、文化活动信息传递出去,以突出景区的个性和精神,与社会公众建立双向沟通关系,从而使社会公众产生认同感和共同价值观的一种战略性活动。

任务实施

①小组阅读案例和"知识讲解"中相关内容,明确景区形象策划方案包含的要素。

②小组讨论××景区的资源优势,区位优势,目标顾客范围,确定××景区的形象定位。

③根据××景区的形象定位,参考"任务发布"中的具体要求,来完成××景区形象策划 MI(理念识别)、BI(行为识别)、VI(视觉识别)的设计。

④形成小组任务成果书。各小组成员在充分讨论基础上,形成本小组的最终成果。

学生小组任务成果书(NO. 10)			
实训任务 3-3-1:撰写××景区形象策划方案		任务性质	小组任务
小组任务成果名称	××景区形象策划方案		
内容包括旅游景区的 MI(理念识别)、BI(行为识别)、VI(视觉识别)三个方面 注:成果以 A4 纸打印或手写			

知识讲解

一、旅游景区形象定位的概念

景区形象的定位就是要使景区形象深入潜在游客的心中,使景区在游客心中形成生动、鲜明而强烈的感知形象,树立起景区独特的风格并提升吸引力。

针对景区个体来讲,形象定位的基础来源于景区自身的自然风景、人文旅游资源的独特内涵和优质旅游服务及其体现的精神风貌,这些是景区自身区别于其他景区的关键因素。

二、旅游景区形象定位的前提

(一)市场细分

了解公众(包括潜在和现实旅游者)对景区的印象和态度,并对此进行量化研究和分析是景区形象定位的基础。具体方法包括采访受访者对景区的总体印象、对景区功能的满意度;引导受访者对景区进行感性描述;判断受访者认为最独特的吸引物;等等。

(二)优势分析

结合景区的地理文脉和空间层次,分析旅游景区在同类型景点中的优劣势是景区形象设计成败的关键。

三、旅游景区形象定位的原则

(一)主题标志化原则

主题体现的是景区的独特性,景区必须有一个或若干鲜明的主题,并通过景观设计、建筑风格、项目策划、产品推广等将主题直观地表现出来,突出景区产品和服务的特色,树立景区的品牌,从而对游客形成强烈的视觉冲击和心理诱惑。

（二）内容差异化原则

内容差异化原则主要针对景区所面对的竞争者。目的在于使景区的形象与竞争者有明显的差别,从而创造独特的吸引力和核心竞争力。差异化原则利用了旅游者对特色的关注和忠诚。

（三）表现口号化原则

口号如同广告词,是景区形象定位最简练、最直观的表述。也是使旅游者了解并记住景区形象的最有效方式之一。主题口号是形象定位最好的表现形式。

口号设计应遵循一定的原则:突出特色,体现地方特征;突出内涵,强调文化包装;突出个性,符合区域市场需求;突出品位,体现时代特色。

四、景区形象定位的基本方法

（一）领先定位法

领先定位法即是占据原有形象阶梯的最高位。领先定位适宜于独一无二、不可替代的事物,如"东北第一山"、"五岳归来不看山、黄山归来不看岳"等。这种独一无二或者是不可替代性还要区分一个市场范围的概念,即可以在世界市场范围内采取领先定位,可以在全国市场范围内选择领先定位,也可以在更小的区域市场范围内采用领先定位。

（二）比附定位法

景区企业在定位宣传当中避开第一位,采取"次优"原则,借助"第一"的优势和光芒,利用他人的声望抬高自己,扩大影响,从而获得游客的广泛认知。例如,苏州定位为"东方威尼斯"、海南定位为"东方夏威夷",即是采取了这种定位方法。

（三）特色定位法

特色定位法指景区通过突出自己的资源特色、产品特色、把独特的自然景观、人文景观作为自己的卖点,并以这种特定的形象向社会公众展示、推介的方法。例如,承德定位于"到承德来旅游,皇帝的选择",深圳宝安区定位于"农业观光第一处,都市田园新宝安",等等。

（四）重新定位法

重新定位法并非一种独立的定位方法,而是适应景区发展周期和市场变化的一种再定位。例如,香港原来的定位口号为"购物天堂",根据城市的发展将定位口号更换为了"动感之都"。

五、景区CIS设计

（一）CIS的内涵

CIS是英文Corporate Identity System的缩写,意为企业识别系统。从公共关系的角度看,它意味着组织的一种整体形象管理,对与企业形象有关的诸要素进行全面系统的设计,通过全方位的信息传送塑造出为内外公众所认同的整体形象的企业形象战略系统。

CIS的内容包括三个方面,即:理念系统、行为系统、标识系统。现代公关理论中,还增加了顾客满意的内容。其中理念系统是组织最高层的思想系统和战略系统,是 CIS 设计的根本依据和核心;行为系统是组织运行的所有规程策略,是动态的识别形式,规范着组织内部的组织、管理、教育以及面向社会的一切活动,实际上是组织的运作模式;视觉系统是指组织视觉识别的一切事物,分列项目多、层面广,是静态的识别符号,也是 CIS 中直接向社会传递信息的部分。顾客满意是景区营销的宗旨,坚持使顾客满意的目标是实现和维护旅游景区形象的根本。

（二）景区 CIS

景区 CIS 是景区为了塑造良好的形象,通过统一的视觉设计,运用整体传达沟通体系,将景区的经营理念、组织的文化活动传递出去,以突出景区的个性和精神,与社会公众建立双向沟通关系,从而使社会公众产生认同感和共同价值观的一种战略性活动。

（三）景区 CIS 系统的组成

1. 景区组织理念识别系统（mind identity）

理念识别系统:是旅游景区形象系统的核心和灵魂。

景区使命:体现旅游景区的不同的社会价值观,是景区开展经营活动所依托的社会使命。

经营观点:包括景区精神、质量意识、服务意识、职业道德、组织的凝聚力。

行为规程:包括员工手册岗位责任说明书、岗位操作规范、质量标准、劳动纪律等。

活动领域:景区开展接待服务活动的设施水平、向游客提供的产品类型和服务标准范围。

2. 景区组织行为识别系统（behavior identity）

景区行为识别系统（BI）应包括两个部分:

（1）对内行为。运用先进的管理方法;对员工进行培训,建立激励体制,完善职工福利体制;进行新项目的研讨开发;营造良好的企业文化氛围等,保证景区所提供产品的质量。

（2）对外行为。市场调查、广告宣传、公关活动、促销活动、竞争策略、公益文化活动,以及与各类公众的关系等,可以使公众充分了解景区所传达的信息,增加认同感,在公众心目中树立良好的形象。

（3）景区视觉识别系统（visual identity）。旅游景区形象系统中最为突出的就是它的视觉景观实体,它以更加形象、直观的方式冲击游客的感官,形成强烈的印象。

景区视觉识别系统主要包括三个方面:

①景区视觉景观形象系统。景区视觉景观形象即景区本身所具备的自然、人文资源。

②景区视觉符号识别系统。景区本身是一个划定的空间,要在一定区域内锁定游客的感官,给游客留下美好的视觉印象,并树立企业形象,同时还要为游客提供方便实用的指示性符号。

③景区宏观环境识别系统。从现代旅游发展的水平趋势来看,旅游者更欣赏能够与当地环境相协调,凸显文化特

色的景区景点,因此对景区所在地宏观环境和居民形象的设计也成为景区视觉识别系统的一个组成部分。

(4) 顾客满意(customer satisfaction)。随着CIS的引入和发展,经营者越来越重视形象系统的终极目标,即顾客满意(CS)。在景区经营管理中贯穿"顾客满意"是塑造和维护景区形象的宗旨。

【任务拓展】

任务3-3-2:课后每位同学收集至少10个景区的形象定位口号,并按形象定位的基本方法进行分类,形成文字上交老师。

任务3-3-3:课后收集至少10个景区的LOGO设计图案,选出一个你认为最好的,并说明理由,要求图文并茂,完成后上交老师。

【任务反馈】

完成任务3-3-1后,每组派一名发言人在课堂展示本组口号的创意以及对形象策划方案进行阐释。展示完成之后主讲教师进行总结和点评,小组之间相互投票(票数折合成分数)。然后教师评判各小组任务3-3-2、任务3-3-3完成的情况,并给出成绩,将这三次任务的成绩相加,得出两个优胜组。

任务四　制定景区营销组合策略

【任务目标】

通过案例的学习和任务的实施,学生能够了解旅游景区的营销组合策略的基础知识,并能够为景区设计具体的营销组合实施方案。

情景设计

李明在策划组完成了××景区的形象定位和形象策划的任务后,又有了一项新的任务,要根据旅游景区自身旅游产品的特点、主要目标市场以及景区的形象定位,针对景区的产品、价格、销售渠道、促销这四个因素设计一套完备的营销组合。

【案例聚焦】

案例1

杭州宋城——整合营销的启示

杭州宋城景区是中国人气最旺的主题公园之一,也是首批国家文化产业示范基地。宋城景区之所以能取得如此令人瞩目的成绩,与其成功的整合营销密不可分。其营销主要有下述特点:

一、建筑为形,文化为魂,形象叠加

(一)景观建造以建筑为形,文化为魂,游园观景与文娱演展相结合

宋城的城墙用上千万块特制的青砖砌成,城门口的九龙柱是在山东曲阜用整块的大理石雕琢出来的,景区高大的城门楼、泛着青光的石板街、"巨木虚架桥无柱"的虹桥以及财神殿、观音堂、月老祠、仿宋的小吃一条街,都是对宋朝古文化的诠释。宋城拥有开封盘鼓、舞中蟠、皮影戏等民间杂艺表演,蜡染、制锡、活字印刷等作坊表演,杨志卖刀、梁红玉击鼓抗金、汴河大战、水浒好汉劫法场等大型影视表演以及水幕电影和大型歌舞

《宋城千古情》等多达40种娱乐性、参与性节目。这些节目从不同角度、以不同手法烘托了共同的主题，有力地再现了张择端《清明上河图》中宋代都市的繁荣景象。

（二）宋城景区与杭州西湖形成"形象叠加"效应

杭州以西湖为美，但随着城市化进程的加快，西湖显得越来越狭小，靠一个西湖已无法支撑起杭州旅游业。宋城集团充分挖掘西湖强势的品牌内涵，延伸西湖品牌，建造宋城风景区，动态地再现宋代风情。"宋城"是两宋文化在西子湖畔的自然融合，西湖是两宋文化的自然载体。因此，"宋城"和西湖是历史与现实的天然融合，游玩西湖观赏的是一种自然风光，游玩"宋城"则体验的是一种古代文化，当两者结合于一起则是历史的动静结合，两者形成"形象"叠加效应，产生互补效果，而不会发生客源竞争。

二、追求个性、讲求品质、注重创新

有"文化特质"就有了竞争力，而品质是生命力，创新又提供了可持续发展的动力。

（一）宋城集团主题公园拥有鲜明的主题个性

宋城集团根据每个景区人文资源的不同，为每个景区确定一个明确的主题，使之具有独特的个性。如宋城的"怀古寻根"、杭州乐园的"度假休闲"、山里人家的"耕读渔樵"、中国渔村的"渔村文化"。此景区蕴含的文化个性，成为景区文化品格的保证。宋城景区的主题极具特色，它向所有的游客许下"给我一天，还你千年"的美好承诺，让游客在宋城景区游玩一天便能体验到一个立体的千年之前的宋代形态。正是这种科学的主题定位使这些主题公园能够在不景气的中国主题旅游市场中占领一席之地。相反，那些在全国遍地开花的"封神演义宫"、"西游记宫"等，却因为相互模仿、生搬硬套，从而丧失了主题个性。

（二）宋城集团主题公园不断追寻品质和创新点

宋城集团建造杭州乐园时使用了8个月，但论证规划用了三年，开园后一年内，又投入2000万元进行整改。精心施工、精心管理体现在对细节的重视。集团要求，景区的每一棵树的位置、每一盏灯的摆放都要再三推究。宋城集团不断刷新景点，搞好后续开发使产品常变常新，增强主题公园的新鲜感和吸引力。8年来《宋城千古情》不断进行改版，力争寻回杭州这座古城的记忆，将杭州这座城市的文化精髓艺术化地表现出来。

三、活动宣传、电子分销、关系促销

（一）活动宣传和媒体传播相结合

宋城集团把在景区举办各种大型节庆活动和文体竞赛作为营销的重要手段。通过举办活动既更新景区文化活动，丰富文化内涵，又使活动本身成为吸引游客的一大亮点。宋城举办一系列文化活动：邀请台北乐团专场演出"华夏之声"音乐会、举办宋城书画院年会及作品展、成立宋城艺术团进行巡回演出等等，这无形中大大地提高了宋城的知名度。

以鲜明的文化个性作为产品宣传口号，满足消费者需求的价值取向。"给我一天,还你千年",这个宣传口号既表达了宋城景区以千年文化为主线,怀古寻根的主题,又显示出企业的一种营销理念,即对消费者的承诺和对自己产品的信心。这个宣传口号通过中央电视台等传媒及户外广告的整体宣传,已广为人知,在扩大品牌影响的同时,也向人们传递了企业的一种经营理念。

(二)电子分销

在市场占有率上,宋城集团在华东建立500家旅行社的委托代理网络,使长期客户占旅客量的50%以上。

宋城集团精心设计主题公园网站,以此向潜在游客提供一些基本的信息。使用一些感官刺激的手段使信息生动化和趣味化,并且经常更新网站的内容,引起浏览者的兴趣,从而使其产生购买的行为。

(三)关系促销

宋城集团注重企业公共关系,组织各种冲击力的社会公关活动,如邀请下岗工人免费游宋城、重阳节组织老干部登高。为开辟上海市场,宋城集团组织"暑期乐,杭州新景亲子游",请100户上海家庭免费到杭州游宋城,该活动共收到15万封上海人来信,企业在上海产生了巨大的亲和力。与政府有关部门积极合作,举办各大型文化艺术活动及会展活动,扩大影响,提升曝光率。

四、弹性票价

宋城景区采用多种票价。宋城景区分四种票价:成人、老人、1.1米以上儿童、1.1米以下儿童。景区适应各层次消费者的需求,有助于提高消费者的重游率。经笔者考察分析发现,游客构成中大部分大人陪小孩游玩,儿童票是成人票的一半,1.1米以下儿童可以免费游玩,景区通过这种方式很大程度上拉动了成人消费。

降低门票价格,转换利润点。杭州乐园既是景区,又不是单纯的景区。它由3个主题公园、1座氡温泉度假村、1个会议中心、2个网球和高尔夫俱乐部以及天城旅游景观房产等几大部分组成,它们相辅相成,互为支撑和补充,从而使景区具有观光、休闲、大型演出、高级会议、展览、主题节庆、娱乐、运动、度假、养生、居住等不同功能,这些内容极大地增强了杭州乐园的综合性休闲度假功能,从而降低了对旅游观光门票收入的依靠度。杭州乐园的营业收入中,非门票收入占将近一半,所以,尽管其投资巨大,它的票价却比宋城还要低,只有38元。

案例2

新疆吐鲁番葡萄沟景区旅游市场营销组合策略

新疆吐鲁番葡萄沟景区之所以能在全国驰名,并每年吸引大量的游客前往,与其成功的旅游市场组合策略分不开。吐鲁番葡萄沟的营销策略包括:

一、产品策略

(一)文化感受与绿色营销

葡萄沟景区以自然生态环境保护的观念作为经营的指导思想,以绿色文化和历史文化的原真性为价值观念,以文化感受和绿色消费为中心和出发点,力求满足多元、绿色的消费需求。通过科学规划与开发,进一步开发无污染的绿色葡萄干系列产品;坚持葡萄沟旅游资源的合理利用,保持资源和文化的完整性。

(二)服务营销

以服务为导向,强化景区工作人员的服务意识,提高服务水平,增加多元化服务形式。注重游客的旅游全过程感受,积极主动地关注游客的意见和建议,及时反馈并进行相应的调整和改进。建立游客档案,使景区与游客建立长久的、良好的客户关系。

二、价格策略

(一)季节折扣

葡萄沟景区在淡季时普遍出现客源不足、服务设施和生产设备闲置的情况,为吸引旅游者,增加消费,制定低于旺季时的旅游产品价格或服务价格以刺激旅游消费者的消费欲望。如在淡季不同时期给游客优惠到5~9折。

(二)特殊事件价格

葡萄沟景区在某些节日(如"中国丝绸之路吐鲁番葡萄节")或在本地区举行特殊季节活动的时候,适度降低旅游产品或服务的价格以刺激旅游消费者。采用这种策略时必须要有相应的广告宣传配合,将特殊事件情况和相关信息传递给广大的旅游消费者。

三、市场营销渠道策略

(一)航空公司营销

与国内外航空公司建立密切联系,支持吐鲁番地区的旅游促销,并提供有竞争力的机票。

(二)旅行社营销

旅行社是旅游产品的经销商,它拥有大量的客源,是旅游产品的最佳销售渠道。葡萄沟景区应选择有较高服务水平和信誉的旅行社,景区向这些旅行社提供优惠政策并与其合作。

(三)酒店营销

葡萄沟景区与吐鲁番地区及疆内的星级酒店建立联系,由酒店向住宿酒店的游客发放葡萄沟的宣传材料,为游客提供订票、旅游咨询等服务。

(四)网络营销

增加葡萄沟景区官方网站的功能,提供旅游咨询,尽快建设电子商务网络,利用网络门票预售系统轻松帮助游客或旅行社随时、随地完成购票和旅行预定。

四、促销策略

(一)增加宣传促销基金

葡萄沟景区管委会可从旅游收入适当增加宣传促销基金,完善宣传促销经费来源体系。增加旅游促销预算,加强海外市场的促销活动。

(二)形象营销

把树立吐鲁番葡萄沟独特的旅游形象,建立与众不同的旅游品牌,用于所有的宣传活动。2006年吐鲁番葡萄沟景区的整体旅游形象定位:"游清凉世界,品香甜葡萄;访丝路民俗,憩自然精品";2007年定位:"游火洲世外桃源,尝人间极品葡萄;访丝路悠远古村,看民族特色风情"。由此提出的一系列的宣传口号和形象标志完全可以运用于实际宣传中。

(三)广告营销

电视广告是最直观、最有效、最直接

的一种融视觉、听觉、感觉于一体的传播。吐鲁番葡萄沟景区应该在央视1、2、4、9和10台做电视广告，不断谋求在央视《人与自然》《地球故事》《发现之旅》等科普性质栏目中介绍吐鲁番葡萄沟旅游景区奇特景观和历史文化价值的机会，提高葡萄沟的知名度，推动葡萄沟旅游业的飞速发展。在收视率较高的电视台、重要客源地电视台或报纸上，持续组织、刊登吐鲁番葡萄沟葡萄文化探源、葡萄沟历史文化村落考察、丝路文明追溯等旅游活动广告。

（四）影视营销

考虑新编反映吐鲁番葡萄沟历史、自然以及人文风情的影视片，向全球介绍葡萄沟景区人与自然和谐相处的真实环境。

（五）印刷品营销

扩大吐鲁番葡萄沟景区的各类现存促销宣传材料的范围，提高其质量和数量；印制精美的葡萄沟旅游宣传册、葡萄沟宣传画、葡萄沟旅游地图、葡萄沟旅游指南；精选出版相关介绍葡萄沟文化与历史特色的书刊。

（六）短信营销

随着移动通信业务的发展，短信业务早已融入了人们的日常生活，并形成了一种独特的短信经济现象。葡萄沟景区应开发以营销服务为目标的短信互动平台，将葡萄沟的旅游资源介绍给游客。

（七）旅游大篷车营销

吐鲁番地区每年在重要客源地举行旅游产品推介会，宣传推广吐鲁番葡萄沟"一日游"或"多日游"产品。

（八）节庆旅游营销

中国丝绸之路吐鲁番葡萄节每年8月下旬到9月在吐鲁番市举行。按照"文化搭台，旅游唱戏"的方针，将每届吐鲁番葡萄节的分会场设在葡萄沟景区，围绕葡萄节开展多项节庆旅游活动，体现节日的"葡萄"主题，促进葡萄沟旅游业的发展。

【任务执行】

任务发布

任务3-4-1：以6人为一个小组，阅读案例1，参考案例2和"知识讲解"中景区旅游市场营销组合策略的相关知识，结合上几次任务的成果，讨论并撰写一份××景区的市场营销组合策划书。

任务具体要求：内容应涵盖产品策略、价格策略、市场营销渠道策略、促销策略。

时间：60分钟

任务分析

旅游景区的营销组合，是指旅游景区为获得最佳的经济效益，对景区的产品、价格、销售渠道、促销这四个因素进行组合，综合性地发挥整体营销作用，使景区的旅游产品更加适应市场，并促使景区产品最终被旅游消费者购买或消费。

任务实施

①小组阅读案例和"知识讲解"中相关内容，明确景区营销组合中产品、价格、销售渠道、促销这四个因素的含义和实施手段。

②小组每个成员都要针对这四个因素分别提出一条营销策略。

③小组汇总每个成员的策略，并讨论、筛选，最终确定××景区的市场营销

组合策略。

④形成小组任务成果书。各小组成员在充分讨论基础上,形成本小组的最终成果。

学生小组任务成果书(NO. 11)			
实训任务3-4-1:撰写××景区的市场营销组合策略的策划书		任务性质	小组任务
小组任务成果名称	××景区的市场营销组合策略		
内容应涵盖下述四个方面:产品策略、价格策略、市场营销渠道策略、促销策略。内容应具体,可实施			
注:成果以A4纸打印或手写			

知识讲解

旅游景区的营销组合(4PS),是指旅游景区为获得最佳的经济效益,对景区的产品(Products)、价格(Prices)、销售渠道(Places)、促销(Promotions)这四个因素进行组合,综合性地发挥整体营销作用,使景区的旅游产品更加适应市场,并促使景区产品最终被旅游消费者购买或消费。

一、产品

旅游景区产品策略是根据市场需求及景区可持续发展原则,对景区产品进行规划、设计、开发和组合的活动指导方案。

首先要科学规划旅游资源和产品的开发设计。突出特色、突出品位、突出文化。同时增加协调性,避免近距离的重复建设。其次,旅游产品的开发要注重产品结构,要重视文化旅游产品的深度开发和体系建设,以提升旅游产品的档次和感染力。除此之外,为了促进旅游产业的可持续发展,无论是传统特色产品还是新兴旅游产品,都应注重环境与生态保护。产品开发中还应考虑的几个方面有:积极塑造旅游景区品牌形象;注重旅游景区线路设计开发;景区产品系统配套策略。

二、价格

我国自然类旅游景区的价格体系主要由门票收入及景区内商业收入组成。门票收入是景区营业收入的最主要部分,按国外发达旅游国家经验,门票收入一般占景区收入的40%左右,而我国景区的门票收入一般占到总收入的70%左右。

据调研分析,我国自然类旅游景区的门票价格趋势会不断上涨。在上涨趋势中景区还应根据产品类型的不同而注意上涨的幅度、频率等,只有使产品类型与价格策略相匹配,才能在涨势中赢得先机,使景区可持续发展。

1. 观光游览型景区门票定价策略

(1)景区门票价格涨幅需控制。观光景区若要可持续发展,一定不要仗着资源独特性及积累的知名度,想当然、拍脑袋地决定是否涨价以及涨价多少,要综合考虑目标市场旅游者的感知价位及竞争对手涨价的幅度,并在涨价前进行听证,才能科学地确定景区涨价的具体幅度。

(2)关注景区门票价格调整频率。如果观光型景区决定门票涨价,但却遇到较大社会阻力,那如何才使景区门票达到预期目标而又不使景区社会形象受到损失?其实可以调整景区价格上涨频率,即"低幅度、高频率"的涨价策略。经实践证实,被媒体戏称为"悄然"涨价的景区并没有引起旅游者的强烈反对,可见,小幅度涨价的策略是能够被接受的。

2. 休闲会议型及综合型景区门票定价策略

观光型景区由于其资源具有稀有性、独特性,且门票收入是其主要利润来源,因此门票定价是其重中之重;而会议休闲及综合型景区的门票收入在其利润中占比有限,且它们占据地理优势,均强调旅游者的反复消费,做回头生意,在上涨大趋势中其可以用涨幅略小甚至不收门票的方法来吸引旅游者前往体验,然后通过旅游者消费其内部设施、服务以及重复消费来弥补门票收入的不足。

三、分销渠道

传统产业市场销售有句话叫"渠道为王",同样,在旅游景区营销中关于游客通路的渠道的建设与组织也是至关重要的。美国市场营销学权威菲利普·科特勒指出:"营销渠道是指某种货物或劳务从生产者向消费者移动时,取得这种货物或劳务所有权或帮助转移其所有权的所有企业或个人。"简单地说,营销渠道就是商品和服务从生产者向消费者转移的具体通道或路径,包括供应商(建设规划单位和服务单位)、生产者(旅游景区)、旅游中间商以及旅游消费者(游客)等。

旅游景区营销渠道的类型按照其出现的先后次序可以分为两大类,即传统的景区营销渠道和创新的景区营销渠道。

传统的营销渠道是旅游分销商(或中间商),其中最主要的是旅行社。在实际运作过程中,旅游景区通过与旅行社联系,将其旅游产品纳入旅行社采购的范围,然后旅行社再对景区等旅游产品进行综合包装销售。在该营销渠道中,景区市场营销需要完全依靠旅行社,旅游产品的销售与旅行社的经营能力直接挂钩,因此景区不具有操控性,具有较大的风险性。旅游分销商主要有组团社、地接社、旅游批发商、宾馆饭店、导游等。

旅游景区营销渠道以服务性和信息传播为主;旅游景区营销渠道还具有综合性和紧密相连性、适时性和即时性、全球性和异地性、风险性、竞合性与共生性。

四、促销

(一)促销的内涵

促销是以合适的时间、在合适的地点、用合适的方式和力度加强与消费者的沟通,促进消费者的购买行为。景区促销包括两层基本涵义:景区促销的核心是与旅游者沟通信息并与其建立更为长期而稳固的关系;景区促销的目的是引发、刺激旅游者产生购买(旅游)行为,景区促销通过各种方式将信息传递给旅游者,激发其购买(旅游)欲望,产生购买(旅游)行为。

(二)促销组合策略

景区促销组合策略主要包括广告、营业推广、公共关系、人员推销及网络营销。景区需根据产品类型,综合各种影响因素,对上述要素进行组合与搭配,针对不同的目标市场,形成不同的促销策略组合。

(1)景区广告策略。对于景区而言,广告不仅能宣传景区产品,提升景区形象,与旅游者进行沟通,还能显示景区实力,传递景区品质信号;对于旅游者而言,广告能减少旅游者的搜寻成本,提供旅游者信息。处于起步期、发展期、巩固期的观光型景区针对目标市场适宜倚重覆盖范围较大的广告媒体进行大规模投放,提高并巩固景区的知名度。而休闲会议型景区则更多利用针对性较强的休闲旅游杂志、地方电视台等进行区域性目标市场广告投放。

(2)景区营业推广策略。营业推广策略,又称销售促进,是我国自然景区在某一特定时期与空间范围内通过刺激旅游者、渠道中间商,促使旅游者数量增长、结构改善而采取的一系列措施和手段。

(3)景区公共关系策略。公共关系是自然类旅游景区重要的促销手段。此策略的目的是建立旅游景区与公众之间的良好关系,树立景区良好品牌形象;此策略也是与公众沟通的重要技巧。公共关系是效益成本比较高的一种促销手段,由于它旨在与公众沟通,并不仅限于目标市场,通过公关便于在公众中树立有口皆碑的良好形象,同时培育了潜在客户群,有利于增加景区的销售收入。

(4)人员推销策略。自然类旅游景区的产品特性决定了人员推销策略相对其他促销策略而言应用较少,其主要用在休闲会议型景区开拓市场、联系渠道等具体情况中。其在覆盖面上会有一定的局限性,但必须要求目标市场比较有组织,比较适合促销人员与意见领袖良好沟通,因此该策略较适合于会议休闲类自然景区。而资源条件较好、目标市场较分散、知名度美誉度较高的观光游览型及综合型景区则较少使用人员推销策略。

(5)景区网络营销策略。随着计算机技术与互联网的迅速发展,使旅游景区的营销信息传播方式改变了原有的状态,它可以通过使用景区影视、照片、文本和声音介绍等发送信息,使得旅游者在网上了解、预订、购买、评价景区旅游产品成为可能,网络营销把景区的营销市场拓展得更为广阔。

【任务拓展】

任务3-4-2:课下收集任意两个景区的市场营销组合策略,并比较各自的优缺点,落实成文字。

【任务反馈】

完成任务3-4-1后,每组派一名

发言人在课堂展示本组完成的景区的市场营销组合策略。展示完成之后主讲教师进行总结和点评,小组之间相互投票(票数折合成分数)。然后教师评判各小组任务3-4-1、任务3-4-2完成的情况,并给出成绩,将这两次任务的成绩相加,得出两个优胜组。获得最优方案的两个小组任务成绩为满分。

任务五 策划景区公关活动

【任务目标】

通过案例学习和任务的实施,学生应掌握旅游景区公关活动的工具和手段,能够为景区策划恰当的公关活动,来提高景区的美誉度和知名度。

情景设计

策划景区的公关活动是策划组的一项重要任务,出色完成景区市场营销组合策略方案设计的李明收到了上司的好评,并且这次又接到了新任务:和同事一起为××景区策划一次公关活动,来提高景区的知名度和影响力。

【案例聚焦】

案例1

峨眉山·乐山大佛风景区网络故事营销

2009年峨眉山·乐山大佛风景区采取了一种新的营销方式——网络故事营销。搞了一次冬季区域网络故事《我和同性美女的雪山婚礼》。执行团队2009年11月28日至11月30日到峨眉山进行拍摄制作,并于12月7日开始持续发布作品;12月16日,在3个引发平台上完成全部静态作品的发布,作品统一名称为《我和同性美女的雪山婚礼》;12月17日~12月23日,把"事件"陆继扩散到重庆本地及外地的数十家网站上,并对峨眉山景区进行相关引导。作品先后多次被各网站作为首要推荐,为作品影响力制造了民众言论基础;此后执行团队的扩散引导工作一直持续到12月30日。另通过搜索引擎可以看到还有很多全国各地区的网络媒体、平面媒体等都对这个"话题"或"事件"进行了深入转载与报道。通过全网传播,总点击量达到了200多万人次,主贴点击量达到20万人次,主贴回复量近万次。最终效果评估,一个月的公关传播提高了峨眉山整体品牌的形象,提升了美誉度,在旅游旺季实现了景区的良性曝光,并有效引导了受众群体的选择倾向。

案例2

五千年文博园公关活动方案设计

一、策划背景

五千年文博园作为太湖县唯一的一处国家4A级景区,它有着自己独特的优势,具有自己的特色。作为当地的龙头旅游景区,五千年文博园必须将自己的优势与当今的旅游形势联系起来,不但要做到与时俱进,而且要通过游客的建议与参考其他景区来形成自己的规模。这样既可以提高文博园自身的知名度,也可以带动太湖县当地地区发展。

二、目标

作为地方的唯一的4A级景区,五千年文博园承载着整个太湖人的梦想,同时也是太湖山区发展景区旅游的第一步,也可以说是整个太湖县地区发展在后几年的发展方向。而本次策划的目标就是在真正意义上使五千年文博园成为名副其实的国家级景区。其中的具体目标主要分为以下几点:

(1) 在开辟新市场或新的服务项目推出之前,在公众中传播五千年文博园的情况,提高它的知名度;

(2) 争取得到政府的了解与支持,有利于其他多方面工作的开展,也可以得到多方面的支持;

(3) 积极开展多方面的活动,做好宣传工作,取得公众的了解、理解以及支持;

(4) 在内部开展一些具有竞争性的活动,协调成员之间的关系,做到集体的利益大于个人的利益,从而增强旅游地的凝聚力。

三、市场活动策划

(一) 活动目标

通过本次活动,利用明星效应,宣传活动,媒体宣传提高五千年文博园的知名度,让它迈向更高的台阶。

(二) 时间地点

时间:2011年8月13日—2011年8月15日

地点:五千年文博园

(三) 参加人员

全体园内人员及招募的志愿者

(四) 具体活动安排

1. 活动流程

13号 张贴海报(标志着活动的正式开始)。

组织人员在县内进行宣传,扩大影响范围。

通过省内的媒体来做出品牌。

着重于校园内的推广,利用广大的学生进行口头宣传。

14号 主要是做一些主题性质的娱乐活动,如:猜灯谜、歌唱比赛、历史名知识抢答、文博园景点介绍大比拼等等。

可以做一些策划的小活动,像景区一日游路线设计,景区主题策划,文博园景点经营策略。

娱乐性的比赛,具有地方特色的表演,展示带有浓厚乡土气息的旅游产品。

15号 邀请县内、市内甚至省里的重要人物出席典礼(庆端午文博展)。

利用明星效应,可以通过邀请一些影视明星,利用演唱会、歌迷互动等来唤起人们的欲望。

2. 媒体选择

在这三天内要充分利用地方媒体的传播功能,不但要进行现场直播,而且要对有些事物或人物进行特别报道。

3. 出售冠名权

学会充分利用一切可以利用的资源,而冠名权的出售不仅缓解了旅游景点的资金紧张问题,而且还能够更大限度地使五千年文博园走出太湖本身。

(五) 经费预算

人员开支:文博园园内工作人员;其他的工作人员,如:舞台安装工,电工等。

材料支出:海报纸张,音像材料,以及其他的纪念品等。

项目开支:广告费,专业器材费用,宣传费,赞助费和项目活动费等。

【任务执行】

任务发布

任务 3-5-1:以 6 人为一个小组,阅读案例 1~2,参考旅游景区公共关系的相关知识,并根据为××景区的现实状况和社会环境状况为××景区策划一次公关活动(采取至少 3 种公关媒介),并完成××景区公关活动的策划书。

任务具体要求:内容应涵盖策划背景、策划的目标、公关活动具体安排。

时间:60 分钟

任务分析

随着旅游业的迅猛发展,旅游目的地之间的市场竞争日趋激烈。各个景区近年来都大力开发市场,但广告传播的边际效果却呈现递减的趋势,公关传播则逐渐展现出优势。公关传播创造了旅游者与品牌亲密沟通的机会,也能够吸引传媒、旅游者及内部员工在品牌身上找到自己的兴奋点,从而引发注意和共鸣。

任务实施

①小组阅读案例 1、2 和"知识讲解"中相关内容,讨论并确定景区在进行公关活动时主要利用哪些媒介。

②小组分析景区的现状和特点,讨论确定公关活动的目的和主题。

③讨论确定此次公关活动的具体活动安排和公关媒介的选择。

④形成小组任务成果书。各小组成员在充分讨论基础上,形成本小组的最终成果。

学生小组任务成果书(NO. 12)			
实训任务 3-5-1:撰写××景区的公关活动的策划书		任务性质	小组任务
小组任务成果名称	××景区的公关活动策划书		
内容应涵盖策划背景、策划的目标、公关活动具体安排			
注:成果以 A4 纸打印或手写			

知识讲解

掌握塑造景区旅游形象的六个途径。

一、利用丰富多彩的节庆活动,树立景区旅游形象

节庆活动是现代企业或组织公关策划中重要的工作方式之一。它是提高组织知名度、扩大社会影响的活动,现代经营者都想方设法地、合情合理地利用它。举办节庆活动,是旅游景区迅速提高知名度、美誉度,树立形象的有效途径。现在许多旅游景区开展了形式多样的节庆活动。

以节庆活动促旅游发展不失为良策,旅游景区应做好这些节庆活动的旅游文章,大力宣传、扩大影响,多组织旅

游客源,不因每年一度而流于形式。内容丰富、创意独特、形式新颖是此类活动取得预期效果的根本所在。

二、运用展览展销活动展示景区,以直接获取定单,扩大销售

展览展销活动是传播信息,展示产品与服务,提高组织知名度、可信度的一个极好的平台。景区选择展览展销方式塑造景区旅游形象主要基于下述原因:展览展销活动是一种有主题、有影响的大型公共关系专题活动,它往往有一定的新闻价值,能吸引媒体的注意,成为媒体追踪报道的对象,因此,参展组织可以充分利用这一优势来制造新闻,传播组织信息,甚至还可以利用这一机会与新闻界建立起良好的关系;同时组织通过参展或举办展览可以直接促进销售,并与公众进行良好的沟通,建立联络。这就是越来越多的组织热衷于参加展览展销活动的原因。对于旅游景区而言,也应该好好利用好这一平台来为树立形象服务。

三、通过新闻发布会,将景区信息最广泛地传播出去,以进一步扩大影响

新闻发布会是现代组织从事信息传播的一种十分正规和隆重的活动。在众多的传播手段中,新闻发布会被认为是一种较高层次的信息传播手段。新闻发布会具有庄重、直接、广泛和经济等众多的优点,很容易引起公众的注意。新闻发布会上,信息发布者同公众直接见面,可以直接回答他们提出的各式各样的问题,因此,公众会对所发布的信息有一个多方面的整体印象。此外,参加新闻发布会的都是相关各方面的重要人员,尤以各新闻单位的记者居多,所以新闻发布会得以迅速通过各种宣传渠道传播信息,这是其他传播方式无法比拟的。另外,举办新闻发布会的费用与在广播电视、报纸、杂志上做广告相比,更经济合算。

四、通过制造新闻,争取被报道的机会,以提高景区旅游知名度和美誉度

制造新闻是指社会组织在真实的、不损害公众利益的前提下,有计划地策划、组织具有新闻价值的活动、事件,吸引新闻界和公众的注意和兴趣,争取被报道的机会,并使本组织成为新闻报道的主角,以达到提高组织社会知名度的目的。

组织有计划、有目的制造的新闻具有这样的特点:第一,不是自发、偶然产生的,而是经过公关人员精心策划安排的;第二,制造的新闻比一般新闻更富有戏剧性,更能迎合新闻界及公众的兴趣;第三,能明显提高组织的社会知名度。旅游景区应很好地利用这种"不花钱的广告",如在桂林的龙胜县的龙脊梯田七星伴月景区利用中秋节这一传统的节日来制造新闻,并且和当地的"陈氏饼家"大家庭一起,制作了一个够几百人吃的精美的大月饼,供当天赏月的游客免费品尝,吸引了媒体的眼球,得到了当地媒体的报道,利用这一新闻事件很好地传播了景区的信息,当年的中秋节的游客量比往年高出了1.8倍。

五、通过举办赞助活动,赢得政府、社区及相关公众的支持,创造景区良好的生存和发展环境

赞助活动是商务公共关系专题活动中不可缺少的重要组成部分,已经越来越多地被企业所认识并加以重视,是一种超越一般广告宣传的系统化公共关系活动,是少花钱却达到比广告更多的效应的"悄悄的广告"。赞助活动能为组织赢得政府、社区及相关公众的支持,创造组织生存和发展的良好环境。

六、加强与新闻媒体的联系,争取一切被报道的机会

新闻界公众包括两部分:一是指新闻机构,如电台、电视台、报社、杂志社等;二是指新闻从业人员,如编辑、记者、专栏作家、节目主持人等。新闻界公众是公关对象中最重要、最敏感的公众。搞好与新闻界公众的关系,是组织最主要的外部公关工作之一。建立维护和新闻界良好的关系,不但有利于影响并引导社会舆论向有利于组织经营管理方向转变,为企业创造良好的舆论环境,而且,还有利于组织同消费者、社区、政府以及其他社会公众建立良好的公共关系。新闻界公众是一类特殊的公众,其特殊性表现在:新闻界公众具有双重身份,一方面,新闻界公众是社会组织与各类公众沟通的最主要渠道;另一方面,它又是社会组织特别争取甚至努力追求的公众对象。对象与手段合一的双重性,赋予新闻界公众特别重要的地位。由此可见,任何组织要得到社会舆论的支持,要维持良好的社会声誉,都必须和新闻界搞好关系。

【任务拓展】

任务 3-5-2:在实训任务 3-5-1 的基础上,将本次设计的公关活动所用的媒介罗列出来,完成本次公关活动媒介组合策略示意图的绘制。

【任务反馈】

各小组在课堂公开展示完成××景区公关活动策划方案的主要内容,并展示本组设计的公关活动媒介组合策略的示意图,其他小组针对其成果提出修改意见,各小组落实修改。

任务六　策划景区节庆营销活动

【任务目标】

通过案例的分析和任务的完成,学生应具备为旅游景区策划与旅游景区主体形象相符合,具有鲜明的地方色彩,切合举办地的实际情况与风俗习惯的节庆营销活动的能力。

情景设计

策划景区节庆营销活动也是营销部策划组的任务之一,有特点、有地方特色的旅游节庆活动提升了举办景区的形象和知名度,并且弘扬了地方的传统文化。李明这次的任务就是和同事一起为××景区策划一次节庆营销活动。

【案例聚焦】

案例1

张家界成功的节庆营销

张家界在近几年举办了一系列大型节庆赛事,例如:首届中国国际文化旅游节、国际乡村音乐周、"潘多拉太远,张家界很近"国际网络摄影大赛等,取得了非常好的营销效果,让世人再一次对这座湘西城市刮目相看。张家界的节庆营销之所以能取得如此好的成绩与以下几点密不可分。

天时。节庆赛事策划者需要对全球动向具有敏锐的洞察力,紧紧抓住旅游消费热点,预先发现市场需求,适时推出具有特殊意义的节庆赛事活动,才能占得先机。2008年中国经济乃至整个世界经济都处于低迷状态,张家界市却发现了当时市场对原生态旅游产品的渴求,继而举办了首届国际乡村音乐节,尤其是"卡通市长"这一角色扮演,成为媒体一时间争相播报的热点话题。此外,景区的独特定位也必不可少。为了举办节庆而举办节庆,一窝蜂似的争办同质化、低水平的节庆赛事,很容易引起观众的审美疲劳。成功的节庆赛事活动离不开景区的独特定位,它强调的是差异化营销,通过借鉴其他景区的营销经验,对自身特色进行深度挖掘,取长补短,确定最佳发展路线,在综合比较中制作独一无二的"景区名片"。张家界瞄准原生态、大氧吧等特点,自1991年始连续多年举办张家界国际森林保护节,每一届都能吸引大批旅游爱好者参与其中,"地球呼唤绿色,人类渴望森林"的景区发展价值观已经深入人心。由此可见,顺应市场需求,挖掘自身优势,才能获得成功。

地利。这主要体现在两个方面,一是具备现代化的城市接待环境,即城市可入性好,交通设施完善;接待环境优越,与节庆相关的策划与设计、服务、公关与礼仪等方面必须满足精细化的要求,休闲、健身、节庆、娱乐、购物、科技等配套服务要整体跟进;另一方面,越是高规格的节庆赛事,对自然环境的要求就越高,其中山水资源保护是重中之重,因此需要通过限制过度开发来保护景区的独特魅力。在《湖南省武陵源世界自然遗产保护条例》中,对涉及景区开发使用的各类行为进行了详细的界定并制定了相应的保护补偿措施,为武陵源这一大自然的瑰宝构筑了周密的制度保障。如今,武陵源核心景区已经成功打造为享誉世界的"天然氧吧",为2010年举办的"潘多拉太远,张家界很近"国际网络摄影大赛等一系列活动提供了绝佳的外景拍摄基地。

人和。旅游景区举办节庆赛事活动,是跨区域、跨行业的系统工程,不仅需要政府部门全力支持,而且需要全民积极参与。政府支持不仅体现在财力物力支持,更多地应体现在软服务,尤其在氛围营造、市民参与、民俗表演、配套设施等环节。为了做好"潘多拉太远,张家界很近"国际网络摄影大赛的筹备工作,张家界市武陵源区成立了专门的大赛组委会,在赛事启动、赛事管理、作品评优等环节协调相关媒体和有关部门全力配合。目前大赛优秀作品已经在央视2套进行展出，聚集了强大的人气。节庆赛事不同于舞台晚会，它强调的是全民参与。唯有将全民积极性调动起来，共同维护精心打造的节庆赛事名片，才能使整个区域形成很好的旅游氛围，从而实现真正的可持续发展。要做到这一点，必须让当地居民享受到节庆赛事发展的益处，激发他们发展旅游的意识。为此武陵源综合平衡景区开发和本土居民利益，在顶层制度设计上明确了景区居民分享旅游发展收益的方式、程序，保障本土居民利益，为节庆赛事的火热举办打下了良好的基础。

案例2

2011第十八届中国国际钱江（海宁）观潮节主要活动内容

一、时间：2011年9月10日～9月18日

二、地点：浙江省海宁市

三、推介单位：国家旅游局

四、主办单位：浙江省旅游局 嘉兴市人民政府

五、承办单位：海宁市人民政府

六、主题：新潮海宁 激情潮涌

七、主要活动：

（一）第十八届中国国际钱江（海宁）观潮节开幕式暨首届"中国潮人秀"颁奖典礼

【活动时间】9月13日（农历八月十六）19：30

【活动内容】盐官观潮公园白石坛广场

【活动内容】第十八届中国国际钱江（海宁）观潮节开幕式分两段进行：一是举行开幕式，届时邀请举办单位和有关方面领导、嘉宾为本届观潮节致辞、揭幕；二是举行首届"中国潮人秀"颁奖典礼，邀请首届"中国潮人秀"活动获奖选手和有关嘉宾现场表演，展示才艺潮人、观念潮人、时尚潮人，掀起"潮人"旋风，汇聚媒体焦点，推出"中国潮人秀"品牌。

（二）央视直播海宁潮

【活动时间】观潮节期间

【活动地点】沿江各观潮景点

【活动内容】继续与中央电视台合作，策划海宁潮直播活动，将海宁潮的壮观景象和海宁潮文化的丰富内涵进一步展现给海内外观众，大力宣传海宁和海宁潮，传播海宁潮文化和海宁观潮旅游品牌。

（三）海外高层次人才海宁行

【活动时间】9月14日～15日（农历八月十七至十八）

【活动地点】海洲大饭店

【活动内容】邀请部分中央和省"千人计划"入选者来海宁参观考察，帮助和指导我市产业转型升级，与企业家开展座谈交流，积极探讨海外高层次人才项目与民营资本开展合作的多种渠道与方式。

（四）长三角百名拍客看海宁

【活动时间】9月13日～14日（农历八月十六至十七）

【活动地点】海宁市有关景区景点

【活动内容】与上海旅游网合作，组织长三角百名拍客来海宁，并吸引广大游客和网民参与，以视频的形式记录海宁的历史、人文、时尚、潮流，各自在主流

视频网站上通过微博、人人网等转载工具进行广泛传播,并根据转载量或浏览量的大小进行优秀视频的评选和奖励。

(五)"动感盐官"之中国移动网络歌友会

【活动时间】9月12日、14日、15(农历八月十五、十七、十八),每日夜潮来前3个小时

【活动地点】盐官观潮公园白石坛广场

【活动内容】以《QQ爱》、《梅岚梅岚我爱你》等而闻名的S翼乐团,以《不要在我寂寞的时候说爱我》、《深夜地下铁》、《不是因为寂寞才想你》而闻名的陶钰玉,以《爱上离婚的女人》、《爱上负心的人》等而闻名的陈玉建等网络歌星将来到活动现场与广大歌迷和游客朋友互动并进行演出,同时还将结合首届"潮头放歌"网络歌手选拔赛决赛活动,歌友会当天,现场歌迷和游客还可参加相关互动游戏,更有机会抽得价值不菲的奖品。

(六)祭祀海神民俗表演

【活动时间】9月13日~15日(农历八月十六至十八)

【活动地点】盐官观潮景区海神庙

【活动内容】祭祀海神民俗已申报为浙江省非物质文化遗产。作为观潮节的传统项目,继续在盐官景区组织祭祀海神民俗表演,充分展现其非物质文化遗产的魅力,保护和传承地方传统文化,打造观潮旅游特色文化品牌。

(七)《让世界充满爱》大型公益慈善群星演唱会

【活动时间】9月17日晚

【活动地点】海宁教育园区

【活动内容】《让世界充满爱》大型公益慈善晚会由中国电视艺术家协会、中国电视艺网和国际巨星成龙、著名音乐人郭峰于1986年联合发起。本次晚会将邀请超强明星阵容献演,融入公益慈善爱心活动,现场录制后在包括浙江卫视在内的至少三家省级卫视实况播出。

(八)第十八届中国国际钱江(海宁)观潮节其他系列活动

1. 2011中国自驾游产业合作与发展(海宁)高峰论坛与中国自驾游博览会
2. 2011海宁"潮"音乐节
3. 潮乡"十大特色名菜"烹饪大赛
4. 第二届世界休博会海宁分会场活动
5. 公众参与反腐倡廉·海宁论坛

【任务执行】

任务发布

任务3-6-1:以6人为一个小组,阅读案例1~2,参考下面旅游景区节庆营销的相关知识,各小组讨论并撰写为××景区策划一次节庆营销活动,并写出活动方案。

任务具体要求:方案要求包括节庆活动的名称、主题,节庆活动的时间、地点,节庆活动的创意背景,节庆活动的具体内容安排这四方面的内容。

时间:60分钟

任务分析

节假日(包括法定节日和民间传统节日)营销策划是特定时期的特殊营销策划,已逐渐成为景区品牌塑造、品牌展示的重要手段。它有别于常规性营销活

动,呈现出集中性、非常性和规模性的特点。做好符合自身特色的关于节假日旅游的营销策划,无疑会在群雄逐鹿的旅游市场上,收到出奇制胜的效果。

任务实施

①小组阅读案例1、2和"知识讲解"中相关内容,讨论并确定景区节庆营销活动包括哪些环节。

②小组讨论决定此次节庆活动的名称和主题是什么。

③根据节庆活动的名称和主题来设计整个节庆营销活动的流程,并绘制流程图。

④形成小组任务成果书。各小组成员在充分讨论基础上,形成本小组的最终成果。

学生小组任务成果书(NO.13)			
实训任务3-6-1:撰写××景区节庆营销活动的方案		任务性质	小组任务
小组任务成果名称	××景区节庆营销活动的方案		
内容包括节庆活动的名称、主题,节庆活动的时间、地点,节庆活动的创意背景,节庆活动的具体内容安排等四项。内容应具体,可实施 注:成果以A4纸打印或手写			

知识讲解

怎样策划旅游景区节庆营销?

一、确定节庆主题,与景区主题形象相一致

旅游景区在进行旅游节庆活动策划中,节庆的主题要体现举办地的文化特色,寻求较为宽泛的文化背景支持,坚持创新,把握时代脉搏。以旅游景区的主题形象为中心的节庆营销,从节庆的策划、活动的安排,到吸引新闻媒体的传播,都要服从景区主题形象,避免有损于旅游景区整体形象的情况发生。

二、合理安排节庆项目,丰富活动内容

有的旅游节庆活动,比如传统性节庆活动,由于其鲜明的主题,历史悠久的活动内容等,就不适合安排其他的活动项目,否则容易冲淡主题,影响游客的旅游体验。如在传统的元宵节灯会上,一般都是看花灯、猜灯谜,如有大型的现代歌舞表演,就会让游客产生强烈的冲突感。以休闲娱乐为目的的节庆活动,在项目安排上就要丰富多元,尽量满足游客多层次和差异化的旅游需求。

三、选择恰当的宣传媒介进行宣传

"好酒也怕巷子深",旅游节庆活动需要利用各种媒介进行宣传造势,可以运用新闻发布会,现场采访报道,跟踪报道,人物专访等方式把节庆活动的主题、宗旨、意义等让公众知晓,提高社会公众对旅游节庆的关注程度,全面提升旅游节庆活动的影响力与参与度。

四、注重旅游节庆活动的延续性

旅游节庆活动能为旅游景区迅速带来丰厚的效益,如旅游人数的增多,知名度的提高等等,但任何一个具有竞争力的旅游景区,不仅要追求短期的效益,更要有长远的打算,做好旅游节庆活动的延续工作。

景区的节庆活动,如果每年一届,且每年的内容都有创新,就容易在游客心里形成认知并提升游客的忠诚度。即使别的景区跟风模仿,也不会动摇其霸主地位。

【任务拓展】

任务3-6-2:以小组为单位,完成为××景区安排本年度的节庆活动的计划(以表格的形式完成)。完成后上交教师。

任务3-6-3:以小组为单位,课下查找我国每年共有多少个法定的节假日(写出日期和节日名称);查找我国每年有多少个民俗、民族节日(写出日期和节日名称)。完成后上交教师。

【任务反馈】

由教师组织,各小组在课堂公开展示任务3-6-1完成的××景区节庆活动方案,教师、其他小组成员针对创建方案的内容给予点评,给出建议。

任务七 制定渠道销售方案

【任务目标】

通过案例的分析和任务的完成,学生应具备为景区选择合适的多样化的销售渠道的能力,并能为旅游景区制定销售渠道方案。

【情景设计】

李明完成了在策划组的实习后,来到了在营销部实习的最后一个小组——营销组。在这里又接受了一项新的任务,为××景区制定渠道销售方案,以扩大××景区的市场份额。

【案例聚焦】

案例1

渠道推广策略

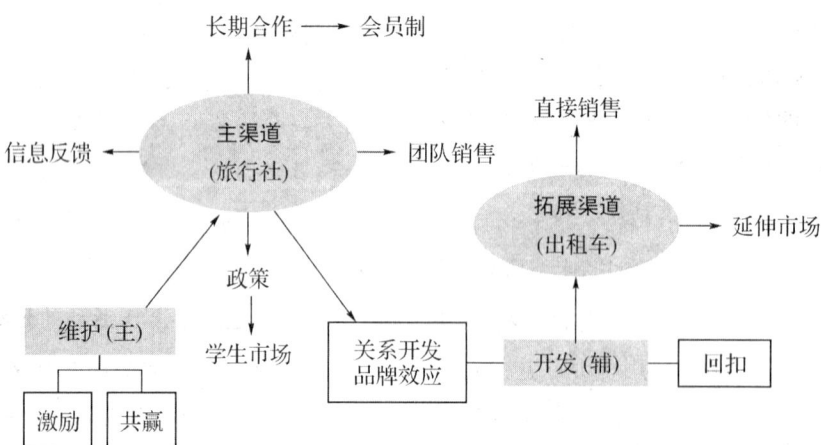

某景区销售渠道推广示意图

案例2

丽江玉龙雪山景区营销渠道的选择

丽江玉龙雪山景区之所以能在激烈的景区市场竞争中占得一席之地,一个重要的因素是在营销渠道的选择上下足了功夫。在本地市场,主动联合相关机构,共建全市旅游营销联合体,实行丽江旅游目的地的共生式营销,强化对地接旅行社的影响力和主导力;在省内市场,跟其他景区建立契约式联合营销体系,比如跟昆明石林、大理三塔和楚雄恐龙谷景区结成"云南精品旅游线景区联盟"。

在外地市场,建立完善的旅游分销体系,在北京、上海、广州成立旅游办事处,与当地龙头旅行社合作,联合开展旅游促销。同时,与各种社会团体建立联系,适时推出针对细分市场的旅游产品。此外,深入中高档社区和大型企事业单位,开展社区营销和单位直销等。

在周边市场,与四川景区联合促销,与旅行社合作设计"丽江古城→玉龙雪山→三江并流"、"九寨沟→黄龙→都江堰→青城→玉龙雪山→丽江古城→三江并流"等线路产品。在媒体和渠道选择方面,重点聚焦于区域市场内的专业媒体和渠道,锁定高端细分市场,选择时尚类杂志发布广告,并与专注于商务旅游的旅行社开展合作。此外,加强与大香格里拉旅游区内的热点景区的联谊与合作,共同推出新的旅游线路,利用区域合作力量拓展市场。

【任务执行】

任务发布

任务3-7-1:以6人为一个小组,阅读案例1~2,参考下面景区销售渠道的相关知识,完成××景区销售渠道实施方案的撰写。

任务具体要求:

①确定××景区应该选择哪些销售渠道。

②写出每一种销售渠道如何去实施。

时间:50分钟

任务分析

传统销售行业有句话叫"渠道为王",同样,在旅游营销中关于游客通路的渠道的建设与组织也是至关重要的,如果说宣传营销是空中部队的空中轰炸,主要目的是激起游客对旅游产品的购买欲望,那么渠道营销就是地面部队的地面推进,其目的就是解决游客如何到达景区的通路问题。在旅游的营销当中只有"空地结合",联合作战,才能达到景区营销的终极目的:景区游客数量的增长。

任务实施

①小组阅读案例和"知识讲解"中相关内容,确定旅游景区主要的销售渠道有哪些。

②小组成员每人提供三种适合××景区的销售渠道,并说明怎样去实施。

③小组汇总个人意见,并挑选出最合适的几种销售渠道,并制定销售渠道的实施方案。

④形成任务成果书。各小组成员在充分讨论基础上,形成本小组的最终

成果。

学生小组任务成果书(NO.14)		
实训任务3-7-1:撰写××景区销售渠道实施方案	任务性质	小组任务
小组任务成果名称	××景区销售渠道实施方案	
确定××景区应该选择哪些销售渠道;明确每一种销售渠道的实施计划。内容应具体,可实施 注:成果以 A4 纸打印或手写		

知识讲解

一、景区销售渠道的概念

销售渠道的内涵较宽,既包含景区在其生产现场或其他地方借助多种方式直接向来访游客出售其产品和服务的直接销售方式,还包括景区借助旅游中间商向顾客出售其产品和服务的间接销售方式。因此,景区销售渠道是指旅游景区经营者通过各种直接和间接的销售途径,将其旅游产品和服务转移到旅游者手中的整个流通结构。

销售渠道可宽可窄,可长可短,它的起点是旅游景区,终点是旅游者,中间可以包括旅游批发商、零售商等环节。这些中间商的存在简化了旅游景区与旅游者之间的交易过程,节约了销售时间,同时中间商对本地的销售情况比较了解,可以帮助旅游景区促销,并能够及时向旅游景区提供市场反馈信息。因此,如何正确选择销售渠道和中间商,决定了旅游景区的销售成本及最终收益。当然,景区也会直接向消费者出售产品和服务,如直接向旅游者出售游览门票、参观券、活动券等。旅游景区如果要取得销售的更大成功,就必须广泛开拓销售渠道,方便消费者的购买。

二、景区销售渠道的类型

旅游景区销售渠道的主要类型有两种。

（一）直接销售渠道

指旅游景区直接把产品卖给旅游者,中间不经过任何中间商。这是一种最简单、最短的销售渠道。其优点是可以减少中间环节,节省付给中间商的费用,从而降低营销成本。其销售模式主要有三种:向登门来访的游客直接出售门票,这是最为传统的一种销售模式;构建景区网站,实现门票在线预约、销售;派出营销人员赴主要客源地宣传营销,并现场接受预订或现场销售。

（二）间接销售渠道

间接销售渠道是旅游景区通过代理商、批发商、零售商等中间环节向旅游者销售景区产品。这些中间环节常见的有旅行社、饭店、交通企业、在线旅行商和景区网络预订平台等。

对于景区来说,能否选择到合适的中间商,直接影响着景区销售效果。旅游市场上中间商众多、规模实力各不相同,旅游景区在选择中间商时,应注意:第一,中间商所处的地理位置应在旅游景区目标客源相对集中的地区,以便于旅游者及时买到景区的产品;第二,中间商与本景区必须确实有合作意愿,对本景区的产品有兴趣,有诚意合作;第三,中间商的财力状况良好、品牌信誉度高,因为中间商在推销景区的产品时需要投入一定的资金做宣传,同时品牌信誉好的中间商也有助于提升景区产品形象;第四,中间商的销售对象应与旅游景区目标市场一致,这样才会将双方有机地结合起来。

【任务拓展】

任务 3-7-2:在实训任务 3-7-1 的基础上,用示意图的形式将任务 3-7-1 中选择的各种销售渠道方案展现出来,并在图中显示出他们之间的关系(参考案例 1)。

【任务反馈】

各小组课堂展示销售渠道设计方案,解释选择各类销售渠道的好处,能达到的效果,教师及其他小组成员给予建议和意见,以利改进。

◆ 模块评价

【知识/技能评价】

经过七项任务的完成,基本将景区营销的全过程进行完毕,接下来需要将分散的任务整合到一起,各小组要形成一份××景区的营销策划方案(提炼每一任务的精华结论),上交教师。并按照自评、组内互评、教师评估标准评估每位学生工作态度、工作的质量情况;整理并保存每个小组各个任务的策划方案以及学生个人完成的作业,作为平时考核依据。

【能力应变】

任务名称:××景区视觉识别系统设计的调查报告

任务要求:

①周五下午 2 点,××景区集合,时间为下午 2 点~4 点(2 课时)。

②完成任务:分组拍摄××景区内外出现的所有代表景区的标志、口号、广告、指示牌、员工服装、景区纪念品(各种形式的纪念品都要拍摄到)。

③各小组回来之后,将照片整理,然后写出××景区视觉识别系统设计的调查报告(要求图文结合,不得少于1 500字)。

【模块链接】

武夷山的市场营销战略

武夷山市位于福建省北部,1998年获得首批"中国优秀旅游城市"称号,1999年被联合国世界遗产委员会正式批准列入《世界自然与文化遗产名录》,是福建省历史文化名城,在世界范围内享有很高的知名度和美誉度,一直以来都是福建旅游对外宣传促销的王牌标志。

武夷山旅游成绩如此斐然,与其市场营销战略的成功选择有着紧密的关系:

1. 品牌支撑战略

武夷山的品牌定位于高知名度、高认知度、高美誉度并且具有较高的品牌活力的强势品牌地位,对于这类品牌,旅游地的核心任务是维护品牌地位。武夷山正确地认识到了这一点,在近年来的发展中不断地进行品牌扩展,沿着市场趋势不断推出新的高品位的旅游品牌,例如:武夷山绿色生态旅游品牌、武夷山红色旅游品牌、武夷山茶文化品牌等,树立了鲜明、多元的旅游地品牌形象,得到广大旅游者的强力支持,形成了强大的竞争优势。

2. 形象制胜战略

注重旅游形象的建立与推广是武夷山从发展之初就特别注意的方面,在旅游形象的推广过程中又将统一性、针对性、效益性三大形象推广原则把握得游刃有余。一直以来就结合自身的资源优势,以"玉女峰"为形象标志对外进行宣传促销,始终给旅游者以一种清新纯净的形象感知,处处体现的是统一的、整体的旅游形象。除了"玉女"品牌外,武夷山还针对不同的细分市场推出不同的分体支撑形象,例如:针对青年旅游者武夷山给出的是"浪漫牌",对以学生、学者为主体的客源武夷山则以"科考牌"取胜等。

3. 产品升级战略

2005年6月,武夷山景区进行了票制改革,将武夷山景区门票分为三类,即110元人民币的一日有效票、120元的二日有效票和130元的三日有效票。与原先的111元景点通票或126元的所有景点票相比,新票制在价格上并未发生太大变化,只是把原先的景点游改为景区游,这样可更有效兼顾到景区、游客、旅行社等各方的利益,实现"多赢"。实行新票制后,还将对武夷山人游武夷提供更为方便、灵活、人性化的优惠政策。这一举措将原有的景点游改为为景区游,不仅实现了经营形式的创新,更重要的是以人为本,从旅游者的角度出发提升了产品质量。

武夷山旅游的不懈创新还体现于不断顺应市场需求,结合本土资源特色推出了风光旅游、民俗旅游、古文化旅游、茶文化旅游等一系列富有鲜明的武夷特色的主题旅游,并且举办"武夷山旅游节"等重大节庆活动,以节庆促旅游发展。

4. 营销组合战略

武夷山采用了灵活多样的营销组合。例如,武夷山市政府与中国康辉旅行社集团签署了"年度协议书",双方商定,在2005年6月1日至2006年5月31日期间,中国康辉旅行社集团将向武夷山发送客源达6万人次,预计其中福建省内游客达5 000人次。武夷山给予中国康辉旅行社集团的系列旅游团景区优惠门票。如此大规模的团购项目在福建省旅游界尚属首次,在国内也尚属罕见,团购销售模式有利于当地旅游业做大做强。这种短渠道的销售方式既给旅游地以客源保证,亦在一定程度上降低了产品成本,有益于实行强强联合共创品牌,经济利益上能达到双赢。另外,武夷山还散发武夷山画册、折页、武夷风光VCD片和旅游报价等各类旅游宣传品,在各种旅游交易会上进行直接宣传促销,以拓展客源市场。

武夷山景区采取了系统而又成功的市场营销战略,首先注重旅游景区的品牌塑造,树立了鲜明、多元的旅游地品牌形象,形成了强大的竞争优势;其次是进行了完善的景区形象策划,在突出"玉女"品牌外,还针对不同的细分市场推出不同的分体支撑形象。而且该景区不懈创新,还不断顺应市场需求进行了旅游产品升级,并且举办了多次重大的节庆活动促进了当地旅游的发展。最后,武夷山景区采用灵活多样的营销组合,稳定和扩大了客源,提高了景区的知名度。所以,武夷山景区能取得如此的成绩和其成功的市场营销战略是密不可分的。

拓展路径

①《旅游景区开发与管理》(清华大学出版社,2004),重点参考此书中第八章旅游景区营销中关于景区营销的理论知识和案例。

②《旅游景区景点经营案例解析》(旅游教育出版社,2010),此书中的案例全面、典型,案例解析以分析探讨、指出借鉴性、规律性和使读者获得启迪为宗旨,学习性和研究性并存,能够激发读者多向性思考,值得一读。

③登陆中国旅游营销网(http://www.aatrip.com/),了解中国景区营销的最新资讯和热门新闻。

④登陆郑泽国的 BLOG·景区营销(http://blog.sina.com.cn/zhengzeguo),随时随地了解新锐景区营销专家的先锋视点。

模块四　旅游景区服务

◆模块目标

【行业要求】

熟悉国家、地方的法律法规；熟悉旅游行业规范；熟悉旅游景区服务所涵盖的内容；具备一定的旅游景区服务能力和基础管理能力；有较强的沟通协作、事故处理能力；能撰写景区服务的调查报告和方案。

【学习目标】

知识目标：了解旅游景区服务的工作职责、素质要求以及景区服务质量管理标准；熟悉旅游景区门票的预订和销售、入门接待服务、客流流向和流量的引导、旅游景点解说、游客咨询回答和游客投诉受理等景区服务的相关知识。

技能目标：能够提供门票预订、销售、查验、咨询服务，并能够受理游客投诉；能胜任景区导游工作，具备一定客流调控和景区解说系统设计的能力；具备一定的沟通协调、事故处理能力，保证职业未来的可持续发展；具备较强的语言表达能力、社交活动能力及组织协调能力，会做事、会共事。

态度目标：对旅游服务工作有浓厚的兴趣；有展示自我的信心；能积极参加小组活动；善于探究；有克服困难的意志。

◆模块任务

本模块是旅游景区基础服务部分，它是游客对景区产生第一印象和最后印象的关键环节。如果景区服务做得好，景区就能吸引更多的游客，从而能增加景区收入、扩大景区影响力。旅游景区服务是景区管理中难度最大的工作。从预订和销售门票、迎接游客进入景区、控制客流、解说景区景点、提供咨询、处理投诉，整个工作过程始终与游客面对面打交道。相对来说，服务工作较为琐碎、灵活性大。这就要求服务人员具备热情的服务态度、灵活的处事能力和较强的应变能力，能够细心、周到地为游客服务。

任务一　预订与销售门票

【任务目标】

通过本任务的完成，学生能了解旅游景区门票预订和销售的渠道；了解景区门票预订和销售岗位的岗位职能及要求；理解景区订票、售票服务工作的工作流程和工作重难点，并能在实际工作中熟练进行订票和售票服务。

在出色地完成了营销部门的任务后，李明来到了景区服务管理部门。在进入景区服务管理部门伊始，部门经理就正色告诉李明，景区服务管理是景区管理的基础和核心内容，直接关系到景区的经济效果甚至景区的生存和发展。李明首先要从门票的预订和销售岗位来了解景区服务部门各岗位的工作。

【案例聚焦】

案例1

如何预订香港迪士尼乐园门票（英文原版）

A Hong Kong Disneyland park admission ticket is your passport to a full day of magical adventures. Buy tickets online, at Ticket Express, or come to the Hong Kong Disneyland Main Entrance!

How to Book

Buy tickets online, at Ticket Express, or come to the Hong Kong Disneyland Main Entrance!

Book Tickets in Advance Online

Purchase tickets conveniently through our website, then pick up your tickets starting from one hour after you have purchased online, at any one of the following locations:

Hong Kong Disneyland Main Entrance Automagic Ticket Dispensing Machines. Opens daily from one hour before Park opening until Park closes. See Park Hours.

Hong Kong Disneyland Main Entrance Ticket Booths or Guest Relations Windows. Open daily from one hour before park opening until park closes. See Park Hours.

Hong Kong Disneyland Ticket Express at MTR Hong Kong Station (Tung Chung Concourse).

There is no service charge for online bookings.

For information before you begin booking online, please see recommended computer settings, and FAQs.

Purchase Tickets Directly at Hong Kong Disneyland Ticket Express

You can purchase tickets at the Hong Kong Disneyland Ticket Express, conveniently located at the MTR Hong Kong Station (Tung Chung Line Concourse). Open from 9:00 am to 8:00 pm on Monday to Friday and from 9:00 am to 5:00 pm on Saturdays, Sundays and Public Holidays.

Reserve Tickets as a Hotel Guest

As a hotel guest of the Hong Kong Disneyland Hotel or Disney's Hollywood

Hotel, park tickets are reserved for your purchase at front desk for the duration of your visit. Contact our Reservation Center at ＋8521-830-830 or email us. Open daily from 9:00 am to 8:00 pm.

Plan through your Travel Agent

Tickets may be purchased as part of a your Hong Kong Disneyland travel package through travel agents. Contact your local travel agency for more information.

Book Tickets for Large Groups

Large groups wishing to purchase 100 or more tickets (such as for family reunions, business meetings or conventions) can call the Hong Kong Disneyland Group Sales Office at ＋852 3550-3369.

Buy at Hong Kong Disneyland Main Entrance

Guests can purchase tickets on the day of their visit at the Main Entrance Ticket Booths or Guest Relations Windows. Open daily from 30 minutes before Park opening until park closes. See park Hours.

案例2

收进假钞我们要自己赔

以下是一位大学生游客Q的投诉——

那是阳光明媚的一个周末，我和朋友一起去Z景点玩。可刚到售票处，就发生了一件让我们很不愉快的事情，差点和售票员吵了起来。

售票窗口里面坐着一位售票员，她身边还坐着一位中年妇女，因为没穿制服，很难判断是不是景区人员。窗上贴着"门票10元一张，1.4米以下半票"的告示。

我和我的同学共两个人，没有零钱，于是就给了一张50元，我只有一张50元，拿出去时外观有些破旧，但我没想到会引起后面的不愉快。

售票人员接过钱，摸了一摸，看了我一眼，然后转头对坐在旁边的中年妇女说：

"你看看这张？……"

站在窗口的我们，没有听清楚她们具体的谈话。但她和中年妇女说话时的神态极不自然，好像在怀疑什么，又不时带着异样的眼神，往我们身上扫视。好久之后，售票员把那张50元钱又递了出来，"这钱是假的，你换一张！"她说。

我立刻证实了之前被怀疑的感觉，气愤起来："干吗要换啊？虽然这钱是旧了点，但绝对不可能是假的！"

售票员见我生气了，依然很冷漠，又说："你换一张吧，收进假钞我们要自己赔的。"

我很生气，几乎想甩袖而去，但考虑到邀请同学来游玩，这样尴尬的事情谁都不想看到，于是很不情愿换了一张崭新的100元给售票员。她接过钱时，脸上那种得意的笑容，像是对我极大的讽刺。

这次游玩让我很失望、很气愤，景区售票人员凭什么怀疑我的钱是假的？不过，我更在乎的是售票人员的处理方法。这让我觉得自己的人格受到了侮辱，我要投诉她。

【任务执行】

任务发布

任务 4-1-1：以 6 人为一个小组，阅读案例 1~2，参考下面"知识讲解"中有关订票和门票销售的相关知识，查找景区票务服务相关资料，绘制景区订票或售票的工作流程图。

任务具体要求：各小组分别选择订票或售票，绘制订票或售票工作流程图，并用几个关键字概括出每个工作流程的重点及需要注意的问题。

时间：40 分钟

任务分析

售票工作是景区实现收入的首要环节，而订票工作是景区实现收入的预先环节。订票有网上预订、代理点订票、电话订票等几种订票方式。但不管采用何种订票方式，其基本的流程是相似的。而每一个流程在实际操作中都可能会碰到各种各样的问题，如案例 2 中的假钞问题等。

任务实施

①小组阅读案例 1 和"知识讲解"中相关内容，讨论并总结景区门票销售服务的几种方式。

②小组选定一种方式，分析知识链接相关内容，并通过查找相关资料，绘制选定售票工作的工作流程图。

③阅读案例 2 和"知识讲解"中相关内容，讨论各流程工作重点及要注意的问题。

④小组展示并解说所绘制的工作流程图。

⑤完成任务成果书。

学生小组任务成果书（NO. 15）			
实训任务 4-1-1：订票和售票工作流程图		任务性质	小组任务
小组任务成果名称	工作流程图		
要求：流程图简洁、清晰、美观。关键词具有典型意义和概括性			

知识讲解

一、订票服务

订票工作是景区实现收入的预先环节，近年来随着旅游客源的丰富，我国特有的自然气候和公休制度造成的旅游旺季的存在，预订景区门票已经被各地景区纳入到票务服务管理的范围之内。根据西方旅游景区的管理经验，景区预售门票必将成为一种趋势，对景区游客接待、环境管理各方面都有较好的作用。

（一）订票范围

景区景点订票范围一般包括两类：一是该景区景点的门票，这在景点订票中占了绝大多数；二是与景区景点相配套的其他服务票，如景点观光车票、酒店住宿、餐饮、旅游纪念品预订以及其他预订功能。

（二）订票渠道

1. 网上预订

自 1999 年出现国内首家旅游咨询

模块四 旅游景区服务

网站后,近些年来旅游网站发展速度很快,网上订票的专业网站很多,各景区景点也纷纷开设网上预订业务。

网上预订程序一般为:首先填写预订人信息,以便及时确认订单,一般需要提前一天或数天进行预订;预订的有效证件指的是身份证、学生证、老年证、士兵证、护照等,有效证件号码是预订人到达景点购买门票的唯一凭证;预订人到达景点售票处后,告知景点是通过何种订票机构预订的,可以购买到相应门票。网上预订门票的票价视各订票机构而定,有些是全价票,有些是优惠折扣票,有些网站收取订票费用,有些网站不收取任何费用。

2. 电话订票

电话订票是景区经常使用的订票方式。办公电话可设置在售票处,但一般由游客中心咨询处受理电话订票事务。电话订票一般不接受少量票的预订,例如香港迪士尼乐园有专门的订票热线,但只是针对100名以上的大宗游客。

电话预订程序和网上预订相似,也需要提前预订,首先电话询问、填写预订人信息,将有效证件作为取票凭证,并确定和落实取票方式和地点。

3. 代理点订票

在各大城市中,代理点订票逐渐成为最为普遍的订票方式。这迎合了散客越来越多的旅游趋势。

(1) 旅行社代理点。游客可以通过客源地的当地旅行社或者目的地旅行社了解景区景点的相关信息,并实现预订功能。

(2) 宾馆代理点。不少景区景点和其所在城市的各大宾馆合作,游客可以通过其住宿的宾馆,在其住宿期间预订景点门票。

(3) 商场代理点。在城市最繁华的商场密集群和大型超市集中地,往往设有景区景点的门票预订代售窗口。

(三) 订票流程

不管采用以上何种订票方式,其基本的预订流程是相似的。

1. 填写预订日期

当游客打入订票电话热线或成功登陆电子商务网站后,首先选择预订景区,再选择预订日期。

2. 选择要订购的票务类型和数量

票务类型指团队票或散客票、成人票或儿童票、普通票或优惠票等分类,不同种类票价因情况不同而有所不同;数量指订票人实际需要预订的票的张数。

3. 填写领票人信息

领票人是订票过程中最重要的直接联系人,需要将其确切信息详细记录备案,订单是否确立以及何时何地来领票都需要凭此信息进行传递。

4. 确认订单

订单是否成功,自订票开始到信息反馈的时间跨度,要视具体情况而定。有些网站预定时,可以即时查阅是否有预订成功的信息,但也有一些网上订票或现场订票需要一定的等待时间,尤其是在旅游旺季等特殊时期。

5. 网上或现场支付

如选择网上支付,在欲支付银行右边点击"在线支付",将进入银行的在线支付系统。如支付成功,将提示您"交易成功",订单状态从"未支付"改变为"已支付"。操作完成后,未获得上述提示,则说明预订支付不成功,需要直接登录该银行的网上银行操作界面,查看该订单是否支付成功,或者与网站系统管理人员联系。

6. 现场取票

当订单支付成功后,订单状态为"已支付",即可以在规定时间内由取单人到指定的领票点取票。取票时取单人必须提供订单号和订单上所注明领票人的有效证件。例如旅行社的取单导游到现场取票,则需提供该导游本人的导游证,并现场报出订单号才能取票。

尤其需要注意的是,景区门票有一个阶段的预订时间,最早只能提前15天左右,同时预订时间与出票时间不得少于1小时,到出票口取票时间视不同景区而定。

二、售票服务

售票工作是景区实现收入的直接环节,虽然工作相对比较单调,但职责重大,一旦发生差错,对景区、对员工个人都不利。因此,售票人员必须有很强的工作责任心和良好的职业道德,并具有一定的会计、出纳知识和相应的服务技巧。

(一)售票服务工作流程

1. 售票前准备工作

(1)参加班前会,按规定着装,佩戴工作牌,仪容整齐,化妆得体。

(2)查看票房门窗、保险柜、验钞机、话筒等设备是否正常。

(3)搞好票房内及售票窗外的卫生工作。

(4)若当日由于特殊原因票价有变,应及时挂出价格牌及变动原因说明。

(5)根据前一天票房门票的结余数量及当日游客的预测量填写《门票申领表》,到财务部票库领取当日所需的各种门票,票种、数量清点无误后领出门票。

(6)根据需要到财务部兑换钱币,保证每日所需的零钞。

2. 售票

(1)客人走近窗口,售票员向客人礼貌问候"欢迎光临",并向客人询问需要购买的票数。

(2)售票员根据《门票价格及优惠办法》向客人出售门票,主动向客人解释优惠票价的享受条件,售票时做到热情礼貌、唱收唱付。如:"您好,收您100元,每张30元,共60元,找您40元,请收好。"

(3)售票结束时,售票员向客人使用"谢谢"或"欢迎下次光临"等用语。

(4)向闭园前一小时内购票的游客提醒景区的闭园时间及景区内仍有的主要活动。

(5)游客购错票或多购票,在售票处办理退票手续,售票员根据实际情况办理,并填写"退票通知单",以便清点时核对。

(6)根据游客需要,实事求是地为客人开具售票发票。

(7)交接班认真核对票、款数量,核对门票编号。

(8) 售票过程中，票、款出现差错的，及时向上一级领导反映，长款上交，短款自补。

(9) 热情待客，耐心回答客人的提问，游客出现冲动或失礼行为时，应保持良好态度，不能恶语相向。

(10) 耐心听取游客批评，注意收集游客的建议，及时向上一级领导反映。

(11) 发现窗口有炒卖门票的现象要及时制止，并报告安保部门。

3. 交款及统计

(1) 做好每日每月盘点工作，保证账、票、款相符，做到准确无误，并认真填写相应的"售票日报表"。

(2) 结束营业后，将当日"售票日报表"及钱款交景区财务部门。

(3) 做好工作日记，搞好卫生，关闭门窗、保险箱等，切断电源，下班。

(二) 售票服务工作难点

1. 假钞问题

售票工作中，很容易收到假钞。假钞和其他假货一样在现实生活中大量存在，售票人员一旦收到假钞，按规定需由当班人员进行赔偿；有时售票人员在找补过程中也会和游客为钞票的真伪进行争执，弄得双方都不愉快。所以，售票人员应具备一定的鉴别货币真伪的知识，以避免收到假钞。

(1) 景区如有条件，应为每一个售票岗位购置功能齐全、结果准确的验钞机。

(2) 景区应有计划地请专业人员（如银行工作人员）来为相关员工进行防伪钞培训，让员工掌握辨认假钞的方法。一般地说，可以用"一看、二摸、三听"的方法辨认假钞。

一看。看颜色、变色油墨、水印。真钞印刷精良，颜色协调，水印具有立体感；假钞颜色模糊，色彩不协调，水印只有一边有立体感或无立体感，纸张较差，防伪金属线或纤维线容易抽出。

二摸。摸水印、盲文。真钞手感较好，水印、盲文立体感强；假钞较绵软或很光滑，盲文不明显。

三听。听声音，假钞抖动时发出的声响太清脆或无声响。

(3) 收款时，最好不要当着游客的面，把钞票一张一张地拿到灯光下去看，这样做让人很不舒服，缺乏信任感。这就要求售票人员掌握较娴熟、自然的方法有效地鉴别货币的真伪。如发现有问题的钞票，应与游客礼貌协商，请其重新换一张，找补后请游客自己验证。

2. 钱在人在，交接清楚

在售票工作当中，必须要保管好自己的钱箱。钱一定要当面点清，一转身，出现差错，就无法说清了。但在实际的工作过程中，特别是在旅游旺季游客众多的时候，难免会发生顶替上岗或请人代换零钞等情况，这个时候有些工作人员可能会因为嫌麻烦或面子问题（担心当面点钱是对对方的不尊重和不信任）而省略了当面交接这一程序，事后一旦发生差错往往后悔莫及、有口难辩。所以，每一位售票工作人员都应树立这样的观念，即"钱在人在，交接清楚"。这不仅能够保护自身利益、减少事后麻烦，同时也是尊重对方、保护对方利益的表现。

3. 优惠票之争

一般的景区都会对不同人群实行差别定价,如小孩身高在1.1米至1.3米之间的只需买半票,而在1.1米以下的则免票。虽然在售票窗口和验票处都会有测量身高的刻度,但每个售票人员可能都有过与游客争论高矮的经历。有的工作人员因不愿与游客发生争论,便选择听之任之的方法,把"球"踢给验票口。殊不知,这样做至少会带来三个后果:一是给验票人员的工作增加难度,影响景区闸口的畅通;二是使其他游客心里产生不平衡的感觉,甚至也会提出享受同等待遇的要求,导致其他游客对景区产生不良的印象;三是如果这些游客再回来补票,不仅增加售票的工作量,也会延长其他游客的购票等候时间。

因此,遇到类似的情况,景区售票人员应掌握以下原则:

(1) 不要与游客发生争执,应热情、礼貌地向游客说明门票价格优惠制度,争取游客的理解。

(2) 向游客解释时,应注意说话的方式,尽量站在游客的立场上进行表达,比如适当赞美游客的小孩,并善意提醒家长孩子知道他(她)自己有多高,不要在孩子心里留下阴影。

(3) 遇到个别特别固执的游客,也可以灵活处理。比如干脆请他(她)做一次质量监督员,对景区服务的各个方面提意见,作为回报,他(她)可以免票入园。这样做皆大欢喜,游客心里得到了极大的满足,景区也得到了关于服务质量的一手资料。

除上面讲到的儿童优惠票以外,景区还有团体票、假日票,甚至导游票等。售票人员应灵活机动,具体问题具体分析。

附

北京市平谷区旅游景区(点)基本服务规范(部分)
——售票服务规范

1. 在售票窗口设立售票处标识并且明码标价;售票时将票的使用方法和范围明示游客。购票人数较多时,应协助治安员做好秩序维护工作。

2. 设立标牌,公布救助电话、服务监督电话和投诉电话。

3. 坐姿平稳、端正自然、面带微笑、目光迎视客人、集中精力,随时为客人做好售票服务。

4. 当客人出现在售票窗口时,应先问好,表示欢迎,礼貌问清客人购票数量后,再办理票券出售手续。

5. 先收款,然后点清票券张数,连同找回的钱款礼貌递送到客人手中,要唱收唱付。

6. 认真执行离休人员持离休证、儿童进入景区实行免票的规定;老年人持老年证、大中小学生持学生证(不含成人教育)、军人持军人证进入景区实行半价优惠的规定;认真执行持有区旅游局颁发的"优待证"的副区级以上离退休老干部、旅游调研、考察学习、宣传等人员进入景区实行免票的规定。

7. 当客人问询时,须认真礼貌地回答客人的问题。

8. 对持支票购买票券的客人,要礼貌请其出示购票人的有效证件(身份证)并将证件核实无误后,将证件号码、姓名、电话逐一登记,同时验查支票有效使用期限、印章、密码等是否符合有关规定。

9. 每日做好票券领交工作,要做到票号相符、票款相符、票账相符,严格按照票券领交手续,做好班前领票、班后交款的工作。

10. 每日班后认真对票号票款进行核实,上交票款严格按本单位财务制度执行。

11. 对因特殊原因(如游客人数有误)退票的,须经总经理签办退票手续后,方可由售票处办理退票事宜。

12. 严格按照发票管理手续开具发票,不准乱开、乱用。妥善保管好各种票据,不得丢失。

【任务拓展】

任务4-1-2:模拟情境角色扮演。各小组在完成上述任务之后,讨论并设计订票或售票情境,在课堂进行角色扮演,展示门票服务流程。其他小组针对其展示的服务质量进行评价。各小组根据其他小组的评价进行自评和总结。

【任务反馈】

选择当地或外地任一景区,采用多种订票方式,了解订票的途径与流程。

任务二 接待参观游客

【任务目标】

通过本任务的完成,学生能了解电子门禁系统与手工验票的优势和弊端,熟悉验票工作流程及验票工作重点和难点,并能熟练提供验票服务。

情景设计

在熟悉预订和销售门票服务之后,李明开始进行景区服务的第二个任务——验票服务。验票工作不仅关系到景区经济效益能否真正实现,同时,它也担负着维持景区良好秩序的重要职责。在这个任务中,领导要求李明能熟悉景区的验票服务,并对景区验票服务提出意见和建议。

【案例聚焦】

案例1

儿童身高与规定不符

某一天,深圳欢乐谷激流勇进入口雨衣售票处,迎来了两位游客,一位母亲和她的孩子。以下是售票服务员与游客之间的对话:

当游客距售票服务员一米之远时,售票服务员面带微笑问道:"您好!欢迎光临激流勇进,这里是雨衣售票处。雨衣三元一件,请问需要几件(有的游客不想要雨衣)?"

"两件吧。"母亲说。

当看到她的孩子身高好像不符合要求时,售票服务员提出:"您好!麻烦这位小朋友先量一下身高好吗?因为我们这个娱乐项目对身高有比较严格的限制,身高必须在1.3米以上才可以坐。"

量身高后,小孩才1.25米高,售票服务员面带微笑地说:"小朋友,对不起,你的身高不够,为了你的安全,你不能参加这个娱乐项目了,请谅解。"然后,该服务员转向那位母亲说,"如果您对这个娱乐项目有兴趣,我可以帮您照看孩子。"

母亲说:"我就是带他来玩的,怎么每个项目都不可以玩?走,不玩了。"

售票服务员看到母亲有些不高兴,便微笑地说:"在这旁边还有好多好玩的地方,有星球大战,有小飞鱼,都适合小朋友玩。"并向这位母亲介绍了具体的路线。

案例2

新疆天山天池景区启动门禁系统检票

从5月8日起,新疆天山天池景区开始启动门禁系统检票。

整个门禁系统包括二维码门票生成系统、电子门票系统、年卡人脸识别系统、售票系统、验票系统、统计查询系统。

电子门禁系统的启用,不仅能提高售验票的速度,还能杜绝假票、过期门票等类似问题的发生。此外,通过数据总机系统,天池景区还能够全面掌握景点人员进出情况,为旅游高峰期游客科学分流提供详细的数据依据。

天池门禁系统启用当天还是天池景区游客集散中心即新建景区门票处正式运行的日子。天池管委会相关负责人刘力坤介绍说,天池景区游客集散中心的建设,不仅能保护景区生态环境,延伸游览线路,拓展旅游空间,使游客能充分领略天池景区丰富的旅游资源;而且还借鉴九寨沟、黄山等国内一流景区的管理模式,进一步加强景城融合,为实现"天池游阜康住"的旅游模式奠定了基础,对带动阜康市乃至天池周边县市等区域经济的发展也将起到积极的作用。

【任务执行】

任务发布

任务4-2-1:以6人为一个小组,阅读案例1~2,参考下面"知识讲解"中有关验票的相关知识,结合实际,讨论、绘制并展示验票的工作流程图。

任务具体要求:各小组绘制工作流程图,并用几个关键词概括出每个工作流程的重点及验票服务时需要注意的问题。要求流程图简洁、清晰、美观,关键词具有典型意义和概括性。

时间:40分钟

任务分析

验票服务的工作流程和售票服务一样，都有工作前、工作中、工作后三个阶段。每个阶段对验票工作人员都有一定的基本规范和要求。另外，在验票工作中验票工作人员对众多游客提供验票服务，因此可能会碰到各种各样的问题。如游客情况与规定不符、游客无票入园、人情问题等。这些问题就是服务中需要注意的问题，这些问题如未妥善解决，将对景区经营和管理造成很大的影响。

任务实施

①小组阅读案例和"知识讲解"中相关内容，讨论并归纳验票的几个工作流程。

②小组分析"知识讲解"中相关内容，并通过查找相关资料，绘制验票工作的工作流程图。

③阅读"知识讲解"中相关内容，讨论各流程工作重点及要注意的问题。

④小组展示所绘制的工作流程图。

⑤小组对本组表现进行自评，对其余展示小组进行评价。

⑥完成任务成果书。

学生小组任务成果书(NO. 16)			
实训任务4-2-1:验票工作流程图		任务性质	小组任务
小组任务成果名称	验票工作流程图		
要求:流程图简洁、清晰、美观。关键词具有典型意义和概括性			

知识讲解

验票工作关系着景区经济效益能否真正实现，同时，它也担负着维持景区良好秩序的重要职责。随着现代科技的发展，越来越多的景区使用电子检票系统，但仍需要有工作人员提供服务。

一、验票工作流程

验票服务的工作流程也与售票服务一样，有工作前、工作中、工作后三个阶段。一些基本的要求（如参加班前会，按规定着装、佩戴工作牌、仪容整齐、化妆得体等）不再赘述，下面择其要点加以说明：

（1）开园前做好入园闸口周围的卫生工作，备好导游图，做好开园准备。

（2）开园后工作人员站在检票位，精神饱满、面带微笑，用标准普通话热情礼貌地回答游客的询问，掌握票价、景区名称、礼貌用语等简单的英语对话。

（3）游客入闸时，验票员应要求客人人手一票，并认真查验。设有自动检票机的景区，验票员应监督、帮助游客通过电子检票系统检票，当自动检票机出现故障时，进行人工检票。不得出现漏票、逃票、无票放人现象，并对游客使用礼貌用语。如："您好，欢迎光临！""请拿好票，往这边走，祝您玩得愉快！"

（4）控制人流量，维持出入口秩序，避免出现混乱现象。对持无效门票入园的游客，说明此票无效原因，并要求客人重新购票。

(5) 熟悉《门票价格及优惠办法》，并按要求查验。

(6) 熟悉旅行团导游、领队带团入园的查验方法及相应的免票入园规定。团队参观时，需登记游客人数、来自国家（地区）、旅行社名称等信息。

(7) 残疾人或老人入园时，应予以协助。

(8) 始终保持闸口的有序和卫生。

(9) 如遇闹事滋事者，应及时礼貌制止、耐心说服，如无法制止，立即报告安保主管。切忌在众多游客面前争执，且应引到一边进行处理。

(10) 下班前填写工作日记。

二、电子门禁系统

目前，旅游景区传统的门票大都采用纸票、人工售票及景区入口人工检票的方式。人工售检票须由人工统计财务报表，存在速度慢、票务漏洞多、出错率高、劳动强度大等缺点。随着信息技术的不断发展，计算机网络和信息加密、识别技术也应用到景点门票管理系统中来。电子门票自动售检票系统融计算机技术、信息技术、电子技术、机电一体化及加密技术于一体，具有很强的智能化功能。采用电子门票系统来实现整个景区售票、检票、票务统计等工作，实现了计算机售票、检票、查询、汇总、统计、报表等各种门票通道控制管理功能及全方位实时监控和管理功能，杜绝了漏票、伪票、复票、人情票及内部财务漏洞等不良现象。电子门票智能管理系统能提供先进的财务统计功能和计算机财务报表。强大的数据查询功能，灵活的票种、票价设置，严格的操作权限管理，将给传统旅游业管理带来全新的理念。

电子门票智能管理系统提高了景区的门票管理水平，从而适应了现代化管理的需求；同时也提升了景区整体的形象，提高了工作效率。为景区的旅游管理带来了极大的方便，同时也能给游客们提供良好的门票系列服务，"电子门票"不仅方便了游客及管理者，而且为旅行生活增添了时尚的亮点，树立了在行业中别具一格的文化形象，它代表了时尚和进步。

电子门禁系统设计目的：

(1) 彻底杜绝因假票带来的巨额经济损失；

(2) 取消手工管理和统计，使数据及时、准确，提高工作效率；

(3) 杜绝财务统计漏洞并减少人情票，杜绝工作人员作弊；

(4) 提高旅游景点品位及管理水平，提升服务质量；

(5) 快速精确统计和实时查询票务及参观人员流量、客源地等情况；

(6) 提供可定制的各种形式的报表数据，以便制订各项决策。

附

《旅游景区从业人员服务规范标准》（部分）

验票服务：

（1）验票岗位工作人员，应保持良好的工作状态，精神饱满，面带微笑。

（2）游客入景区时，应使用标准普通话及礼貌用语。

（3）对漏票、持无效证件的游客，要礼貌地耐心解释，说明无效原因，说服游客重新购票。

（4）残疾人或老人入景区时，应予以协助。

（5）如遇闹事滋事者，应及时礼貌予以制止，如无法制止，立即报告有关部门。切忌在众多游客面前争执，引起景区秩序混乱。

【任务拓展】

任务4-2-2：模拟情境角色扮演。各小组在完成上述任务之后，各小组分别扮演游客组和验票工作人员组，由游客组设计情境，验票工作人员组选派工作人员对其进行验票服务，由教师组织，邀请××景区管理人员前来课堂参与成果评审，对各小组的展示给予点评，并提出建议。

【任务反馈】

分小组考察当地一个旅游景区，调研该景区是手工验票还是使用电子门禁系统，景区又是如何提供验票服务的。通过认真观察该景区的验票工作，对该景区的验票工作进行点评。对其不合理、不完善之处提出改进措施，撰写建议书。小组将建议书提交给该景区，并从景区处取得反馈。

任务三　引导客流流量和流向

【任务目标】

通过本任务的完成，学生能理解旅游景区旅游客流的时间和空间特征，熟悉客流管理技术，并能根据旅游景区客流特点、客流流量和流向制定引导方案。

情景设计

在验票工作完成之后，李明带领游客进入了景区，但由于正值黄金周，景区里挤满了人，景区入口、热门参观点或乘骑设施前出现游客排长龙的现象。游客开始抱怨："排队等候的时间比游玩的时间还要长。"对这种状况，李明陷入了思考：如何引导客流流量和流向？

【案例聚焦】

案例1

故宫客流超最大容量2倍
专家称破坏文物建议限流

"十一"黄金周,不少北京市民对著名景点敬而远之,原因就是那里人太多。2010年"十一"黄金周期间仅故宫一地,5天便接待游客46万余人次,每天的客流都突破了其最大容量6万人。如何在满足民众旅游需求和文化遗产保护间取得平衡成为一道难题。

"十一"黄金周期间,游客历经艰辛进入宫内,放眼却都是黑压压的人。跨入御花园,游客纷纷扎堆拍照,原本一起向前蠕动的队伍瞬时打乱。古树和假山都挂着"禁止攀登"的提示,但部分游客还是踩上去拍照。西六宫的御道不足5米宽,通道上塞满了人,二三百米的路能走半个小时。上厕所要排长队。观赏太和殿的人都排在石阶上,有人干脆靠在汉白玉围栏上休息。

2010年10月2日,故宫接待了12.5万人次,次日接待了11.5万人次,一星期前的中秋小长假,故宫待客12.5万人次。几乎每次统计,故宫都居北京21家被监测景区之首。

市假日旅游领导小组曾公布,故宫的最佳容量是5万人/日,最大容量是6万人/日。故宫连续多个黄金周接待量超最大容量,旅游的舒适度肯定无法保证。当关键瓶颈位置客流量增大时,景区采取的应对举措也只是从安全方面考虑。

对于黄金周景区超载,专家给出了治理对策:

著名古建筑学家罗哲文表示,客流量太大是目前世界文化遗产面临的共同问题。作为北京最热门的景区,故宫的文物保护压力更为突出。大量涌入的游客让故宫的文物不堪重负,人体呼吸出的二氧化碳会让古建筑的彩画和朱红色墙面褪色,过多的接触和踩踏也会给文物造成影响。

近年来,故宫对部分珍贵文物进行了额外的"照顾"。罗哲文举例,游客酷爱摸门钉导致金漆脱落,一些宫门的下半部分便安装了透明罩子;太和殿外围起铁栏杆;部分地面覆盖了类似毯子的保护隔离;特别珍贵或状况不好的地方暂未开放。

"最好还是规定一个客流量。"罗哲文认为,故宫应该控制游客数量,并且避免大量游客瞬时进入。

但景区管理者有不同的认识。

北京一文化遗产单位负责人在接受采访时表示,在目前的情况下,他们不同意限制客流。因为大多数文化遗产单位"包袱重",人员庞大,且承担着文物、古建筑的养护任务,运营成本高。仅靠政府拨款难以维系。只有对公众开放,出售门票、发展文化旅游产业来保证经济收入。他还认为,文化遗产单位对公众开放后,逐渐培养了人气。一旦限制客流,即便是在非常时段限流,拒绝游客入园,也可能伤害游客的感情。未来这部分游客也就不再来了,来景区的人就会逐渐减少,造成长远的负面影响。该负责人认为,协调客流和文物保护之间的矛盾,也可以通过价格杠杆的方式。但景区一提调价通常遭到各方的反对,难以实现。

案例 2

这样的等待恍入幻景 太美妙了

深圳欢乐谷主题公园在许多重点游乐项目中都采取了主题队列的接待方式,最典型的是"雪山飞龙"。

Z小朋友再度来到欢乐谷主题公园很兴奋。园区各种各样的游乐项目中,最吸引他的就是"雪山飞龙"。所以,他迫不及待地央求爸爸妈妈赶快带他奔赴"雪山飞龙"景点。

还没到"雪山飞龙"景点,就发现那里人山人海。好多小游客都是冲着这个主题项目来的,队伍排得很长。爸爸妈妈原本很担心Z小朋友的耐心,要知道,小孩子可是最不喜欢排队等待的,而且,看起来在所有游乐项目的等待队伍中这个队伍是最长的。可令他们意外的是,Z小朋友却出奇地安静,原来,还没有上"雪山飞龙"前,他已经被吸引住了。

"雪山飞龙"的排队区很特别,是一个主题场景,外围是阴森神秘的老宅和古庙,在老宅和古庙之间通过曲折幽暗的通道连接,通道两侧是各种怪异装饰。爸爸和妈妈还没看懂这些装饰是什么,Z小朋友便自告奋勇地做起了介绍:"看,这是个小红龙。"

"小红龙?小红龙是什么?"爸爸问。

儿子骄傲地说:"小红龙是勇敢的小英雄,'雪山飞龙'就是小红龙呀!"

"哦,原来如此。"爸爸果真是第一次听说,"那么和他战斗的这个是什么?"

"那是长麻鬼,是坏蛋!看他们正在做准备呢!"

爸爸妈妈仔细观察起来墙壁上的绘画,果然是一幅精彩绝伦的连环画,介绍的是中国西北大山深处"小红龙"与"长麻鬼"殊死搏斗的故事背景。正看着,又听到儿子大声叫唤:"爸爸妈妈,快看、快看!开始讲故事了!"抬头一看,果然,VCD中正在放映小红龙和红毛鬼大战的故事。故事里的形象可爱逼真,故事情节离奇曲折,别说Z小朋友了,就连大人都被它吸引住了。

时间在不知不觉中溜走,老宅、古庙、曲折幽暗的通道、怪异的装饰等景致,以及区内循环播放的故事片,共同营造了等待大战一刻来临的神秘气氛,使小游客Z一家在排队过程中不知不觉地进入故事角色,在不断的环境渲染和情感累积后,最终轮到了他们,当乘上"雪山飞龙"后,排队等候过程中累积起来的情绪和期待终于化作红龙大战的痛快体验。Z小朋友的爸爸在结束了游戏后,对这种排队等待大加赞赏:"这样的等待恍若幻境,真是太美妙了!"

【任务执行】

任务发布

任务4-3-1:以6人为一个小组,阅读案例1~2,参考下面"知识讲解"中的相关知识,并通过查找相关资料和网上调研,了解故宫的客流状况和客流特点。针对故宫的客流情况,给故宫的客流管理提出建议,并绘制故宫客流引导方案的思维导图。

任务具体要求:

①绘制故宫客流引导方案的思维导

图时应充分考虑故宫景区的客流特点,以及景区易发生排队或拥挤现象的重点时间和重点地段,并制定出引导客流流量和流向的措施。

②用思维导图的形式展示故宫景区客流引导方案。思维导图要图文并重,要把各级主题的关系用相互隶属与相互关联的层级图表现出来,把主题关键词与图像、颜色等建立记忆链接。

时间:60分钟

任务分析

旅游景区旅游客流在时间上具有一定的周期性,在空间上又呈现出线形多向流动与节点会聚的空间特征,根据旅游景区客流的特征,针对旅游景区出现拥挤或排队现象的多种原因进行分析,找出旅游景区引导客流的流向和流量的具体方法。

任务实施

①小组阅读案例和"知识讲解"中相关内容,查找相关资料确定故宫旅游客流的时间特征和空间特征。

②针对故宫旅游客流的特点,分别讨论旅游景区客流的调控技术。

③展示思维导图,进行自评和他评。

④反思并总结旅游景区客流引导方法。

⑤完成任务成果书。

学生小组任务成果书(NO. 17)			
实训任务4-3-1:故宫客流引导方案的思维导图		任务性质	小组任务
小组任务成果名称	思维导图		
要求:1. 绘制故宫客流引导方案的思维导图时应充分考虑故宫景区的客流特点,以及易发生排队或拥挤现象的重点时间和重点地段,并给出引导客流流量和流向的措施 2. 用思维导图的形式展示故宫景区客流引导方案。思维导图要图文并重,要把各级主题的关系用相互隶属与相关的层级图表现出来,把主题关键词与图像、颜色等建立记忆链接			

知识讲解

一、旅游景区旅游客流的特征

狭义的旅游流是指旅游客流,主要包括流量和流向两个方面。旅游者从常驻地或各个旅游集散地向旅游景区汇集,到景区进行参观、游览、度假、娱乐等活动后,离开景区,在景区内外形成一定强度和流向的旅游客流。旅游景区内部游客活动具有一定的时空特征及规律。

(一)旅游景区旅游客流的时间特征

景区一年之中游客接待量的分布是不均衡的,有较强的季节性。淡季游客较少,大量的设施设备闲置;旺季人满为患,景区资源环境承受较大的压力。在一天当中也是不均衡的,表现出明显的时段性。高峰时段会出现游客排队等待的现象,低谷时期则游客稀疏。

1. 一年内的季节变化

由于气候等自然条件的变化,旅游景区的植被、地表景观等一年四季呈现出节律性的变化。随着自然条件的变化,景区的设备设施的可利用情况,游客的生理适应性等也发生变化。因此,我国的很多以自然资源为依托的室外景区都表现出明显的季节性。例如,每当冬季来临,由于九寨沟大雪封山,进入旅游景区的公路、山路路面结冰、结霜,汽车难以进入,部分游客对寒冷气候无法适应,冬季九寨沟的游客明显减少,形成淡季。又如敦煌特殊的地理与气候条件,游客大多选择在5～10月期间来敦煌旅游,7、8、9三个月累计接待游客人数约占全年接待量的65%。

影响旅游景区客流季节变化的另一重要原因是由于人们的闲暇时间分布具有规律性。对于大多数人而言,由于工作等原因,平时一般没有外出旅游度假的时间,中、远程距离的旅游往往集中在节假日或长假期间,而周末双休日往往是近程旅游的高峰期,寒暑假是学生、教师出游的集中期。特别是我国实行"黄金周"休假制度以来。每年"五一"、"十一"、春节三个黄金周期间,许多旅游景区游客摩肩接踵,人满为患,给旅游景区经营与管理带来较大的压力。例如,故宫每天接待游人以3万人左右为宜,最多可接待6万人。如果游人达到8万人,就到了故宫接待能力的极限;又如2005年"十一"黄金周期间,丽江玉龙雪山旅游景区连续3天日游客量超过1万人,最高日10月4日1.15万人,是平日均游客接待数的四五倍。

在自然条件的季节变化、节假日、居民出游习惯等因素的综合作用下,每年5～10月是我国大多数室外旅游景区的旺季,11、3、4月是平季,12、1、2月是淡季。但是由于我国地域广阔,全国各地的旅游景区自然条件变异规律不同,加上各个旅游景区客流结构复杂多样,同时由于一些旅游景区结合自身情况,开展了卓有成效的淡季促销活动,不同的旅游景区在一年当中的季节变化会有较大的差异。

2. 一天内的时段变化

旅游景区由于与游客集散中心和游客服务基地的距离远近、开放时间、活动内容等不同,在一天之中的不同时段,会形成客流的高峰和低谷。高峰时段会出现游客排队等待的现象,低谷时段则游客稀疏。一般而言,在进入旅游景区的高峰期,旅游景区入口处客流量巨大,会形成游客排队的现象;黄昏时段是游客离开旅游景区的高峰期,在旅游景区出口,客流强度较大;在有重大表演活动的旅游景区,在表演活动开始前后,会在表演场地形成较大的客流积聚。例如:云南石林旅游景区的游客多以昆明为集散中心。昆明到石林有1个多小时的车程,因此石林旅游景区在每天9:00以前几乎没有游客进入。再比如,故宫每年10月15日～3月31日的开放时间是8:30～16:30,15:30停止售票;4月1日～10月14日的开放时间是8:30～17:00,16:00停止售票。早上9:00～10:00是游客进入的高峰时间,此段时间,午门外的售票处常有排队的长龙。15:00～16:00神武门外会有高强度的离散客流。深圳欢乐谷的开放时间是每天9:30～21:00,由于19:00有大型主题晚会,每天15:00前后是入园高峰期之一。

(二)旅游景区旅游客流的空间变化

旅游景区内游客的空间位移呈现出线性多向流动与节点会聚的空间特征。

1. 线性多向流动

一般而言,旅游景区大多有一个或多个出入口。进入旅游景区后,游客在导游的带领下、在导游网或路标系统的引导下,会沿着一定的线路或旅游景区游道进行游览。游客从进入旅游景区到离开旅游景区的空间位移过程是高度流动和发散的。以简单的一日游旅游景区为例,旅游者要经过到达—泊车—买票—验票进入—参览、游乐、看节目等—午餐—参览、游乐、看节目等—出口—取车—离去这一完整的移动过程。这个过程中,游客的空间位移过程是线性的、连续的。从流动节奏看,有时快有时慢,有时甚至是静止的,如欣赏某个景物时、观看节目时、就餐时,游客流动是相对静止的。从流向看,由于旅游景区内部游道布局、游道宽窄不同,游客对出入口游览线路选择不同,游览速度不同,游客的流向有时是单向的,有时是双向的,有时是混杂的。例如:张家界的"一线天"景点,两边山石夹道,仅容一人,游人只能单向线性流动上行,另外择道下行;云南石林旅游景区主游道常常是电瓶车、游人交会,既有双向流动的人流,偶尔也有横向流动的人流,或在路边座椅上休息停止不动的人流,旅游流的流向是混杂的。而在大、小石林内部,游道狭窄,有时是"单行道",有时是"双行道",旅游景区内游客空间位移过程是一个线性多向流动的过程。

2. 节点会聚

在旅游景区内部游客空间移动过程中,旅游景区出入口、高级别的吸引物、主要游乐设施、表演场所、购物场所、就餐地点、游道的交会处等分点会形成人流会聚,特别是在旅游旺季的高峰期,这些节点会承受游客超负荷的压力,对资源环境、接待设施产生较大的负面影响,还会出现游客排队等待现象,容易产生各种事故。客流会聚超过游客的心理容量,会降低游客的体验质量。例如,在张家界国家公园,从公园大门门票站和水绕四门进入金鞭溪游道的两股客流每天10:00~12:00在"紫草潭"和"千里相会"等景点会聚,在这一时段游道上人满为患,十分拥挤。

二、旅游景区客流的管理技术

旅游景区客流时空分布不平衡,给旅游景区资源环境、设备设施供给带来了压力,也埋下了一些安全隐患。下面从景区游客总量控制、游线管理和重点区域的游客管理三个方面来介绍旅游景区客流的调控与管理技术。

(一)景区游客总量控制

景区游客总量控制是景区客流的定量管理。所谓定量管理是指通过限制进入时间、停留时间,控制旅游团人数、日游客接待量,或综合运用几种措施的方式限定游客数量和预停留时间,解决因过度拥挤、践踏、温度、湿度变化引起的旅游资源损耗。例如,九寨沟是我国率先采用限制游客数量来保护旅游资源的旅游景区,九寨沟曾限定日游客接待量不得超过1.2

万人。主要的总量控制方法有:

1. 控制景区接待量

凡资源导向型的景区如森林、溶洞、古迹等,可以尽可能多地通过限定合理的资源容量来限制景区日最高接待量,以减少客流过大对于资源的破坏。如莫高窟每日限定数百名游客进窟参观;九寨沟每日限定1.2万名游客进区旅游,并实行网上预售门票;黄山则实行景区轮休制度以保护资源。

2. 通过价格杠杆调节客流的时间结构

旅游活动具有明显的时间性和季节性,导致客流量的不均衡,忽高忽低,旅游旺季、公共假日、周末都是游客相对集中的时期,每天也有一段时间是高峰的时期,这些时期游客量有可能超过容量,对景区环境形成负面影响,其他时间则出现资源大量空置的现象。因此,可以通过灵活的价格政策来调节客流,以使景区保持较高的接待规模而不超载,例如旺季价高,淡季价低,热点价高,冷点价低。有的景区周末和平时的客流量差别很大,就可以采取周末价高、平时价低的办法;有的景区只有部分景点超载,则可只针对可能超载的旅游点提高门票价格等等。

(二)游线管理技术

旅游景区游览路线设计是否科学直接影响到游客的体验质量和旅游行为。科学的游览路线应该使游客付出最少的精力与体力上的成本,获取最多的信息,获得最大的愉悦和满足感。为了保证游客得到高质量的旅游体验,在设计游览路线时应降低游览成本、提高体验丰富程度与质量。降低游客游览成本,主要应缩减不能给游客带来太多收益的景点间转移的距离,提高游客游览收益主要应考虑增加游览路线上景观的差异性,为游客提供更好的观景位置和观景角度等。例如,颐和园的一小时左右的最佳游线是:东宫门—仁寿殿—德和园—乐寿堂—邀月门—长廊—石丈亭—石坊—西宫门。如果参观游览时间半天左右的最佳游线是在沿上述线路游览至长廊中段后,沿排云殿上万寿山,依次为排云殿—佛香阁—智慧海—松堂旅游景区—苏州街—宁堂—后溪河—谐趣园—铜牛—新建宫门。显然,游线设计与管理技术还有利于调控旅游景区内客流分布,分流热门景点的客流,减少旅游景区内的拥挤程度与环境压力,确保游客安全与体验质量。

(三)重点区域的游客管理

旅游景区游客管理的重点区域主要集中在停车场、出入口、热门景点、重点旅游资源、乘骑设施、安全隐患突出地、排队区区域,这些区域一般要设专人进行管理、提醒、疏散游客,保护游客安全,保护资源环境等。下面重点介绍排队区和游客中心管理。

1. 排队区管理

在旅游旺季或接待高峰期,在旅游景区入口、热门参观点或乘骑设施前常常会出现游客排队等待的现象。如果不能有效处理排队,会严重降低游客体验质量和满意度,甚至发生冲突。例如,旅游景区入口是游客进入旅游景区的第一印象区，在旅游旺季，旅游景区入口经常出现堵塞的情况，造成游客长时间排队等候，如果分流措施不力，甚至可能会出现安全事故，损害旅游景区的声誉。

排队区管理宜采取如下措施：

(1) 设置合理的游客排队队列。不同旅游景区根据游客流量、游客集中度、排队项目特点、排队区地形特点等应采取不同的队形和接待方式，一般有单列单人型、单列多人型、多列多人型、多列单人型、主题或综合队列型5种形式。例如，丽江玉龙雪山索道、乐山大佛通过九曲栈道到大佛脚下的排队区，由于索道和九曲栈道瞬时容量的限制，排队游客较多等原因，采用的是迂回的单列多人型队列；昆明世博园入口采用多列多人型队列，队列多达12条，根据入口游客数量多少，开启部分队列，确保游客不至于在入口处滞留。旅游景区在设计和改进排队队列类型时，要考虑人员成本、排队游客的视觉效果，多用横列，少用纵列。

(2) 利用技术手段加快游客进入过程。游客等待时间过长必然影响游览或游乐活动时间，产生焦虑、烦躁心理。排队区管理的最高目标是减少或杜绝游客排队等待。一些大型旅游景区率先利用高科技或独特的管理手段，如使用电子门票、设立电动快行通道等缩短游客进入时间，一些热点项目实行提前预约制度，以分流高峰期游客。

(3) 设计排队区环境。设计良好的排队环境，可以转移游客的注意力，使他们不至于在等待中感到无聊或浪费时间。国外很多著名的主题乐园会在热门游乐项目前花很大心思，如在矿山过山车的排队区让排队的游客通过曲折幽暗的隧道，用各种道具和声光效果渲染环境的神秘气氛，让游客在越来越接近乘骑体验的同时，积累对这种体验的期待；很多表演性游乐活动在正式表演开始之前都有丑角"捉弄"游客，制造气氛，让预先等候表演的观众不会觉得无聊。国内旅游景区也开始重视排队区设计与服务，例如，泰山索道的排队区设计有座位，有电视介绍泰山美景，提供免费茶水。在云南丽江的玉龙雪山旅游景区内的候车厅，旅游者可以看电视、听音乐，在乘索道的地方，旅游可以听到广播里有关雪山的介绍，周围墙壁上布满了有关雪山、冰川等的图片和文字介绍。

2. 游客中心管理

游客中心又称游人接待中心或访客中心，一般位于旅游景区的入口，是旅游景区游客服务与管理的重要场所。游客中心的有无和它提供的服务项目和服务质量直接影响到游客对旅游景区的印象。国家旅游局颁布的《旅游区(点)质量等级的划分与评定》中也对游客中心有明确的要求。游客中心的主要职责表现在三个方面：一是信息咨询服务，包括旅游景区的基本情况、景点分布情况、最佳旅游路线、新近特殊景观、需要保护的动植物、当天的天气、各个景点游人数量预报、拥挤程度、食宿设施可利用情况等；二是提供游客所需要的其他服务，如导游服务、托儿服务、餐饮及零售服务等；三是接受游客投诉。我国的许多大型旅游景区的游客中心建筑极富特色，内部设备设施现代化,使用电子触摸屏、视频技术、声光电技术等高科技手段向游客提供各种信息与服务。

游客中心管理要涉及服务质量管理和设备设施管理,要求工作人员统一着装,佩证上岗,按照服务规范和流程提供标准化与个性化相结合的服务,工作人员对旅游景区各方面的情况必须了如指掌,能提供全面的信息咨询服务,要有良好的服务水平和技能,提高游客的满意程度。游客中心的展品、设施设备要得到正常的维护和保全。

 附

思维导图简介

一、什么是思维导图

思维导图,又叫心智图,是表达发射性思维的有效的图形思维工具,它简单却又极其有效,是一种革命性的思维工具。思维导图运用图文并重的技巧,把各级主题的关系用相互隶属与相互关联的层级图表现出来,把主题关键词与图像、颜色等建立记忆链接,思维导图充分运用左右脑的机能,利用记忆、阅读、思维的规律,协助人们在科学与艺术、逻辑与想象之间平衡发展,从而开启人类大脑的无限潜能。思维导图因此具有人类思维的强大功能。

二、思维导图的绘制

(一)绘制准备

1. 没有画上线条的空白纸张;
2. 彩色水笔和铅笔;
3. 你的大脑;
4. 你的想象。

(二)绘制七个步骤

1. 从一张白纸的中心开始绘制,周围留出空白;
2. 用一幅图像或图画表达你的中心思想;
3. 在绘制过程中使用颜色;
4. 用中心图像和主要分支连接起来,然后把主要分支和二级分支连接起来,再把三级分支和二级分支连接起来,依次类推;
5. 让思维导图的分支自然弯曲而不是像一条直线;
6. 在每条线上使用一个关键词;
7. 自始至终使用图形。

(三)绘制思维导图注意事项

1. 突出重点。一定要用中央图,次主题3~7个;尽可能用色彩丰富的图形;中央图形上要用三种或者更多的颜色;图形要有层次感;字体、线条和图形尽量多一些变化。

2. 使用联想。在分支之间使用连接时,可使用箭头;使用代码;使用各种相关的色彩、图示和符号。

3. 形成个人风格。布局合理,层次分明;条理顺序,使用数字;图形简洁,清楚易懂;夸张有趣;颜色搭配和谐,总体效果好。

三、思维导图举例

下图是关于"工作流"的思维导图。

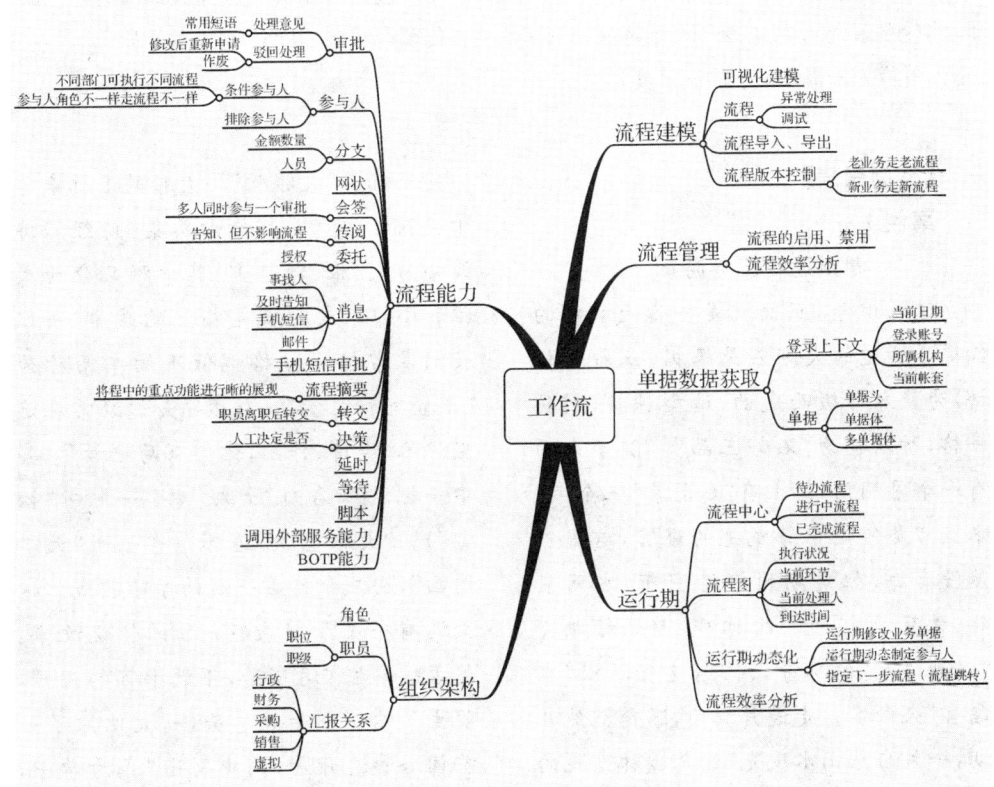

【任务拓展】

任务4-3-2:请选择当地一家知名景区或景点,实地调研该景区客流情况,观察景区在何时何地容易出现拥挤或排队现象,并从景区管理服务人员的角度对该景区的客流调控提出建议,并撰写该景区客流引导方案。

【任务反馈】

各小组在课堂公开展示调研成果和景区客流引导方案,其他小组针对其成果提出修改意见,各小组落实修改。小组成员将修改后的方案提交给该景区,并从景区处取得反馈。

模块四 旅游景区服务

任务四　解说旅游景点

【任务目标】

通过本任务的完成,学生能了解导游员的工作职责,理解导游服务流程,熟悉解说服务的内容,并能在实际工作中合理的运用导游语言技能和讲解技巧,创作导游词,并能初步设计景区解说系统。

情景设计

景点解说服务是旅游景区服务的核心内容之一,它是让游客认识景区、了解景区的一个重要手段。李明深知一个好的解说系统、一段精彩的解说词对游客景区体验的重要性。因此,当轮到解说岗位时,李明开始琢磨如何提供更好的解说服务,以增加游客的游览兴趣,并有效地提高游客的满意度。

【案例聚焦】

案例1

湖州莲花庄导游词

进入院子,正面就是一尊赵孟頫的铜像。旁边的太湖石是根据《三希堂化谱》为蓝本仿缀而成的,造型独特,别具一格,所以称为"石妙三品"。院子东面有一个月洞门,门上有"水晶宫"三个字。水晶宫是传说中海龙王的寝宫,这里虽然没有海,但是湖州河港密布,水网交错,素有"水晶宫"的称呼,赵孟頫也有"水晶道人"的别号,因此,这里就以"水晶宫"来命名。走进月洞门,眼前豁然开朗,一片自然山水风光,这是园林建筑的一种技巧,称为障景,开始先让人只看见一小部分的景色,然后逐步将整个园林画面展现出来,达到"移步换景"的效果。站在洞口往右手方向,可以看见一个大池,左右两边是回廊,镶嵌的是赵孟頫的字碑。赵孟頫的字是"吴兴三绝"之一(另两绝是冯应科的湖笔和钱选的画)。左边回廊连接着一幢二层楼阁,叫"晓清阁";右边有一个廊桥,叫"映带桥",桥东的建筑就是"大雅堂"。大雅的名称来源于我国古代第一部诗歌总集《诗经》,诗经分为风、雅、颂三部,其中雅又分为大雅和小雅。大雅就是指大的政事,所以我们常常把一些格调低下的东西称为"不登大雅之堂"。赵孟頫夫妇经常在这里弹琴、吟诗、作画,他们有两把古琴,其中一把就取名叫"大雅"(另一把叫"松雪")。"大雅堂"左边那个亭子叫"天工图画",由两个连在一起的亭子组成。这里还有个关于赵孟頫夫妇的传说故事:赵孟頫一生官运亨通,年近半百的时候,萌生了纳一个妾的念头,一天他做了一首词给管道升看,词中写道"我为学士,尔做夫人,岂不闻陶学士有桃叶桃根,苏学士有暮雪朝云?我便多娶个吴姬越女,无过分。"管道升看后回了一首《我侬词》,她写道:"把一块泥,捻一个你,塑一个我。将咱俩个,一起打破,用水调和,再捻一个尔,再塑一个我。我泥中有尔,尔泥中有我,我与尔生同一个衾,死同一个椁。"赵孟頫读后哈哈大笑,从此再也不提纳妾的事。与双亭和大雅堂隔池相望有一座桥,叫"惊鸿桥",桥上建有一方亭子,所以也叫亭桥。池对面有一个亭叫"澄环观",另外一个建筑叫"红蓼汀",与大雅堂遥遥相对,形成对景。

案例 2

导游员不能油嘴滑舌

作家蒋子龙等到香港参加一个笔会,会前先参加了由旅行社组织的一次香港观光活动。观光结束后,蒋子龙感慨极多,写了一篇文章发表于《中国旅游报》上,以下是文章中的一部分——

"到香港新机场迎接我们的汉子,相貌粗苯,肌肉结实,说话却撮鼓着双唇,细声细气,尽力做文雅状——他是设想周到的主人提前为我们请好的导游。

待大家都上了大轿车,他开始自报家门:'鄙姓刘,大家可以叫我刘导、老刘、大刘、小刘,请不要叫我下刘(流)'。他说话有个习惯,每到一个句号就把最后一个句子重复一遍或两遍:'请不要叫我下流。'

他自称是20世纪60年代初从福建来到香港,曾投身演艺界,报酬比后来大红大紫的郑少秋还要高。当时两个人都在追求以后被称为'肥肥'的沈殿霞,沈是'旺夫相',嫁给谁,谁走运。大家可想而知,沈殿霞最后是挑选了郑少秋,否则他今天就用不着当导游了……"

案例 3

广州西汉南越王博物馆

——多样的解说服务系统,引导游客品位岭南历史

1. 基本情况

西汉南越王墓位于广州市区北部的象岗山上,是全国重点文物保护单位、"广州市爱国主义教育示范基地"、广州市最重要的文物景点之一,1988年正式对外开放。西汉南越王博物馆占地14 000平方米。全馆共有10个展厅,陈展面积4 800多平方米,博物馆现有藏品2 000多件(套)。主要展示南越王墓原址以及南越王墓出土的精美文物,此外还有杨永德伉俪捐赠的陶瓷枕陈列和不定期的临时展览。

2. 导览工作概述

博物馆分为四个展览区:一是三层的综合陈列大楼,一层设有游客中心、总服务台、录像厅、贵宾厅和纪念品销售服务部;二是四个展厅,其中一个展厅用于展示"杨永德伉俪捐赠藏枕专题陈列",为永久性固定陈列,其余三个展厅用于临时展览,每年在此举办一些短期的展览;三是南越王墓原址保护区;四是主体陈列楼,共上、下两层五个展厅,南越王墓出土的文物珍品都在其内展览。

目前博物馆主要解说媒体包括:解说员、解说折页、多媒体解说设备(录像、语音导览机、电脑多媒体),以及展示设施(解说牌、解说图片、信息咨询台)。解说员包括两个部分,在岗解说员和义务解说员。目前在岗共有八位解说员,其中两位英语解说员,两位日语解说员,一位法语解说员;全部都可以提供中文解说。此外,每年春秋两期培训义务解说员,每期有6~8名义务解说员。

在游客中心,楼梯入口处的左侧摆放有汉语解说折页和汉语的《南越报》,另设有该博物馆的导览地图,有英、汉两种语言的注释。在楼梯入口处的右侧摆放有英语、法语、日语、德语和西班牙语五种文字的解说折页,另设有一台触摸

屏设备，供游客查询路径与展示厅位置及了解该博物馆的结构，增加游客对博物馆的了解，但不包含展示内容的详细解说。

总服务台位于楼梯的后面，提供各种导览和解说咨询服务，如八种语言的语音导览的租借服务。总服务台还提供行李寄存等服务。在总服务台的左侧是录像放映厅，一间为外语录像放映厅，可提供英、法、日、德、西班牙等八种语言的发音录像；一间为汉语录像放映厅。总服务台的对面是贵宾室，有电视机一台，可为访问该馆的贵宾提供专门的解说服务。总服务台的右侧是纪品销售服务部，主要面向游客展售相关书籍、光盘及其他纪念物品等。在综合陈列楼三楼临时展厅有一台电视机，提供临时展览的录像放映。在主体陈列楼各个展室有义务解说员，免费向游客提供解说服务。

此外，西汉南越王博物馆还推出面向聋哑人士的免费手语解说服务。博物馆的手语讲解词是为聋哑人专门量身定做的，由广州残联常务理事黄凤屏将博物馆平时所用的讲解词逐字逐句"翻译"而成，广州市聋哑学校二十几名同学成为第一批受益者。

任务发布

任务4-4-1：以6人为一个小组，阅读案例1～2，参考下面"知识讲解"中相关知识，选择某知名景区或景点，查找相关资料，撰写该景区或景点的导游词并依照该导游词进行解说。

任务具体要求：导游词要至少包括欢迎词、整体介绍、重点讲解和欢送词。导游词的写作要重点突出，强调知识性，突出趣味性，要有品位。

时间：100分钟

任务分析

导游词是导游人员引导游客游览观光的讲解词。其作用：一是引导游客观光游览，二是宣传旅游景点。二者相辅相成、密不可分。只有在掌握丰富的资料的基础上，经过科学系统的加工整理，并在实践中不断修改、丰富和完善，才能形成具有自己特色的导游词。而解说景点时则要注意导游讲解服务的工作流程，并要能合理运用导游工作技能。

任务实施

①小组合作学习"知识讲解"中相关知识，选择某一景区或景点，多方面收集旅游信息。

②在收集旅游景区或景点信息的基础上，合作学习导游词写作技巧，整理并撰写××景区（或景点）导游词。

③解说导游词，小组自评和他评。

④完成任务成果书。

学生小组任务成果书(NO. 18)			
实训任务4-4-1：××景区（或景点）导游词		任务性质	小组任务
小组任务成果名称	导游词		
要求：导游词至少要包括欢迎词、整体介绍、重点讲解和欢送词这几个部分。导游词的写作要重点突出，强调知识性，突出趣味性，要有品位			
注：成果以A4纸打印或手写			

知识讲解

一、旅游景区解说服务

（一）旅游景区解说服务的基本概念

"解说"，顾名思义，即解释、说明之意，为帮助人们认识和理解某种事物或现象而做的解释性和说明性工作。在人类发展的历史中，每个社会群体都在试图不断地去理解和解释他们周围的环境，并通过文字、语言、音乐、舞蹈等各种各样的方式使其文明得以传承。解说在这一过程中起到了举足轻重的作用。

据有关文献记载，"解说"一词由美国人约翰·缪尔所创，他于1871年在美国约塞米蒂国家公园中首次使用了"解说"一词。而解说的定义最早出自美国人费门·提尔顿，他在1957年出版的《解说我们的遗产》一书中提出："解说是一项旨在通过直接的体验和媒介的介绍来揭示事物内涵和相互关系的活动，而不仅仅是简单地传播客观信息的教育活动。"正是这部书让解说有了专业的形式和内涵，并奠定了其在解说领域的开拓者地位。费门·提尔顿也因此被后人尊称为"解说之父"。

景区解说是指利用多种媒介传达景区的各种自然或文化信息的教育活动，旨在促进旅游者和广大公众对自然的认识和对文化的体验，是为了实现旅游者、旅游景区、旅游经营者、旅游管理者等和各种媒介之间的有效沟通而进行的信息传播行为。对旅游者而言，通过解说，可增强对景区自然景观的理解与欣赏，对人文景观的感受和体验，从而达到开阔眼界、增长知识、增强体验等目的。

（二）旅游景区解说服务的类型

随着旅游业日新月异的发展，景区导游服务的内容也在不断地发展和扩大。古代的向导主要是为旅游者引路；后来，向导除了引路，还进行讲解；现在，景区不仅通过讲解员生动精彩的讲解为旅游者提供导游服务，而且各式各样的图文声像导游也已成为景区导游服务的重要组成部分。

（1）按解说方式划分，旅游解说服务可以分为导游解说服务（Personal Interpretation）和自助式解说服务（Self-guided Interpretation）两种类型。

①自助式解说服务。它通过各种旅游印刷品、音像制品、标识牌、多媒体设施向游客传播旅游信息。其优点在于受众范围广。但是它不能实现动态的现场交流，而且服务也是静态、被动的。

②导游解说服务。导游解说服务是由导游、志愿者或者景区管理人员向游客所做的主动的、面对面的信息传播服务。其优点在于信息的解说弹性比较大，可根据游客的需要进行有针对性的解说，而且在解说的过程中，游客和解说人员之间可以实现有效的互动。

景区导游员又称为讲解员。没有语言、没有歌声的景区是绘出的画，是呆板的不能表达的美。讲解员是景区的灵气，他（她）的讲解是景区不能缺少的美的串联、景的沟通。有了优质、亲切的讲解，景区的美便被活生生地表现出来了。

导游讲解是一种综合性、灵活性较强的工作，不同的游客有不同的个性化需求,这是电子导游所不能解决的问题,而景区导游员则可以解决此问题。游览途中他(她)既是引路员又是解说员,在车上、船上、危险地段他(她)是安全维护员,在纪念品商店又是推销员。讲解员在整个游览过程中始终向游客提供面对面的服务,一举一动都在游客的视线之中。好的讲解能给游客留下深刻的印象,而讲解员不到位的服务,也极易招致游客的不满甚至投诉,影响景区的声誉。

一般来说,导游解说服务主要用于旅游团队,而散客多采用自助式解说服务。

(2)按解说内容划分,旅游解说服务可分为区域环境解说(REI)、旅游吸引物解说(TAI)、旅游设施解说(TFI)、旅游管理解说(TMI)、资源保护解说(RPI)五种类型。这五种解说类型是一个有机的整体,各要素之间相互依赖、相互作用,形成特定的旅游解说服务结构。

二、景区导游员的工作职责

1. 景区导游员主要负责所在景区的导游解说,解答游客的问询

景区导游员的解说在语言上要生动形象,幽默风趣,富有感染力;知识上要有一定的深度,要尽力挖掘景区的文化内涵,多给游客一些智慧和人生启迪;在讲解方式和方法上应因时、因景、因人而异,灵活多变,或虚实结合,或制造悬念,使解说富于变化。另外,由于景区主题突出,内容丰富,往往会引起游客的兴趣,游客也就常常有疑问,景区导游员要善于积累一些与该景区相关的专业知识,正确回答游客的各种问题。

2. 安全提示

除了为游客提供导游解说服务之外,景区导游员还要做好安全提示工作。由于景区旅游设施繁多,特别是一些科技含量较高的景区对游客参观游览都有各种特殊要求,导游员适时的安全提示可以保证游客的人身安全和场馆的设备安全。对这些安全要求,景区导游员不但要及时进行安全提示,还要协助管理人员处理好出现的各种问题。

3. 宣传教育

保护旅游资源,维护生态环境,保持旅游业可持续发展是景区导游员应尽的职责和义务。景区导游员在导游讲解中应结合景物向游客宣传生态环境和文物保护知识,增强游客的环境保护意识。

附

《旅游景区从业人员服务规范标准》(部分)

景区导游(讲解员)服务规范

1. 景区导游(讲解员)应符合有关规定和要求,取得导游员(讲解员)资格,方可上岗。

2. 导游(讲解员)要时刻保持饱满的工作、服务热情,时刻处于良好的工作状态。

3. 景区导游(讲解员)应尊重游客,礼貌待客、微笑服务,热情主动并耐心地倾听

客的意见,在合理而可能的情况下,尽量满足游客的要求。

4. 导游(讲解员)要严格按照讲解服务单位确定的游览线路和游览内容进行讲解服务,不得擅自减少服务项目或中止讲解服务。

5. 导游(讲解员)在讲解服务中,对涉嫌欺诈经营的行为和可能危及游客人身、财产安全的情况,要及时向游客作出真实说明或明确警示。

6. 导游(讲解员)不得向游客兜售物品和索要小费,不得欺骗、胁迫游客消费。

【任务拓展】

任务4-4-2:阅读案例3和"知识讲解"中关于景区解说服务的内容,查阅相关资料,选择当地某一景区,实地调研其解说系统的设计,分析景区解说系统现状及存在的问题,提出解决问题的建议,撰写××景区解说系统设计方案。

【任务反馈】

小组成员与景区相关负责人员沟通,把撰写的××景区解说系统设计方案提交给景区,由景区负责人进行评价和反馈。小组根据景区的反馈意见修改景区解说系统设计方案。

任务五　回答游客咨询

【任务目标】

通过本任务的完成,学生能了解咨询服务的重要性,理解咨询服务的工作重点和难点,掌握日常咨询服务中的礼仪形象、工作流程及工作技巧,并能把咨询服务应用到工作岗位上来,学会处理咨询服务中的难题。

情景设计

部门经理告诉李明:向游客提供咨询服务应该是景区每一个员工应尽的职责,但主要由游客中心来完成。作为一名景区工作人员,要"竭尽所能方便游客"。李明的本次任务就是回答游客咨询。

【案例聚焦】

案例1

是接线员良好的服务态度吸引了我

"五一"黄金周马上来了,忙碌了几个月的小张,想要找个旅游景区休闲放松一下。网友给他提供了几个景区的咨询电话。于是他首先拨打了网友推荐较好的一个集休闲、度假、娱乐为一体的A景区。电话铃响过五六声后,传来了服务人员急促而又低沉的声音:"您好,A旅游景区。"

"您好,我是上海的一名游客,想在黄金周期间去你们景区游玩,可否咨询一下你们黄金周期间推出了哪些特殊的优惠活动?"

"对不起,我们这里黄金周期间没有

优惠活动。"

"那有没有增加一些特色旅游活动？"

"请问您是一日游还是度假游？"

"什么意思？"小张有些疑问。

"如果是度假游，晚上我们景区会有大型的篝火晚会，但是我们这里接待中心客房非常紧张，如果是一日游，没有增添的旅游活动。"

"那就是说我要度假游的话也不一定有地儿住，是吗？"

"是的。我不敢保证。"

"噢，谢谢。"

"再见。"服务人员急不可待地挂了电话。

小张对A景区的满腔希望破灭了，于是他拨打了另外一个景区的服务电话，优美的音乐过后，传来了服务人员甜美的声音，"您好，这里是B旅游景区，很高兴为您服务。"

小张听到后心里略有些温暖，马上把刚才的问题重新问了一遍。

服务人员回答："对不起，我们这里黄金周期间没有优惠活动。但是黄金周期间我们景区增添了许多新的活动项目，这些活动项目会对游客开放，晚上有歌舞联谊会，门票价格不会上涨。"

"是吗，那住宿紧不紧张？"

"有些紧张，请问您打算几号来？"

"这有什么不同吗？"小张问。

"如果您是3号来，我们的接待住宿中心还有一个标间，如果是2号之前就没有房间了。"

"是这样啊。我3号来也没关系的。"小张想了想说。

"那我帮您把3号的房间定下来吧。"

"好的，谢谢！"

"请您把您的联系方式告诉我，如果您改变了主意，也请提前打电话告诉我，好吗？"

"好的，没问题。"小张愉快地把联系方式告诉了对方。

放下电话，小张看看剩下的几个景区，心想没必要再打电话了，因为经过两个景区电话服务的比较，他相信B景区的服务肯定是好的。因为他想要的就是一个良好的服务环境，一个可以让自己尽情放松的环境。

事实上，小张在B景区的亲身体验也正是如此。

案例2

竭尽所能为您服务是们的宗旨

一位失望的游客来到景区接待服务中心，服务人员微笑地接待了他。

服务员："您好，我能为您做些什么？"

游客："我们来了两天了，结果都是阴雨连绵，这里的景点都在室外，我们只能待在客房里睡觉。你们附近还有没有别的景区，我们要换地方了，不想在这里浪费时间了。"

服务人员听了游客的回答后说："先生，实在抱歉，对于天气原因给您带来的不愉快，我们也实在遗憾。如果您想换个游玩的景区，我可以给您推荐，离我们景区30分钟路程的地方新开发了一个乡村旅游的风景区，另外，距我们景区1

个小时路程的地方,有个地下溶洞。"

游客:"那地下溶洞怎么过去呢?"游客显然有些想法了。

服务人员:"如果您对这个景区感兴趣,我们可以派车专门送您过去。不过我们还是真诚地希望您能留下来,因为据天气预报显示,今天下午天气会由雨转多云,到时您就可以欣赏到我们这里雨后的飞瀑和云雾缭绕的山景,如果幸运的话您还可以看到美丽的彩虹呢。"

游客:"那……"此时游客开始犹豫不定。

服务员:"现在还下着小雨,我建议您先去溶洞玩一下,可以乘我们的车前去,下午玩好后如果想回来,还可以乘我们的车返回来"。

游客:"是免费的吗?"游客显然已经忘记了先前的抱怨,口气也有所缓和。

服务人员:"来回乘车我们景区可以免费提供,景点门票60元一张,除了这些如果不买东西的话,您在那里就不用花费什么了。"

游客:"在哪里坐车呢?"

服务人员:"您把您的电话号码告诉我,等我联系到车辆告诉您好吗?"

游客被景区咨询服务人员的真诚所感动,本来他只是想来抱怨一下,没想到服务人员有如此细致的工作。他在溶洞玩好后立刻返回来,正好欣赏到美丽的风景,并且在景区内多逗留了一天,当他对服务人员表示谢意时,服务人员微笑着说:"竭尽所能为您服务是我们的宗旨。"这位游客返程后还把他的游玩经历告诉了朋友。

【任务执行】

任务发布

任务 4-5-1:以 6 人为一个小组,阅读案例 1~2,参考下面"知识讲解"中有关景区咨询服务的相关知识,讨论游客咨询的内容有哪些?工作人员回答游客咨询的要点是什么?并绘制咨询服务流程图。

任务具体要求:要根据咨询服务工作各流程的基本要求和服务重点来绘制游客咨询服务工作的流程图。

时间:40 分钟

任务分析

在景区的日常工作中,经常会有游客来问卫生间在哪里、餐厅怎么走等,有的服务员就用手指指,而不管游客能否找到,这只是做到了让游客不投诉。如果服务员能够把游客送到游客需要的地方,游客就不仅是满意而且还很惊喜了,因为这超出了他需要帮助的期望。而一个好的咨询服务不仅要求工作人员有良好的礼仪形象,还要求工作人员有很好的工作技巧,能处理咨询服务中的难点问题。

任务实施

①小组阅读案例和"知识讲解"中相关内容,查找相关资料确定游客咨询服务工作流程。

②针对工作流程,讨论基本要求和各流程的服务重点,并绘制流程图。

③展示思维导图,进行自评和他评。

④反思并总结咨询服务要点。

⑤完成任务成果书。

学生小组任务成果书(NO. 19)			
实训任务4-5-1:游客咨询服务工作流程图		任务性质	小组任务
小组任务成果名称	游客咨询服务工作流程图		
要求:根据咨询服务工作各流程的基本要求和服务重点来绘制游客咨询服务工作流程图			

知识讲解

一个旅游景区,无论其基础设施如何完善、服务如何到位,都会有一些意外情况发生,如游客在游玩过程中遇到疑问需要咨询、游客对景区内的服务或者设施现状不满要投诉等,因此景区内专门为游客提供咨询服务和投诉处理的服务中心是必不可少的。服务中心提供的为游客解答疑问、处理投诉的服务质量,或者游客的满意度直接影响到整个景区的外在形象和声誉,影响到今后的客源市场,因此景区应当对游客的咨询和投诉提高重视。

一、电话咨询服务

随着社会的发展,电话作为现代社会中快捷、高效的通讯工具,已经成为人们在日常交往中交流思想、洽谈业务、沟通信息最重要的渠道,也是交往过程中使用最频繁、最重要的沟通方式。因此游客在了解景区的渠道中,使用电话咨询是必不可少的,电话服务的好坏同样可以影响到一个景区的整体形象。因为在电话服务过程中,一个人的态度、表情、举止、语言、内容以及时间的把握都会给对方留下一个直观的印象,这一印象被称为是"电话形象"。电话形象可以说是个人文明修养及企业良好形象的组成部分。因此负责接待游客的电话咨询和投诉的工作人员应当重视使用电话艺术。

(一)接电话流程

1. 尽快接听电话

电话铃响后,应该放下手中的工作做好接电话的准备,电话铃响三声之后立即接听。不要铃响的第一声就接听,对方可能还没有做好准备;不要故意拖延,若一时腾不出空,铃响超过三声后再接,拿起电话后就应先向对方致歉:"对不起,让您久等了。"

2. 拿起电话先问候

接听电话后第一句话应该是先向对方问好,然后自报单位名称及所属部门:"您好!这里×××景区,请问有什么需要帮忙吗?""您好!这里是×××景区,很高兴为您服务。"而不是拿起电话就直接问:"找谁?"

3. 接听电话过程

电话接听的过程中,应当集中注意力、耐心倾听对方的讲话,并及时作出反馈,比如可以偶尔插入"嗯"、"好的"等肯定的话语。

4. 咨询服务电话

作为景区的服务电话,电话旁边应该备好记录用的办公用品,如咨询服务记录表和笔,确保在工作区域内能够随时记录咨询内容和需要转达、通知等的通话内容。如果在服务过程中遇到需要查询的情况,切忌让对方拿着听筒干等,需要较长时间时,应不时用电话和对方说:"请您稍等片刻"或"请挂了电话,我过会儿再打给您"。另外,在通话过程中,应当边听、边询问、边记录。

5. 转接电话时

如果接电话的工作人员不是受话者时,若要找的人在附近,请对方稍等后,把话筒轻轻放下,走到受话人身边通知对方。不能话筒尚未放下就大声喊:"××,你的电话!"这样是很不礼貌的,应当礼貌地说"请您稍等"。

如果受话者不在,不能把电话一挂了事,应耐心地询问对方,是否需要回电或转答,若需要则记录下来,以便转答。

6. 打错电话时

当接到打错电话的情况时,服务人员不能对其呵斥或者很不礼貌地将电话挂掉。应当有礼貌地回答:"对不起,您打错了,这里是×××景区。"这样既为景区作了宣传,还给对方留下好的印象。

7. 通话结束时

通话即将结束时,服务人员向对方说"很高兴为您服务"或"祝您玩得愉快"等祝福语后,等对方先挂电话后再轻轻放下话筒,切忌"啪"地扔下电话。

(二)打电话流程

景区服务人员接到的咨询电话如果不能当即回答的,应当问清楚以后在第一时间回复给咨询者,此时也应符合相应的礼仪规范。

1. 确认电话号码

拨打电话前再核对一下电话号码,确认无误以后再拨打。

2. 电话接通以后,先问候对方,再确认是否是受话者

"您好,是杭州的张小姐吗?"如果是受话者,则先作自我介绍。自我介绍需要包括单位的全称或者规范的简称和打电话者的姓名。自我介绍完毕后转向正题,如:"您好,张小姐。我是×××景区的×××,针对您刚才提的问题,我经过进一步咨询以后……"如果不是受话者,感谢对方请受话者来接一下电话。

3. 注意通话的长度

通话时间宜短不宜长,电话礼仪中有一个规则,叫做"电话三分钟原则",主要是指在工作当中,要注意把握好打电话的时间,工作时间大家都比较忙,打电话时把要交代的事情讲明白,说清楚就好了。当然生活中的电话就另当别论了。

4. 愉快地结束通话

问题解决以后、挂断电话前,要感谢对方对本景区的关心,希望对方能对景区多提宝贵意见,然后说再见,等到对方挂掉电话后再放下话筒。

5. 受话人不在

如果打电话要找的人不在,留言请对方转答:"某单位的某某已经来过电话",然后问询对方回来的时间再打过来,致谢以后挂掉电话。这样可以体现一个景区的服务水平,又可以体现景区对咨询的游客的重视。

6. 拨错号码

如果拨错电话号码,也不要急于挂

掉,应先向对方道歉后,再轻轻挂断电话。

(三)电话咨询服务的难点问题

1. 同事未及时给人回电话,对方再次来电话催问

当转接同事的电话,对方要求同事回电话,但是由于种种原因同事没有及时回电话,对方又来电催促时,再次接到电话应该实事求是、态度诚恳地答复对方,如:"十分抱歉,由于一些原因,他没能按原定的时间赶回来,等他回来以后我让他马上给您回电话好吗?"或"十分抱歉,我已经将您的留言转交给他,但他回来以后被领导叫去谈话,现在还没回来,等他回来我再提醒他一下好吗?"如果是同事忘记回电了,可以婉转地讲些理由,以免对方不愉快和同事难堪,可以说:"十分抱歉,他刚刚回来,正要给您回电话呢"。

2. 对方未及时打电话

如果电话打给对方,对方不方便接听,说再回复过来,可是等了好久没有回电,此时可以打电话过去再询问一下是不是还是不方便,如果是不方便那可以约定一个时间再打过来。

3. 没时间接对方的电话

在工作中可能会有客人来访或者忙于其他紧急的事情,而不能接听来电,如果是熟人来电则可以巧妙地告诉对方,自己现在不方便接听电话,等会再给您打过来。如:"小李,您好,昨天我还惦记着你呢,正想今天给你打电话,没想到你先打过来了,可是我现在正有位重要的客人来访,等下我再给你打过去好吗?"

这样既提醒来电者现在不便于谈话,同时又可以让客人感觉到自己被重视。如果有客人来电咨询,这时候如果分不开身可以让周边的同事代接一下。可以告诉来电者:"针对您的问题,我想请一位更有经验的工作人员来回答您好吗?"尽量不要让电话铃声响个不停,而不去接听,也不要把话筒拿起,让对方打不进来,这会让咨询者对该景区或者该岗位产生不好的印象。

4. 对方发脾气

在服务的过程中,总会遇到有些客人对一些服务不满意,反反复复后可能会发起脾气来。这个时候服务人员要学会适当地安抚客人,首先要静心地聆听对方的倾诉,在他们倾诉的同时要说些表示同情的话,让他们知道你还在听,比如说"我理解您的心情","对,这样的吗"。同时分析导致其生气或失望的缘由,尽量做到理解他们生气的缘由。其次是提出解决方法。在听明白客人的抱怨以后,争取和对方一起寻找解决问题的合理方法,如果他们提出某些可行的建议,就可以马上解决。

5. 对方注意力不集中或离题

在打电话时,会遇到对方注意力不集中或者离题的情况,如果感觉出对方好像注意力不太集中,可能他那边正好有别的事情,就可以说"刘女士,刚才我说得不是很清楚,我再重复一遍吧",或者提醒一下对方,"您现在是不是很忙,如果不方便我先挂掉等会儿再打好吗"。同样在谈话过程中对方可能会离题,这个时候要学会使用过渡技巧将话题拉回来,如"是吗?

那刚才我们谈的那个问题,您怎么看"。

6. 对方喋喋不休,没有挂掉电话的意思

在电话服务过程中可能会碰到来电者喋喋不休,毫无挂断电话的意思,服务人员为了不影响个人和单位的形象,因此可以采用以下三种方法委婉地挂掉对方的电话:

(1)金蝉脱壳法。如果你已经给了对方一个明确的答复,这时你可以见机说"很高兴今天能为您服务,对不起,领导正在叫我呢,我们能否以后再聊"或者"感谢您的来电,另一部电话在响,我们以后再聊好吗?祝您玩得愉快"。

(2)总结法。如果打电话的人得到了相应的服务以后,还想继续聊,那你可以说:"李女士,我们来总结一下刚才为您服务的内容,看看还需要有什么补充吗?"

(3)幽默法。如果是老朋友在上班时间打电话给你,为了不影响正常的工作,事情讲完后你可以这样说:"好了,老朋友,您的三分钟已过,挂断电话吧!否则你就会多付电话费了。"

二、当面咨询服务

(一)当面咨询工作流程

1. 主动问候

在岗的工作人员当遇到满脸疑问、迷茫或正准备走向自己的游客时,应该主动迎上前去问询,"您好,请问有什么需要我帮助吗","您好,我可以为您做些什么",这样会给处在困难中的游客以温暖的感觉,并留下亲切、热情的好印象。

2. 专心倾听

对于游客提出的问题应该认真倾听,首先应双目平视对方,全神贯注,集中精力,以示尊重与诚意;对于提出的问题应该以点头或"嗯"等形式有所反馈,让对方知道你听明白了他刚刚的阐述。其次,要有优雅的姿态。在游客提问的时候不可以三心二意,不可以有左顾右盼、手指挠来挠去的动作。要始终保持优雅的站姿、正确的坐姿和优美的步态,以及适当的手势。

3. 有问必答

对于游客的问询,要做到有问必答,用词得当,简洁明了,不能说"也许"、"大概"之类没有把握、含糊不清的话,自己能回答的问题要随问随答,决不推诿。对不清楚的事情,不要不懂装懂,随意回答,更不能轻率地说"我不知道"。经过努力确实无法回答,要向游客表示歉意,说"对不起,这个问题我现在无法回答,让我先了解一下好吗?"此时应该通过电话或向旁边的工作人员咨询的形式来解决游客提出的问题。若离开现场去别的地方问询,问清楚以后应马上回来告答,不能一去不复返。

4. 愉快的再见

对待前来咨询的游客,应当给予耐心的服务,直到其满意为止。当游客满意地准备离开时应主动向游客道别,并祝其玩得愉快。可以说"再见,祝您玩得愉快"。

(二)当面咨询服务的难点问题

1. 多人询问

如果多人同时问询,应先问先答,急

问急答,注意游客的情绪,避免怠慢,使不同问询的游客都能得到适当的接待和满意的答复。如当回答前面游客的问题时,可以对后面问询的游客点头致意,并说"请稍候";当碰到有的游客非常着急插队到前面来问询时,需要征得下一位游客的同意,如果不同意,而当下这位游客又是非常着急,则可再同下一位游客协商,可以说:"出门在外不容易,大家需要互相照顾,看来这位同志的确很着急,您看?"也不要和一位游客谈话太久,而忽略了其他需要服务的游客。

2. 了解最新的本景区动态信息

景区内的工作人员除了对本景区内所有的景点布置、游览路线以及景区内的基础设施都详细掌握,还应该熟知当天或者定期在景区内开展活动的内容、时间和参加办法等,及时向游客提供游览景点的路线、购物和休息等有关信息,为游客在本景区旅游做好参谋,并尊重游客的风俗习惯。

3. 回答对本地及周边区域景区情况的询问

游客在本景区游览尽兴的同时,可能意犹未尽,还想到附近其他的地方进行游玩。此时工作人员应该尽量多地掌握景区周围的好的景点、住宿、购物以及通往各大旅游城市的交通等等,为需要的游客提供相应的信息。如有可能可以备好本地及周围地区的旅游交通图。但是现在随着景区之间的竞争越来越激烈,尤其是同资源、同产品、同市场的景区,所以当服务人员被咨询到周边竞争对手的情况时,往往就有点不大情愿介绍或者有意无意地贬低对手。其实这样做很可能会适得其反。因为游客可以通过其他途径获取正确的信息,从而对你的景区产生不好的印象。从竞争上来讲,这样做也是下策。因为现在是一个合作竞争的时代,如果像案例中那样景区之间工作人员能够互相宣传、互设游览资料,则会做大市场这块蛋糕,产生集聚效应,最后获得双赢。

4. 对方固执己见

在为游客服务时经常会碰到一些固执己见的游客,认为自己是对的、合理的,就得按照他的想法来解决,此时服务人员应该尽量地说服。如果顾客提出的要求不违反岗位原则和部门规定,尽量满足顾客,但是如果是在部门规定之外的,那就应该坚持原则不应退让。正如下面案例中看到的,其实大都游客是通情达理的,但是需要景区的理解以及服务人员的认真开导和解释,如果他们的要求是违反规定的,他们最终一定会理解并接受景区的处理办法。

 附

《旅游景区从业人员服务规范标准》(部分)

咨询服务:

(1)接受游客咨询时,应面带微笑,且双目平视对方,全神贯注,集中精力,以示尊重与诚意,专心倾听,不可三心二意。

(2) 咨询服务人员,应有较高的旅游综合知识,对游客关于本地及周边区域景区情况的询问,要提供耐心、详细的答复和游览指导。

(3) 答复游客的问询时,应做到有问必答,用词得当,简洁明了。

(4) 接待游客时应谈吐得体,不得敷衍了事,言谈不可偏激,避免夸张论调。

(5) 接听电话应首先报上姓名或景区名称,回答电话咨询时要热情、亲切、耐心、礼貌,要使用敬语。

(6) 如暂无法解答的问题,应向游客说明,并表示歉意,不能简单地说"我不知道"之类的用语。

(7) 通话完毕,互道再见并确认对方先收线后再挂断电话。

【任务拓展】

任务4-5-2:模拟情境扮演。各小组在完成上述任务之后,各小组分别扮演游客组和工作人员组,由游客组设计情境,工作人员组选派工作人员回答其咨询。然后小组再互换角色进行扮演。表演完后,对表演的工作人员的咨询服务从服务态度、服务规范和服务水平三个维度对其咨询服务进行评价。

【任务反馈】

分小组考察当地一个旅游景区,调研该景区是如何进行咨询服务的。通过认真观察该景区的咨询服务工作,对该工作人员的咨询服务工作进行点评。对其不合理、不完善之处提出改进措施,撰写建议书。小组成员将建议书提交给该景区,并从景区处取得反馈。

任务六　处理游客投诉

【任务目标】

通过本任务的完成,学生能正确看待游客投诉,了解游客投诉心理,熟悉游客投诉原因,掌握游客投诉受理方法和流程,并能在实际工作中较好地处理游客投诉。

情景设计

随着游客自我保护意识的不断增强和媒体广泛的宣传报道,游客对景区的期望值也越来越高。游客在旅游的同时,也在评估他所得的服务是否"物有所值"。当游客预期效果不能如愿或者不够理想时,对景区的投诉就会因此产生。李明在游客中心经常收到游客的投诉,有服务收费不合理的投诉,有服务质量方面的投诉等等。面对游客投诉,李明应该如何妥善的处理呢?

【案例聚焦】

案例1

少给了一件雨披

在某游乐园的激流勇进项目前,很多游客正在排队等待体验一下从半空中漂下的刺激感觉。服务员小王是该项目组附近小卖部的营业员。他正在有序地为游客服务。这个小卖部除提供一些旅游纪念品和游客必需品外,还为激流勇进的游客提供一次性雨披。

此时有一个15人的旅游团队,也来排队体验激流勇进项目。他们中的一位中年女游客来到小王面前,告诉小王:"我们要买15件一次性雨披。"小王说:"好的。"小王当着女游客的面数出了15件雨披,在得到女游客的确认后,收了15件雨披的钱,然后把雨披交给女游客。

可是过了一会儿,女游客急匆匆地赶了回来,对小王说:"服务员,你怎么少给了我一件雨披?"

小王很意外,说:"不会的,我点了15件,你也看到的啊。"

游客着急地说:"但是我拿回去发,一人一件,最后还缺一个人没有。肯定是你少给了我一件。"

此时越来越多的游客来买雨披,小王急不可待地解释:"可是我清点的时候,你也看到的,是15件,您拿走了以后现在又来说少了,我也没办法。"

游客说:"那我们一共15个人,拿回去一人一件发下去了,差一个人没有,肯定是少了一件!大家都可以作证的。"

"那你掉了也有可能的。"小王一边忙着应付别的客人一边回答。

"怎么会呢?这么近的距离怎么会掉呢?再说即使掉了也可以看得到的。肯定是你少给了我一件,你应该再补给我一件。"此时,该女游客的同伴过来喊她,说游戏马上要轮到他们了,要她赶紧回去。

"给你一件可以的,但是得另外付钱。"小王的态度已经开始冷冰冰了。

"你少给了我一件,现在又让我付钱,凭什么?"游客也毫不妥协。

"那对不起,没有!"小王回答。

"你什么态度啊!"女游客的同伴说。

"就这个态度。"小王也不依不饶。

"明明是你少给了我一件,还这种态度,你们就这样为游客服务吗?我要去投诉你。"女游客愤怒地说。

"我是当着你的面清点好后你拿走的,现在又说少了一件,我没有错,你要投诉尽管投诉好了。"小王不耐烦地说道。

"你再说一遍!"女游客的同伴怒气冲冲地喊道。

"你去投诉好了,一直往前走,然后左转就到了。"小王说着,并摆出一副无所谓的样子。

"就这样的服务态度,还做服务员?"游客一副誓不罢休的样子,向小王指示的方向走去。

过了没多久,投诉中心主管通知小王,因对游客态度不好引发与游客的冲突,扣掉小王一个月的奖金作为处罚。原来女游客的同伴过来后,将小王和游客之间的对白用手机录了下来,并投诉到了投诉中心。景区在调查之后,因服务员的态度恶劣向游客认真道了歉。消失的雨披因缺乏证据，根据规章制度不能补，经过对游客的说服开导之后，游客觉得有道理。但是为了鼓励游客投诉，主管还是决定免费发给游客一件雨披。

案例 2
跟踪服务打动游客

周末一大早，刘先生带着父母和妻儿去某著名杨梅产地采杨梅。他们选择了当地一个集采摘和娱乐为一体的乡村旅游景区。虽然6月份天气比较炎热，这里还是吸引了众多游客。刘先生一家买好票后，和其他游客一起乘景区游览车来到了该景区的山顶。这里的杨梅较成熟、可口。景区服务人员讲好中午11:30来车接游客下山吃午饭，下午在景区内游玩。

刘先生一家看到这么多杨梅兴高采烈，边吃边玩，虽然每个人都是汗流浃背，但还是很兴奋。接近11:00的时候，刘先生的母亲开始头晕，而且有呕吐的现象。刘先生家人判断，她肯定是中暑了，但是他们也没有准备相应的药物，于是赶紧找到了区域服务处。这里说是服务处，其实就是景区的一个营销部，专门为游客提供饮料和食品，以及装杨梅用的篮筐等。当刘先生问到有没有中暑的药物时，服务员回答："没有。"但服务员还是用对讲机通知了景区管理中心。刘先生要求景区管理中心派辆车和医生过来，把她母亲接下山去。服务员汇报了情况，山下的景区管理中心答应了刘先生的要求。于是，刘先生和家人在山顶上焦急地等待。刘先生的母亲病情越来越严重，除了头痛、头晕、口渴、多汗，还出现了四肢无力发酸、注意力不集中、动作不协调等症状。因此，家人让她躺在阴凉处休息。但是，过了10分钟，车还没到，刘先生去服务处问讯，服务员说："已经联系了，马上就会来的。"又过了10分钟，车子仍然没到，按理说，山下开车到山上来10分钟足够了，可是都已经过去20分钟了，车子依然没到，大家都非常着急。

又过了5分钟，车子终于来了，但是没有医生，只有司机拿上来了一支藿香正气水。大家忙着给刘先生的母亲喝下去，正准备乘车下山时，刘先生的父亲，因着急上火加之天气炎热，心脏病突然发作。刘先生赶紧给他吃了一颗救心丸，同时妻子拨打了"120"急救电话。10分钟后，"120"救护车赶到了现场，并将刘先生的父亲送进了最近的医院。这时，景区主管也赶到医院来看望刘先生的父亲。

当刘先生的父亲脱离危险后，刘先生终于忍耐不住对着景区主管开始了愤怒的控诉，对景区的服务表示了极大的不满，并准备投诉到上一级旅游部门。

景区主管认真聆听了刘先生怒气冲天的抱怨，对发生的一切进行了充分的道歉，并表示愿意对所发生的事件承担相应的责任。

最后，景区承担刘先生父亲在医院的相应费用，并免去他们一家来景区的费用。同时，派专车送他们一家人回家，并着手调查刘先生母亲中暑后车迟迟不来的原因。刘先生看到景区方面态度比较积极，也作出了相应的补偿，老人也都脱离了危险，所以没有再投诉到有关部门。

刘先生回家的第二天,景区主管又打来电话询问刘先生父母亲的情况,并让员工送来了慰问品看望刘先生及其父母。他们解释说:"我们的即时服务存在严重问题,希望能用跟踪服务弥补我们的过失。"刘先生一家深为感动,对景区的抱怨也没有了。刘先生说:"是跟踪服务打动了我们!"

【任务执行】

任务发布

任务4-6-1:小组阅读案例1,参考"知识讲解"中相关内容,试讨论如果你是小王该如何处理该游客的投诉。

任务具体要求:先分析小王工作不到位之处有哪些,再讨论应如何正确处理游客的投诉。

时间:30分钟

任务分析

景区内游客在游玩、接受服务的过程中,可能会产生这样那样的不满和抱怨。总结游客投诉的原因,主要有景区服务人员的服务态度和服务技能、景区内的旅游产品质量原因、景区内的硬件设施及环境原因等等。在与游客接触或者受理游客投诉过程中,首先要分析游客投诉的原因,进而选择适当的方法和技巧,运用正确的原则来巧妙地解决游客的投诉事件。而了解和认识游客的投诉心理有助于正确处理游客投诉。

任务实施

①小组"阅读案例"和"知识讲解"中相关内容,分析游客投诉的原因、游客投诉的心理。

②针对游客投诉的原因和心理,分析小王处理游客投诉的不当之处。

③分析应采用何种方法、何种程序来处理此游客的投诉。

④写出书面总结,并展示。

学生小组任务成果书(NO. 20)			
实训任务4-6-1:游客投诉原因分析		任务性质	小组任务
小组任务成果名称	游客投诉原因分析报告		
要求:分析游客投诉的原因和心理;分析小王处理投诉的不当之处;给出改进的处理投诉的方法和流程			

知识讲解

游客在游玩、接受服务的过程中可能会产生这样或那样的不满和抱怨,正是这些不满和抱怨成为景区前进过程中的推动力。因为它们能让景区认识到现存的不足,然后找出解决的办法,从而促进景区的优化。

一、正确处理投诉的意义

投诉是旅游者因未能得到满意的服务而表示自己的不满,提出自己的意见和要求的行为。

对于旅游企业来说,正确处理投诉有以下几方面的意义:

（一）发现自己工作的疏漏和不足

游客的投诉是对景区服务、管理水平作出估价的形式之一，就实质来讲，是游客对景区的关心，是对景区寄予期望的表现。他们广见博识，是难得的送上门的好老师。从游客的投诉中，我们可以了解景区管理和服务中存在的实际问题，发现服务工作的弱点、漏洞和不足，特别是发现一些带倾向性的问题，以便有针对性地采取措施，加以改进。

（二）加强游客同景区之间的感情联系

如果我们能听到游客的意见，并帮助游客解决实际问题，满足游客的正当需求，就会加强游客同景区之间的感情联系，改善游客对景区的印象，避免某些游客为本企业做"反宣传"。

二、游客投诉原因分析

分析游客投诉原因，便于在景区工作中预先估计可能发生的问题，注意可能会令游客不满的部门和地方，采取适当防范措施尽量减少游客的投诉，为景区的长远发展消除隐患。

（一）对景区服务水平、服务质量产生的投诉

景区服务中最常见的投诉是景区员工服务时引起的，这一类投诉，是由于景区人员素质不高，服务水平欠缺，服务观念存在问题产生的，它占景区投诉量的绝大多数。

1. 服务态度

员工服务态度是服务中的重要一环，没有好的服务会直接导致游客的流失，会让服务人员的整体形象和素质在游客心中产生不良的影响。有这么一句话："我们不能改变天气，但却可以改变自己的心情。"因各种原因可能会产生不愉快的心情，那么在为游客服务时会转移到游客身上，态度就谈不上热情、周到了。游客是拿钱来消费和享受的，一旦态度差，"顾客是我们的上帝"、"顾客至上"的服务原则就无从体现了。

2. 服务操作不当

除了服务态度差会产生游客投诉外，服务操作不规范也同样会产生旅游投诉。比如：服务人员工作程序混乱；服务动作粗鲁，不剪指甲，不注重个人卫生，手放杯中或盘中；点完钞票的手又去拿食品；游客吩咐后久久不来；服务语言使用不当；账单金额错误，账单记错；上菜、上酒与所点菜单不一致；冷落游客的意见；寄放物品遗失或调换；不征得游客的同意，强迫游客与不相识的人坐不愿意坐的位置，住不愿意住的房间，乘不愿意乘的车；漏点错点游客人数。

3. 旅游设施不达标和旅游项目安排不合理

旅游设施陈旧落后，没有或缺乏卫生设施；卫生设施条件太差；旅游项目安排过于紧凑，走马观花，没有与之配套的娱乐项目；住宿条件简陋、脏乱差；没有歌舞表演，没有娱乐培训、陪练、陪打等服务；缺少儿童娱乐或活动项目；结账方式落后等。

4. 其他服务

旅游服务中的由于其他服务，如预订服务、寄存物品、租车、乘船等不完善会造成旅游投诉。

（二）对旅游产品的投诉

由于我国旅游产品的开发还处于初级阶段，旅游产品的形式和质量在很大程度上无法跟上目前旅游市场需求的变化，因此旅游者对旅游产品的投诉也最常见，这方面的投诉主要有：价格投诉，景区门票太高，特别是园中园，重复购门票，商品或服务项目收费过高；饭菜质量太差，口味、卫生不能令游客满意；游客所要商品、酒水和样品不一样；好的位置被承包经营者占据，拍照得付额外的费用等。

（三）对旅游环境的投诉

旅游环境的营造非常重要，不仅包括生态环境，而且还包括人文环境。如：安全环境，发生意外事件，治安状况太差，缺乏安全感；环境容量管理，由于容量控制不到位造成游客拥挤，甚至意外受伤；卫生环境，垃圾乱堆乱放，公共卫生状况太差，厕所有异味，桌面、椅子、毛巾、地毯、窗帘不干净，碗筷破损；旅游气氛太差，小贩穿梭其间，追客强行售物，服务员随意走动，声音太吵；光线昏暗；各项目收费点随意宰客；交通环境太差，车辆摆放无指定；当地居民非法开设项目，进入景区抢夺客人，相互间吵闹、打斗等。

三、游客投诉处理的程序

（一）认真倾听

无论是面对面的投诉，还是电话投诉，都要认真倾听客人的全部意见，弄清事情原委，任其发泄心中不满。在游客投诉时，专注有效地倾听，可从谈话中知道问题的起因，明白游客不满的每一个细节。如果打断游客的述说，不仅听不清楚问题，反而会刺激对方的情绪，不利于问题的解决。认真地倾听，配合专注的眼神或间歇的点头，会使游客觉得自己的意见受到重视，可以缓解对方的怨气，加强彼此的沟通。

（二）保持冷静

无论对方多么激动，我们都要保持冷静，切勿辩解，更不能冲撞客人，甚至和客人争吵。即使对方出言不逊，我们也要保持容忍态度，尽量满足客人的自尊心和优越感，牢记"客人总是对的"。

（三）简要重复

重复客人的意见，表示对投诉内容的理解。但要注意语言准确，简明扼要，既不轻描淡写，也不随意夸大。

（四）尊重同情

无论什么样的投诉，有关管理人员和服务人员都应表现出热情、礼貌、友善及愿意协助的态度。电话投诉可在电话里回复，书面投诉可用书面或电话回复，口头投诉可用书面及口头方式回复。回复时可说一些如"我很理解你的心情，我也遇到过这样的事情，我觉得……"等话语，使其感到同情与理解。

（五）弄清真相

要了解投诉内容，弄清是服务人员礼貌、态度的问题，还是业务技术水平的问题；是有关旅游服务设施或价格的问题，还是其他的问题。在了解投诉内容后，要与有关部门调查研究客人意见，考虑景区和客人双方利益，如有必要，可接触客人，了解事情真相。

（六）及时解决

游客投诉后，景区投诉受理人员在有效倾听后，要判断问题的严重程度，事件的影响面大小，确定投诉事件处理者的有限范围，搞清游客希望获得什么样的处理结果。

投诉受理人员应根据景区对投诉的处理规定和相关政策，对游客进行解释，并在此基础上与游客协商，共同寻求解决方法，不可把自己的处理意见强加于游客，引起游客更大的不满。

在游客等候处理结果期间，应随时了解投诉处理情况，一有变动立即通知对方，直到事情全部结束为止。

许多游客投诉，是为一时的气愤、不满，他们的要求往往会比景区预期的要低，只要认真处理他们的投诉，尊重他们，真心地为他们解决问题，旅游投诉便可以得到妥善解决。

（七）善始善终

即使问题已经解决，最后也要再与客人联系，欢迎他再提宝贵意见。做好投诉处理记录和报告，向上级汇报整个过程。

（八）总结经验

对每一次游客投诉，景区应做好记录，以便日后查询。定期对投诉情况进行分析，总结偶然发生或在特殊情况下发生的投诉事件，要研究制定相应制度，作为景区以后处理同类事件的依据。

对景区服务人员和其他员工，所有的投诉都应归类分析，进行宣传教育，让景区员工明白投诉对景区造成的不良影响和产生的负面作用，了解各种投诉产生的原因，防止同类事件的再度发生。

 附

《旅游景区从业人员服务规范标准》（部分）

投诉受理服务：

（1）景区工作人员应把游客的投诉视为建立诚信的契机，受理人员要着装整洁，举止文明、热情、耐心地接待投诉游客。

（2）受理投诉事件，能够现场解决的，应及时给予解决。若受理者不能解决的，应及时上报景区负责人，及时将处理结果通知投诉者，并注意收集反馈意见，科学分析，以便及时改进，提高服务质量。

（3）要以"换位思考"的方式去理解投诉游客的心情和处境，满怀诚意地帮助客人解决问题，严禁拒绝受理或发生与游客争吵现象。

（4）接待投诉者时，要注意礼仪礼貌，本着"实事求是"的原则，不能与客人争强好胜、与客人争辩，既要尊重游客的意见，又要维护景区的利益。

（5）景区应设立专用投诉电话，并在景区明显位置（售票处、游客中心、门票等）标明投诉电话号码，且有专人值守。

【任务拓展】

任务4-6-2：在掌握游客投诉处理的程序、方法的基础上，模拟旅游景区不同服务阶段、不同服务环境可能引起的游客投诉，分组练习受理投诉、处理投诉的方法和步骤。

【任务反馈】

分小组实地调研或网上调研旅游景区受理的投诉有哪些，讨论投诉的类型和原因，总结出处理投诉的方法，并撰写旅游景区投诉处理手册。教师将各小组编写的旅游景区投诉处理手册提交给3~5个景区，由景区的管理人员对手册的正确性和实用性进行评价。

◆模块评价

【知识/技能评价】

在这个模块中，学生学习了旅游景区服务的预订和销售门票服务、接待参观游客服务、客流控制、景点解说服务、咨询服务和投诉受理服务等相关知识和技能。学生通过模拟情境训练等活动的参与，对于上述工作有了基本的了解。虽然上述工作内容不同，但是始终有一个核心，那就是服务。服务是旅游发展过程中的一个永恒主题，服务理念伴随着旅游活动的发展而不断提升。从最初的经验型向理论型转变，从标准化向个性化转变，从模式化向多样化转变，从理性化向人性化转变，服务的内涵在这些转变中日益完善和深化。

在此模块的学习结束后，学生以个人为单位，围绕如何提升旅游景区服务质量每人完成一篇论文。论文要求根据本模块所学内容，选择一个或几个方面，就如何提升旅游景区的服务质量提出自己的看法。字数不少于2 000字。

【能力应变】

任务名称：××景区服务调查报告

任务要求：学生自主选择某一景区，并对该景区的预订和销售门票服务、接待参观游客服务、客流控制、景点解说服务、咨询服务和投诉受理服务现状进行调查，根据所学知识分析景区的服务现状，找出景区服务存在的问题，并提出改进措施。

任务性质：小组任务

任务成果：××景区服务调查报告

任务成果要求：报告字数不低于3 000字。内容应包括景区服务的销售门票服务、接待参观游客服务、客流控制、景点解说服务、咨询服务和投诉受理服务的现状，对问题进行分析并提出改进方法。

任务实施时间：周末，学生自主安排

【模块链接】

情感管理的魅力

深圳锦绣中华景区开发初期，每天前来旅游的游客有上万人，多时达两三万人。绝大多数游客都是第一次看到如此优美壮观的旅游景区。游客们非常兴奋：有的游客到处乱跑乱踩，有的游客坐在景物上拍照，有的还扛走了粘在地上的彩瓷小人等等。部分游客的这种不文明举动给景区管理带来了很大的困难。

无奈之下，景区里竖起了"禁止"、"罚款"之类的告示牌，管理员则佩戴红袖章，手拿口哨，见到违规的游客就吹哨罚款。这样一来，混乱的情形有了改善，但也招来了游客的不满。于是景区拔走了告示牌，摘掉了红袖章，收起了口哨，对违规者改为小声提醒。如此一改，景区变得幽雅安静，游客们对此赞声不绝。

景区服务管理主要通过行政、经济、法律的方法来管理。而旅游是人类的一种休闲体验活动，对于游客来说，放松心情的旅游才是真旅游。因此对旅游景区来说，实行情感管理，"以人为本"，最重要的是要以游客为本，处处为游客着想，才能给游客以更完美的旅游体验。

拓展路径

①访谈你周围曾有不好的旅游体验的同学或朋友，了解他们在旅游景区旅游时有哪些不愉快的经历，旅游景区的服务管理人员是如何解决的，他们是否满意？

②调查旅游景区的工作人员，了解他们是如何"以人为本"为旅游者提供服务的。

模块五　旅游景区日常管理

◆模块目标

【行业要求】

结合景区实际情况,对景区资源、环境进行有效的保护和管理;对景区设施设备定期维护、保养、维修、更新;制订景区安全事故预防方案及处理景区突发事故。

【学习目标】

知识目标:了解维护和保养、维修和更新设施设备的主要内容和方法;熟悉景区资源的分类;掌握景区资源、环境的有效管理方法;掌握制订景区安全事故演练方案的方法。

技能目标:能够结合景区实际,对景区资源、环境进行有效管理,对景区设施设备定期维护、保养、维修、更新;能够制定景区安全事故预防方案,并能处理景区突发事故。

态度目标:主动参与教师组织的教学活动;积极与团队合作完成各项任务;认真听课,积极思考,经常提问。

◆模块任务

本模块是景区管理的基础部分,是景区提高日常管理水平,提升景区吸引力、确保游客安全的核心部分。景区管理应适应时代发展的需要和游客需求,加强对景区资源与环境的保护与管理,增强环境保护意识;定期对设施设备进行维护、保养、维修、更新,使设施设备的综合效能达到最高,同时确保游客消费质量和游客安全;旅游景区安全是保证旅游活动顺利进行,并获取良好经济效益和旅游业可持续发展的基础,要制订好景区安全事故预防方案,处理好景区突发事故。

任务一　保护并管理景区资源

【任务目标】

通过学习黄山、美国黄石公园的案例,学生应了解景区资源的相关知识。通过小组任务,学生能全面地考察和认识景区资源,根据景区资源的实际状况,运用管理旅游景区资源的基本理论与方法,参与体验景区资源保护与管理的过程,提高保护并管理景区资源的基本技能。

> **情景设计**
>
> 李明进入了行业管理部门继续轮岗,入职不久,李明接到一项工作任务——针对景区不同类型的旅游资源分别制定景区旅游资源保护措施和管理方案。
>
> 要圆满、出色地完成该项工作任务,李明首先应该做好哪些工作?

【案例聚焦】

案例 1

黄山市重视旅游资源的开发和保护

黄山市将旅游业作为立市之本,2011 年黄山市接待游客 3 054 万人次,旅游收入达 251 亿元。保护和利用好旅游资源是发展黄山旅游业的重要基础,近年来,黄山的生态保护比过去管理得更好,全市森林覆盖率达 78.58%。

黄山市的旅游资源有五千多处,开发出来的仅是其中的一部分。黄山市旅游资源集中于以黄山为代表的自然风光和以徽州文化为代表的人文资源。黄山市在旅游发展中,提出了三个结合,即开发与管理结合、开发与保护相结合、富山与富民相结合。既要开发,又要利用,更要保护好。

为了更好地实现开发与保护的统一,对黄山市旅游资源要有统一的规划。制定科学、完整的黄山旅游开发规划,开发旅游景点项目,必须按规划办事,按审批程序办事。黄山保护得好,与其规划执行严格有关。黄山也因此被评为国家级的风景名胜区、安全山、卫生山、文明山。

在开发的同时,更要搞好生态环境保护,因为这是黄山市旅游发展的根本。在生态资源保护方面,黄山主要做了几个方面的工作:一是进行资源保护的宣传教育;二是制订保护条例、办法、规定等,以法律法规保障资源不被破坏;三是实施退耕还林工程,提高黄山森林覆盖率;四是防治病虫害,尤其是松线虫病。黄山为此修建了长达百公里、宽四公里的保护屏;五是建设污水处理工程,在黄山风景区建了十几个污水处理工程,禁止任何有污染的工业企业进驻该景区。

案例 2

美国黄石公园的资源保护

黄石公园位于美国西部爱达荷、蒙大拿、怀俄明三个州交界的北落基山之间的熔岩高原上,海拔 2 000 多米,面积 8 900 多平方公里,建于 1872 年 3 月 1 日,是美国第一个国家公园。黄石公园内的森林占全国总面积的 90% 左右,水面占 10% 左右。1978 年被联合国教科文组织列入《世界遗产名录》。

黄石公园员工引以为豪的是他们保持国家公园系统的优良传统,即:公园的所有工作人员都参与公园资源的保护工作。在黄石公园,所有的雇员都被鼓励参与对游客进行资源保护的教育活动。当游客们看到在公路上慢悠悠地行走的野生动物时,会成为公园守护者的忠实的听众,听他们讲解关于野生动物的生活习性、种群状况等方面的情况。

为了加强经营管理和资源保护方面的联系,黄石公园除了资源方面的专家负责监督公园的自然和文化方面的资源状况以及确定需要采取什么措施去保护或修复它们之外,还有5个全职的资源运营协调员,另外,通常情况下,还有15名雇员被安排在资源运营和保护部工作。

在参与黄石公园维护的人员中,除了专家、协调员和雇员外,还有来自各个行业的自愿者、合作伙伴、合作协会、基金会以及黄石公园的赞助商们。

(1) 正式雇员:公园的守护者,提供关于公园的信息服务和传递保护环境的内容。

(2) 志愿者:公园的管理当局为了在延长了的旅游旺季中保持公园的平稳运作,每年都要招募许多临时雇员和志愿者。

(3) 合作伙伴:即与非赢利机构合作以帮助公园的雇员为游客提供更好的服务以及对公园的资源进行更好的保护。

(4) 黄石公园合作协会:黄石公园协会通过在公园观光中心销售教育资料、发展会员和从愿意支持特别项目的个人那里募集资金。

(5) 黄石公园基金会:1996年一个新的基金会建立了,以便于吸纳更多的私人资金用于维持、保护和加强黄石公园的资源管理并丰富游客的游览经历。

(6) 黄石公园的赞助商:黄石公园最慷慨的赞助商是美国留声机总裁及Mannheim Steamroller集团公司制片人Chip Davis。黄石公园其他的赞助商包括:佳能,它提供设备和资金用于研究棕熊以及打印公园的宣传品;Diversa Inc对狼的DNA进行实验分析以找出黄石公园中的狼与美国其他地方的狼的血缘关系;环境系统研究所提供了软件和培训,以帮助公园雇员绘制资源图以及获得空间信息,以便于研究人员利用。

黄石公园还和Univer Home & Personal Care公司有长期稳定的合作关系,该公司提供资金支持关于公园热点问题的科学研讨会,以及捐助回收材料用于老忠实泉周围的人行道,并且该公司还是建立一个新的游客中心的主要赞助商。

无论公园的守护者是专家、雇员还是志愿者,他们职责核心就是维护黄石公园的自然环境不被破坏:监督资源状况,从而确定游客的影响程度,并采取有效措施将这种影响降至最低;在游客经常光顾的景点开辟道路、野营地以及添置设施设备;教育游客如何保护公园的资源;加强法律和公园规章制度的实施力度。

【任务执行】

任务发布

任务5-1-1:小组讨论下面问题。

①案例1中黄山是如何处理好旅游资源开发与保护的关系的?

②案例2中美国黄石公园在旅游资源管理与保护方面有哪些值得李明学习、借鉴的经验?

时间:30分钟

任务分析

旅游资源是旅游景区的核心。如何管理旅游景区里的各种资源,做到有效开发、合理利用、保护得力,是关系到景区企业的社会效益、经济效益和生态效益能否协调发展的重要问题。要保护并管理好景区资源,首先要对景区旅游资源进行调查,并加以分类;然后针对不同类型资源制订管理方法;最后根据旅游资源遭到破坏的原因,制订具体的保护措施。

任务实施

①小组阅读案例1和相关内容,讨论黄山处理资源开发与保护的成功经验。

②小组阅读案例2和相关内容,讨论黄石公园在旅游资源保护中的有效做法。

③各小组成员在充分讨论基础上,形成本小组的最终成果。

学生小组任务成果书(NO.21)			
实训任务5-1-1:旅游资源保护问题探讨		任务性质	小组任务
小组任务成果名称	旅游资源保护问题讨论结果		
总结黄山处理资源开发与保护的成功经验;总结黄石公园在旅游资源保护中的有效做法			

知识讲解

一、旅游景区资源的含义

景区资源,就是指景区内具有旅游开发价值,能够吸引游客并能满足旅游需要的自然和人文景观以及旅游服务设施的总和。旅游景区资源是旅游业得以存在、发展的核心载体。

二、旅游景区资源的特征

(一)景区资源的空间局限性

景区的特征是受地域空间的局限,几乎不可挪动。这特征既是局限也是特点。小尺度的景观(如张关水溶洞)就容易显得内容单调乏味。需要延伸外延(山寨文化、地面游乐项目),与其他景区打组合牌。

(二)景区资源的系统性

资源间的相互联系是内在必然的联系。旅游开发就是要突现这种联系,突出特征以增强景区的吸引魅力。

(三)景区资源的组合性

景区各种单体资源的组合,可以壮大规模,丰富内容,甚至拓展新的内涵,从而增强吸引力。

(四)景区资源的开发性

即景区资源是否具有开发的潜力。其中要考察景区在交通条件、与消费时尚的对应性、景区资源的丰富度、与相邻景区组合的可能性、资源内涵的发掘空间等方面的因素。

(五)景区资源的综合性

旅游业是规模化的经济现象。零星的、分散的旅游消费,对景区没有多少实际的意义。现代旅游面对的是大众,单体的或单调的景区资源,很难满足大众多样化的消费口味。因此,需要综合性地开发多样化的产品,方能实现扩大市场规模的目标。

三、旅游景区资源调查

旅游资源调查即运用科学的方法和手段,有目的、系统地收集、记录、整理、分析和总结旅游资源及其相关因素的信息与资料,以确定旅游资源的存量状况并为旅游经营管理者提供客观决策依据的活动。

旅游资源调查是进行旅游资源评价、开发、规划及合理利用保护的最基本的工作。为了促进和规范旅游资源调查工作,推动旅游业发展,2003年颁布并实施了国家标准《旅游资源分类、调查与评价》(GB/T 18972—2003)。

旅游资源调查的内容主要包括:

1. 基本区域特征调查

自然条件调查:包括景区的地理位置、地质地貌特征、气候特征、水文特征、土壤和植被特征、动物特征、环境背景。

社会环境背景调查:包括调查区的社会治安、人口、当地居民的文化素养和宗教信仰、物产情况、历史文化、民俗风情。

2. 开发条件与开发现状调查

调查区的经济状况:工农林牧等产业产值、产量;地方经济特点及发展水平;年人均收入情况。

内外交通条件:调查景区内现有各类道路等级、里程、路况、行车密度,区内交通方式类型;调查景区到依托大中城市、飞机场、火车站、港口的距离,以及车站与港口的等级;调查景区到现有铁路、等级公路、国道、省道等交通干线的距离。

基础设施条件:给排水条件、变压电供应情况、内外交通条件、旅游接待服务设施。

不利条件:多发性气候灾害、突发性灾害、其他不利因素。

3. 资源调查

调查自然景观:基本数量、质量特征、类型、规模、地理分布、组合状况。

调查人文景观:调查现存的、有具体形态的物质实体;调查历史上有影响但已毁掉的人文遗迹;调查不具有具体物质形态的文化因素,如民情风俗、民间传说和民族文化;调查区的人口;调查当地居民的文化素养和宗教信仰。

4. 相邻地区相关资源调查

(1) 调查景区与相邻景区资源类型的异同及质量差异,在这一比较中,寻找出调查区的优势、不足和特点,为确定开发重点提供依据。

(2) 调查景区与相邻景区资源的相互联系及所产生的积极和消极影响。

(3) 调查景区的风景资源在所属区域中的层次和地位。

四、旅游景区资源破坏的原因及保护措施

(一)景区资源破坏的原因

造成景区旅游资源被破坏和损害的原因,大体上可以分为两大类:自然破坏和人为破坏。

1. 自然破坏

景区旅游资源,无论是自然形成的还是人工创造的都是大自然的一部分,大自然的发展、变化都会影响旅游资源的变

化,使之受到破坏,导致旅游资源的破坏。因自然原因而导致的破坏主要包括:地质灾害,如地震、火山、水灾、火灾等;气象灾害,包括风蚀、水蚀、日照等;生物灾害,如鸟类和白蚁等。1997年8月12日,夏威夷岛上最古老的瓦吼拉神庙,被基拉威火山喷出的熔岩全部淹没,一座七百年悠久历史的名胜古迹在瞬间毁于一旦。埃及的基奥斯普大金字塔,近一千多年来因风化产生的碎屑达五万立方米,即整个金字塔表层每年损耗约三毫米。

2. 人为破坏

旅游资源的人为破坏是多方面的、严重的,大多超过自然风化的破坏,有的甚至完全毁灭。按其破坏的根源可以分为建设性破坏和管理性破坏。

(1) 建设性破坏。这是指工农业生产、市镇建设和旅游资源开发建设中规划不当导致旅游资源遭到破坏。其破坏方式主要包括:

工农业生产造成旅游资源的破坏。工业生产带来的"三废"污染对于旅游景区的影响往往十分严重。据统计,杭州西湖周围有一百根烟囱,年均降尘量400吨,西湖湖水水体常年呈黄绿色,水质混浊,透明度仅为0.5米。

落后的农业生产方式,无计划的过度伐木、采石、取水对风景区旅游景观的破坏严重,而且其造成的后果常常不可逆转。如在云南路南石林,成批的农民到风景区采石,全然不顾自己对本地旅游资源的破坏,以致路南石林伤痕累累,不复往日风采。

(2) 管理性破坏。旅游区是为游客服务的,若管理不善,也会对旅游资源造成破坏,具体表现在以下几个方面:

①旅游活动加速石刻、雕塑、壁画古迹的损坏。古代丰富多彩的石刻、雕塑、壁画是我国重要的旅游资源,随着旅游活动的开展,大量游客不断涌入,加速了自然风化的速度,导致古迹的损坏。我国的三大石窟在自然风化与人为原因(游客涌入,改变石窟小气候)的双重作用下,受到的损坏已极为严重。

②游客素质低,直接破坏旅游资源。游客中有一小部分人对景物随意刻划、涂抹,任意毁坏旅游资源。如有些人在景点上刻上"某某到此一游"的字迹。此外,有些游客乱扔果皮纸屑,也给旅游区的环境造成了一定的污染。

③旅游活动对旅游区生态环境的污染。在旅游城市和旅游景区,游客的进入、旅游活动的开展和满足游客基本生活需求,都会给旅游生态环境带来影响。如游客行、游需要的交通设施所排出的废气、废油污染了大气和水体;满足游客生活必需的食宿条件会产生大量的生活污水和生活垃圾。

(二) 景区旅游资源的保护

世界各国在旅游资源保护方面,所采取的方式大致有:

1. 法制化建设

不少旅游资源的破坏都是由于法制不健全,人为原因造成的,所以为了旅游业的可持续发展,必须通过立法手段来加强对资源的保护,对破坏行为实行强制干涉和惩罚。新中国成立后,我国先后颁布了不少直接或间接的与保护旅游资源有关的法律法规,如文物保护法、环境保护法、风景名胜区管理暂行条例等,它们已经在对旅游资源的保护中起了一定的作用。

2. 技术手段

在保护中,通过技术手段,减缓因自然风化或人为破坏而导致的资源受损现象。在修复一些因自然风化或人为破坏而破损、变色的历史建筑时,可使用原材料、原构件,或在必要时用现代构件进行加固,但必须以保持原貌为准则。历史上一些著名建筑物,由于自然或人为原因已在地面上消失,但具有很高的文化和旅游价值。为了满足人们旅游的需要,可进行重修,重现古建筑的风貌。出露地表的历史文物古迹,由于大气中光、热、水环境的变化引起自然风化而衰败是不可避免的,但在一定的范围内通过改变环境条件减缓它的自然风化是完全可能的。譬如可以将裸露的、风吹日晒下的历史文物加罩或盖房子予以保护。

3. 社会宣传

在全社会加强对景区资源保护和相关知识的宣传教育。加强对景区工作人员、社区居民以及游客的宣传。通过各种宣传途径,对游客进行旅游环保教育,帮助他们养成良好的习惯,建立旅游的环境保护意识;对一些习惯好、素质高、能自觉维护景区环境的游客给予一定的奖励;对某些破坏景区资源和环境的游客按相关条例给予应有的惩罚,情节较为严重的,还要追究其法律责任。

【任务拓展】

任务 5-1-2:各小组自选本地某一景区(或由教师统一联系某景区),前往该景区调研,主要调研下述几个方面:该景区的资源破坏情况、景区资源保护的措施、景区环境管理现状、景区设施设备维修保养现状及管理措施、景区安全事故发生的情况、景区安全事故的防范制度等内容。调研报告不少于1 500字。成果两周后上交。

【任务反馈】

各小组将本组的调研报告上交,由教师选出三份优秀调研报告,在教室宣传栏公示,供其他小组学习借鉴。

任务二　保护并管理景区环境

【任务目标】

通过对普陀山、张家界、黄山等景区的相关案例分析,学生应掌握旅游景区环境保护的手段和主要措施,掌握旅游景区环境保护的原则。通过小组任务,学生应增强环境保护的意识,提高自身保护景区环境的技能。

【情景设计】

进入旅游旺季后,新起点旅游规划公司所管理的玉女山景区游客大量涌入,严重破坏了景区资源和景区环境。公司为保护该景区环境,实现景区的可持续发展,决定由行业管理部门制订一份玉女山景区环境保护方案,以最大限度地实现对该景区的保护与发展的统一。

行业管理部经理将这一任务交给李明,李明该如何做呢?

【案例聚焦】

案例 1

普陀山"和谐景区人文社区"建设

普陀山四周环海,古树名木参天茂盛,全山森林覆盖率高达80%以上,是野生动物的天然乐园,素有"海岛生物园"之称;普陀山夏无酷暑、冬无严寒,平均温度在20℃左右,是非常适合养生休闲的人间净土、海上仙山。特别是在大慈大悲、众生平等、禁止杀生、因果报应等观音文化思想的影响下,全山农民自觉保持着一种亲近自然、保护生态的朴实环保观;当地政府很早就非常重视利用文化中的积极因素,引导景区群众全面推进"和谐景区人文社区"建设,并在维护文化生态的基础上,创造性地挖掘、弘扬文化,积极向登山游客和景区居民传播,倡导一种"世界和平、社会和谐、人间和美、家庭和睦、做人和气"的行为理念,为景区管理营造了一种良好的精神氛围和文化基础。

近几年来,普陀山进一步强化了"保护第一、生态联山"的方针,在"经营和谐、打造精品"发展理念的指导下,加快了景区生态、人居环境建设,着力打造"海天佛国、人间净土"的国际旅游品牌。每年投入的用于景区环保及基础设施、旅游环境建设的资金上亿元,建立了完善的景区环保生态系统。相继获得国家级安全山、文明山、卫生山、国家AAAA级旅游景区、全国保护旅游消费者权益示范单位等荣誉;2004年,国家建设部、国家环保总局又授予普陀山"ISO 14000国家示范区"称号,成为全国第四家、浙江省第一家获此国际环境标准认证的旅游景区;2005年,普陀山风景区以优秀的生态资源、优越的人居环境被联合国国际交流与合作委员会(CCC/UN)授予了"全球优秀生态旅游景区"光荣称号。2006年普陀山举办首届世界佛教论坛,这一切,为海天佛国旅游品牌进军国际旅游市场,全面推进普陀山"国际佛教圣地、世界旅游胜地"建设,迈出了更加坚实的步伐。

案例 2

张家界"百龙天梯"引争议

2002年5月1日,湖南张家界国家森林公园内新建成的"百龙天梯"开始试运行,该电梯创下了"世界最高的全暴露户外电梯、世界最高的双层观光电梯、世界载重量最大、速度最快的客运电梯"三项吉尼斯世界纪录。电梯运行后,社会上大部分声音均在反对张家界建天梯。2002年9月,百龙天梯停运。

天梯自立项到建成一直备受社会各界的质疑和指责。在自然景区投巨资建这部直插云霄的电梯,究竟是对还是错呢,各方说法不一。

张家界国家森林公园管理处一位姓曾的管理人员非常肯定地认为,修电梯是一件好事,并在很大程度上方便了游客,游客能以最快的速度十分省力地到达山顶目的地,此举为旅游开发创造了有利条件,并能带动当地的旅游发展。至于不少专家认为建造电梯破坏了张家界的自然景观,曾小姐认为,公园内很早就建设了两条观光索道,它们都为游客提供了很大方便,电梯是方便游人的第三个措施,没有理由认为在自然景观内就不能存在人造的东西,既然是旅游区,就应该考虑建设一些方便游客的设施。

据电梯的投资方、张家界某电梯有限责任公司的一位先生说,观光电梯是经有关部门批准才建造的。据电梯运营方某旅游公司的吴先生介绍,"天梯"是世界最高的观光电梯和最快的观光电梯,其底部的157米是埋在山体中的,只有上部的170多米裸露在山外,它非但对自然景观没有破坏,而且看上去宏伟壮观,为景区增色不少。

【任务执行】

任务发布

任务5-2-1:6人为一小组,分组讨论下面问题。

①案例1中普陀山"和谐景区人文社区"建设体现了旅游景区环境保护的哪些原则?

②案例2中张家界天梯是否该建,它会对景区造成什么影响?

时间:40分钟

任务分析

现代旅游是一种特殊的消费方式。游客的游览、观光活动总是在一个特定的环境中进行的。景区环境质量直接影响游客消费需求的满足与否和消费质量的高低。游客在旅游中不可避免地会对景区环境造成一定影响,在现实工作中,必须提前预警,主动引导游客行为,尽力降低游客行为对资源和环境的影响。

任务实施

①小组阅读案例和相关资料,分析旅游景区环境保护应遵循的原则。

②根据旅游景区环境保护的原则,分析案例2张家界建天梯是否合理。

③小组阅读案例和相关资料,讨论旅游景区存在的环境问题。

④针对景区存在的环境问题,给出治理景区环境的解决对策。

⑤各小组成员在充分讨论基础上,形成本小组的最终成果。

学生小组任务成果书(NO. 22)			
实训任务任务5-2-1:景区环境保护探讨		任务性质	小组任务
小组任务成果名称	景区环境保护探讨结果		
总结普陀山景区环境保护的原则;讨论张家界天梯建设的利与弊;给出治理游客破坏景区环境行为的对策			
注:成果以A4纸打印或手写			

知识讲解

一、旅游景区环境的概念

旅游景区环境是指所有能影响旅游景区建筑物的质量及其旅游业发展状况的各类因素,包括人的要素以及物的要素。旅游景区环境是景区旅游价值的重要组成部分。一个拥有良好的旅游环境的景区必然具有较大的旅游价值并且对游客有较大的旅游吸引力。

二、旅游景区环境的构成要素

旅游景区通常可以被分为自然环境、服务环境以及社会环境三大构成要素。

（一）自然环境

旅游景区的自然环境是指影响旅游景区存在和发展的各种自然要素，是与景区旅游活动相关的各种地球表层因子的总和，这些因子构成了景区存在的基础。景区自然环境具有自然美的形态、绚丽的色彩、悦耳的声响及动态的美感，它为游客提供了观赏、游览、探险猎奇、避寒避暑等各种娱乐消遣活动的场所和条件，可使游客感受到大自然的壮美神奇，开阔视野，增长知识，丰富情感，身心得到积极的休息。景区的自然环境主要包括生态环境和自然资源两个方面。

1. 生态环境

生态环境是构成景区生态系统的各种要素的集合，这些要素主要包括大气、水、土壤、地质、植被、野生动物等，它们是构成旅游景区基本结构的基础。

2. 自然资源

自然资源在这里特指影响旅游开发的自然资源，包括自然景观资源和自然能源（包括风能、太阳能、潮汐能、波能等）。景观资源是景区发展的重要物质支撑，是景区吸引力的构成要素。

（二）服务环境

服务环境是指为了旅游景区的生存和发展而由人工进行设计、开发所形成的硬件服务设施与景区服务人员所提供的服务的总和。它包括设施和服务两部分。

1. 设施

景区设施是专为旅游活动而建造，供旅游者使用的专门设施。在景区管辖的地域范围乃至其外围保护地带内，为游客的旅游活动提供饮食、住宿、交通、游览、购物及文娱、体育活动而建造的人工设施，统称为景区旅游设施。景区设施包括景区内的各种市政设施，如给排水设施、供电设施、供暖设施、邮电通信设施；各种交通工具和设施，如电瓶车、步行道、游船码头等；各种景区导识设施，景区环境景观设施；各种服务设施，如住宿、餐饮、购物、娱乐设施等。景区设施是为旅游者提供服务的平台和手段，景区设施质量的高低直接影响到旅游者的切身感知。

2. 服务

服务主要指工作人员所提供的软服务。景区是向民众宣传环境保护的重要和有效的窗口，也是展示一个国家或一个地区公民文明程度的集中地。因此，服务质量是旅游景区的生命，优质的景区服务能够带给旅游者较高的满足感。景区服务主要包括环境与卫生、售票、游览接待、信息指示、公共厕所、停车场、餐饮、交通、购物、休憩、邮电、照明、安全、医疗救护等方面的内容。

具有相当素质的从业者，尤其是高水平的管理者是景区服务质量提高的根本所在。从优化景区服务环境的角度考虑，景区应加强对员工服务质量的提升和服务意识的培养。

(三)社会环境

社会环境是指人类生存及活动范围内的社会物质、精神条件的总和。景区社会环境是指对景区存在和发展产生影响的社会因素,一般由景区所在区域的社会和人文积淀构成。社会环境包括:

1. 人文环境

人文环境包括当地的文化习俗、历史古迹及居民对旅游开发的态度和承受力等。

2. 经济环境

经济环境主要是指旅游开发的经济背景和能力,包括当地社会生产和生活水准、就业及经济条件等。

3. 管理环境

管理环境包括当地政府机关及旅游业的管理服务状况和治安环境以及当地的社会管理、旅游政策、旅游气氛。

4. 游客与居民环境

游客与居民环境主要包括游客与居民的心理、居民的生活方式、游客的文化素质及审美情趣。

三、旅游景区环境问题

(一)环境污染

1. 水污染

工业废水、生活废水及旅游区废水不加净化或净化不达标便排入区内水体,会使水体旅游资源受到严重污染。这些污染使河水不再清澈,使湖泊富营养化,造成水生生物无法生存,严重破坏水生态系统的平衡。2007年的太湖,一场蓝藻诱发的生态灾难让两百万无锡市民守着太湖却要抢购纯净水饮用,昔日的"鱼米之乡"成了鱼的"坟墓"。除太湖外,在我国巢湖、滇池等景区,水体污染也极其严重。

2. 大气污染

旅游离不开交通,交通工具是使旅游者从居住地转到风景区的载体,而汽车尾气在空气中四处弥漫,不仅污染空气,而且对人体也极为有害。景区附近的居民燃烧原煤,景区内的企事业单位、宾馆饭店和餐饮经营单位产生的油烟都会对景区大气造成污染。

3. 噪声污染

当前很多旅游景区摆摊设点的现象很严重,小摊小贩为了吸引游客的注意,便在景区内大声叫卖,有的甚至用高音喇叭招徕顾客,还有导游手持各种扩音设备招集游客的声音,所有这些声音混杂在一起,使得旅游景区就像热闹非凡的集市,致使整个旅游氛围受到极大影响。

4. 固体废物污染

旅游区配套设施不完备、旅游者本身素质较低等因素,致使与旅游有关的服务性行业产生大量固体废物,他们对此不加处理或处理不当便丢弃于景区,严重污染景区环境。例如,峨眉山风景区每年产生固体废物4 800多吨,其中96%以上未加处理就排入景区的溪流中。

5. 土壤污染和土壤板结

景区内含有各种有害物质的废水、废渣会对景区土壤造成污染,致使土壤中所含的营养成分越来越少,盐碱化、土壤呈酸性等现象越来越严重。

旅游对地表植物所赖以生存的土壤有机层往往有很严重的冲击，如露营、野餐、步行等都会对土壤造成严重的人为干扰。土壤一旦受到冲击，物理结构、化学成分、生物因子等都会随之发生变化，并最终影响土壤上植物的繁衍与生长，昆虫、动物也会随之迁徙或减少。游人在景区的超负荷活动加剧了土壤的板结化，加快了古树名木的死亡速度，土壤板结也导致地表土进一步流失和受到侵蚀。

（二）生态破坏

生态破坏（又称环境破坏）是指人类不合理地开发、利用自然资源和兴建工程项目而引起的生态环境的退化及由此而衍生的相关环境效应，从而对人类的生存环境产生不利影响的现象，如水土流失、土地荒漠化、土壤盐碱化、生物多样性减少等等。生态环境是最宝贵的旅游资源，是旅游业发展的重要基础和必备条件。由于生态系统具有整体性、不可逆转性和长期性，一旦遭受破坏，所带来的损失是巨大的，甚至有些生态损失是不可弥补的。景区中存在的主要生态破坏有：

1. 植被破坏

人类的旅游活动对地表植被和植物的影响可分为直接影响和间接影响两大类。直接影响行为包括移除、踩踏、火灾、采集等；间接影响包括外来物种引入、营养盐污染、车辆废气、土壤流失等，这些都会间接地影响植物的生长和健康。

（1）大面积移除。这是人类旅游活动对植物最直接的伤害。比如，为兴建宾馆、停车场或其他旅游设施，大面积的地表植被被剔除，甚至还从外地搬来其他土壤进行客土栽培，以符合工程上的要求，这无疑是对植物族群"抄家灭族"的行为。

（2）游客践踏。在旅游活动对植物的影响中，游客践踏是最普遍的形式。只要游客一踏上绿地，他的双脚就可能施压于植物身上。游客对植物践踏行为会引起一系列的相关反应，如会影响到植物种子发芽，因土壤被踩实而导致幼苗无法顺利成长；对于已成长的植物，则可能因踩踏而导致其生理、形态等发生改变；步行道规划设计不合理，也可能影响到濒危植物物种生长；游客所搭乘的交通工具常会留下车痕，造成植物组成的改变。

（3）采集。采集也是对植物的一种伤害行为。游客最常见的采集动机是想摘下某朵漂亮的花，或想尝尝果实的滋味，或是想带一部分植物回家种植。此外，许多游客迷恋植物的疗效，一到野外看见药用植物就摘，使许多药用植物的天然族群愈来愈少。

此外，由于游客不慎或景区管理不善导致的森林火灾，致使植被覆盖率下降；任意砍伐树、竹做木屋、竹屋或烧柴等，毁坏了一些幼木，改变了森林树龄结构；大量垃圾堆积，导致土壤营养状态改变，还会造成空气和光线堵塞致使生态系统受到破坏等。

2. 资源的过度开发

一些景区为了盲目追求经济利益的

最大化,通过依靠增加旅游景点,提升资源开发利用强度和速度来扩大旅游规模,不合理地开发利用自然资源,砍伐森林,破坏植被,从而导致水土流失。不少旅游区过多兴建基础设施与建筑物等均对旅游区的生态环境造成了严重破坏。

3. 对野生动物的保护构成威胁

景区的开发可能会破坏野生动物的栖息地或庇护所。游客到达景区后,无论是旅游活动本身还是游客所制造的噪声都会干扰野生动物的生活和繁衍。而且一般游客总喜欢"又吃又拿",嗜吃各种山珍海味,又偏爱收集各类野生动物制品,这样野生动物的生命就受到了威胁。

(1) 干扰。游客从事户外旅游活动时,不可避免地会对生存其中的动物尤其是较为敏感的鸟类和哺乳动物造成干扰。例如,西双版纳的象谷,由于大规模游客的进入,影响了野象的生活规律,使经常出没于原始森林溪水旁的野象,现在只偶尔有一两头到此活动;游客从事水上活动也可能对水鸟族群造成威胁,使水鸟不能正常孵蛋,甚至失温;天鹅或水禽还可能被钓客的钓钩挫伤,或食入钓鱼用的小铅块而丧命。游客使用各种旅游设施时所产生的噪声也是一大影响因素,如手提音响、水上摩托车、汽艇均产生极大的噪声,这对动物的影响相当大。同时,水上各种船舶还可能产生油污污染,从而影响水中生物的生存。此外,游客在沙滩上的活动也会影响动物的生长,如影响海龟产卵等。

(2) 对野生动物的消费。在旅游活动对野生动物的影响中,游客对野生动物的消费行为影响最为严重。一些游客爱吃山珍,各种珍禽异兽只要没有毒,都有可能成为他们猎食的目标,造成这些族群数量的下降甚至绝迹。除了吃之外,有些游客还喜欢购买野生动物的相关制品,如动物毛皮、象牙等;许多海域原本有各式各样的贝类,但大量供人食用以及被制成各式纪念品后,贝类的数量锐减。

(三) 景观破坏

近年来,景区的人工化、商业化、城市化使我国风景名胜区越来越受到建设性的破坏。有的景区出于经济目的,热衷于旅店、宾馆的建设,盲目扩大旅游区,修建旅游设施,破坏了景观环境。

为了节省游人体力,方便游人,不少山岳风景区都修建了旅游客运索道,盘山公路也差不多修到了地形条件再也不允许修筑公路的地方,山地之巅或核心景区盖起了星级宾馆。尽管在建索道、铺电缆、修公路、盖宾馆的过程中力求不改变山体形态,但开山炸石、剥离地表植被都是不可避免的。旅游交通和服务设施建设带来的景观问题并非少见。一是开山炸石、剥离地表植被直接破坏景观,开挖生石面和倒石堆有碍观瞻。二是剥离地表植被引起水土流失。如果开挖面使上部岩体失去支撑,遇到震动或过量的降水,还有可能引发滑坡、塌方、危岩崩落,造成交通中断甚至人员伤亡。

四、旅游景区环境问题产生的原因

旅游景区环境问题产生的原因是多

方面的,既有自然的因素,也有人为的因素。自然因素对旅游环境的破坏多是由于不可抗拒的自然灾害造成的,如地震、火灾、洪水、滑坡、海啸、火山爆发等。但从当前形势看,人为因素造成的旅游景区环境问题占主要方面。

(一) 旅游资源开发和建设对旅游景区环境的影响

近年来,很多地方政府及旅游部门片面追求经济效益,对旅游资源做过度性、掠夺性的开发,使许多地方的旅游资源遭受不同程度的污染和破坏,这必然会使整个旅游景区环境遭到破坏。旅游景区的开发和经营主体受经济利益驱使,在景区内大兴土木,大建宾馆、疗养院、高档别墅和旅游度假村等,使得景区城市化、商业化现象严重,破坏了景区环境。一些景区的很多建筑甚至抢天占地,使历史文化遗迹淹没其中,成为孤岛,因而失去了景观价值。

(二) 旅游活动对旅游景区环境的影响

目前我国旅游市场上,国内游客规模迅速壮大,但部分游客素质比较低,环境意识淡薄,不文明行为比较普遍,由此导致的生态破坏和环境污染现象比比皆是。随地吐痰、便溺、乱扔垃圾、乱刻乱画、随意践踏采摘等不文明行为都对旅游资源和旅游环境造成严重破坏。这些行为极大地破坏了旅游资源,增大了旅游资源保护的难度。在旅游旺季时,大量游客的涌入影响了旅游地野生动植物的生存环境。大量游客的踩踏使土壤板结,许多林木由于不能正常吸收水分和营养而慢慢枯竭,自然资源遭受严重威胁,进而导致整个旅游景区环境遭到破坏。

(三) 人类经济活动对旅游景区环境的影响

人类的经济活动排放的"三废"和噪声污染,使旅游区的自然景观生态环境质量下降,游客的游览兴致也因环境的污染而降低。许多林区的树木被砍伐,使得许多野生动物无栖身之地而逐渐灭绝,使森林的生态功能逐渐被破坏,造成水土流失,生物多样性锐减,致使旅游景区环境的退化速度加快。

(四) 政策失误对旅游景区环境的影响

在我国旅游界、理论界和政府某些决策中或多或少存在这样一种观念,即"旅游业是无烟工业,不会像其他产业那样对环境造成污染",并且旅游资源主要是由可再生性资源组成的,旅游消耗是"非耗竭性消耗",所以较少考虑旅游资源的可持续利用。在这种传统观念的指导下,政府制定的有关旅游业发展政策缺乏综合性和科学性。这种现象极易造成旅游资源开发和建设的发展速度过快,进而加快旅游资源环境的退化。

(五) 市场失灵对旅游景区环境的影响

市场失灵最主要的表现就是旅游资源的产权不明确。当前我国旅游资源的所有者、使用者和管理者往往都是不分的,这必然使旅游资源的产权模糊,导致旅游资源的法人代表难以确定。一些旅游企业在开发旅游资源时追求利润最大化,而根本不重视环境保护,这种现象导致的最终的结果就是极易造成旅游景区环境的破坏。

(六)影视拍摄对旅游景区环境的影响

当前很多影视剧组选择在风景优美的旅游景区拍摄,对旅游环境造成不同程度的破坏。比如,2004年电影《无极》在云南香格里拉拍摄时,摄制组在碧沽天池修建了长约100米、宽约4米的砂石路面和长约20米的铺有木条的道路,搭建了"海棠精舍"临时建筑物,天池边禁伐区的一片高山杜鹃林被推平。"海棠精舍"及砂石道路等破坏了碧沽天池周围部分高山草甸和高山灌丛植被,被砍的高山杜鹃林也将难以恢复,这对碧沽天池周围的生态旅游环境造成了较严重的影响。

(七)自然因素方面的原因

自然因素对生态旅游资源和环境的破坏,在大多数情况下是人类无法改变的,它又包括正常变化与异常变化两种。正常变化往往是自然力量下发生的变化,如风吹、雨淋、日晒、水流冲蚀、病虫害及腐蚀等作用而引起的变化,主要改变景观形态、颜色和结构,导致其质量变化或破坏。异常变化主要指火山爆发、崩塌、滑坡、泥石流、洪水、台风、海啸、自然森林火灾等,往往造成资源与环境的毁灭性破坏。

五、旅游景区环境管理方法

景区环境管理方法主要有法律方法、经济方法、教育方法、行政方法、技术方法等。

(一)法律方法

法律方法是旅游景区环境管理的一种强制性措施。旅游景区环境管理一方面要靠立法,把国家对景区环境保护的要求和做法全部以法律形式固定下来,强制执行。目前,我国与旅游景区环境相关的法律法规主要包括:①环境保护基本法;②环境保护单行法,包括水污染防治法、大气污染防治法、环境噪声污染防治法、固体废物污染环境防治法、海洋环境保护法以及土地管理法、水法、森林法、草原法、野生动物保护法、水土保持法等;③环境保护行政法规和部门规章。直接针对旅游景区的法律法规包括风景名胜区管理条例、文物保护法、一些地方旅游景区的管理法规等。

另一方面还要靠执法。景区管理部门要与违反旅游环境法规、污染和破坏旅游环境、危害旅游者健康等违规违法行为进行斗争。景区管理部门要协助和配合司法部门,按景区环境法规对严重污染和破坏景区环境的行为进行处罚,直至追究法律责任,也可依据环境法规对危害景区环境的单位或个人直接给予各种形式的处罚。

(二)经济方法

经济方法是指通过经济杠杆来调节景区管理和旅游者行为以提升环境质量的管理方法。经济方法通常具有较强的激励效应,对有关主体具有刺激性,且主体对刺激的反应具有灵活性。对于调节对象而言具有良好的效果。

常用的经济调节方法包括税收调节、环保费用征收、经济奖励与处罚等。

环境税是国家税收的一种形式,通常是指对一切开发、保护环境资源(包括环境容量资源)的单位和个人,按其对环境资源的开发利用、污染、破坏和保护的程度进行征收或减免的一种税收。环境税收的目的,主要是使企业产生财务上持续的压力,诱发削减最低费用的污染,不断地刺激排污企业探索减少污染、保护环境的途径。环境税是各种经济手段中最纯粹的一种市场经济手段。与其他经济手段相比,它的应用范围更广,几乎可以覆盖所有与环境有关的问题。在选择基准和征收额度方面,也具有更大的灵活性。在景区环境管理过程中,政府可以通过税收的手段来引导景区和旅游者自觉遵守景区环境保护的要求。例如,为了控制旅游景区的旅游者数量,减少过量旅游者带给景区环境上的压力,政府可以通过适当征收环境税的形式来约束景区,从经济上施加压力,迫使其尽量降低景区经营活动对环境造成的负面影响。

环保费用征收是指对于产生环境污染或导致景区环境质量下降的组织征收排污费的方法,环保费用的征收同样能够直接影响到景区的经营效益,因此,能够从根本上激励景区产生环境保护的意识。环保费用的征收主要包括排污收费、超标排污收费、环境保护保证金的预先征收、非环保产品收费等。

经济奖励与处罚包括对为景区环境优化做出贡献的组织和个人予以奖励,对破坏景区环境的组织和个人给予经济处罚两个方面。

(三)教育方法

教育方法是景区环境管理中最常用的方法。旅游景区环境管理的教育方法是指通过各种媒介向公众传达保护环境的相关知识,从而达到提高公众的环境保护意识,促进景区旅游环境质量提升的方法。

景区环境教育的对象主要包括旅游景区工作人员、景区周边居民以及来景区旅游的旅游者。

景区工作人员是旅游景区总体规划和有关政策法规的执行者,也是日常旅游管理的实施者;既是环境教育的组织者、实施者,同时又是接受教育的群体。对他们的环境教育主要是加强其责任心和事业心,积极更新观念,学习并掌握环境保护的基本知识和基本技能。

景区周边居民作为环境教育的对象,一方面,他们是当地自然资源的直接利用者,他们对自然资源和身边环境的认识和行为,直接关系到旅游区资源的有效保护程度;另一方面,他们是旅游景区共管的主要参与者,他们对旅游景区的认识直接关系到共管水平和地区长远建设目标的实现。对于他们,首先就要耐心地宣传国家有关环境保护的政策法规。

游客是旅游景区环境教育的重点。游客是旅游活动的亲身参与者,是旅游环境的一部分,也是旅游环境教育的监督者和实现者。应向游客宣传有关旅游环境的知识,使其形成良好的环境保护意识,成为旅游环境教育的积极参与者。因为游客众多,成分复杂,活动范围广泛,流动性很强,故对游客的教育应重点放在旅游环境教育的日常工作中,使游客充分认识到信手攀折、摘取花草树木、乱扔果皮杂物甚至随地大小便、随意刻"×××到此一游"等不文明行为均会降低风景区的旅游价值。

因此,为了创造舒适优美的旅游环境,一方面要加强宣传教育,努力提高游客自觉爱护风景区旅游资源、保护风景区旅游环境的自觉性;另一方面要制订切实可行的景区环境保护措施,如增设果皮箱,对重点文物和著名景物增设钢网护罩等。

(四)行政方法

行政方法是国家通过行政机构采取强制性的行政命令、指示、规定等措施,作用于直接管理对象的一种方法。行政方法在现实生活中还是很常见的,如环保局的检查、政府的命令等。行政方法具有权威性、强制性、垂直性、具体性、非经济利益性、封闭性等特征。在我国,行政方法往往容易得到组织和个人的重视,执行起来更加有效,因此,依靠行政方法管理景区环境能够起到较为理想的效果。

在我国,旅游景区管理者可分为两类:其一,完全的管理者;其二,不完全的管理者。不完全管理者具有一定的行政职能,如自然保护区、世界遗产单位管委会等。前者应配合政府环保部门研究制定旅游景区环境保护政策,组织制订和检查旅游景区环境保护计划。而后者,由于本身具有一定的行政职权,应该在与环境保护部门合作的基础上,依据景区的实际情况制定和实施环境标准,颁布和推行环境政策。

我国通常采用的行政管理方法有行政通告、政府行政倡议以及政府的专项整治和综合整治等。

行政通告是指政府和旅游主管部门针对某项内容制定规则并公开颁布实施的方式。例如,1995年国家旅游局和环保总局会同建设部、林业部以及国家文物局等单位联合下发的《关于加强旅游区环境保护工作的通知》就属于政府行政通告。行政通告对相关责任人能够起到较强的约束作用,规则内容的执行同样具有一定的强制性。

政府行政倡议是为了推动某个环保行为或加强某种环保观念而由政府及相关管理部门发起的运动。

专项和综合整治是指政府职能部门对于严重影响景区环境质量的问题进行的专项治理或对景区环境问题进行的全方位治理的行为。政府牵头推行的整治往往能够在短期内达到理想的效果,但是由于整治工作具有短期性和针对性的特点,在环境整治之后,原来存在的问题可能会继续出现。

(五)技术方法

技术方法主要是指在进行景区环境管理时用科学的方法、科学技术措施以及科学的理念,通过引入先进的科学技术来加强对景区环境监测、污染处理等工作方法。例如,将地理信息系统、全球定位技术、遥感等俗称的"3S"技术引入环境系统监测能够大大提高环境监测的精度和连续性。又如,景区垃圾生态综合处理技术,结合景区的景观建设需求,在分类的基础上采用多种方法对景区垃圾进行多层次的综合利用与处理。不仅解决了景区垃圾的出路问题,而且再造的景观具有美化环境的作用,还可以培育成为重要的旅游吸引物。此外,各种物理、化学、生物、环境工程等方法也可大力引入到景区环境监控与管理中来。

【任务拓展】

任务5-2-2:各小组以上次景区调研结果为依据,结合小组成员对景区环境现状的观察,为该景区制定一份景区环境保护方案。方案包含该景区现存的环境问题、问题产生原因、保护与管理措施等内容。报告一周后上交。

【任务反馈】

结合班级主题班会,组织一次辩论赛。辩论赛正方观点为:游客数量增加有助于保护景区环境。反方观点为:游客数量增加会破坏景区环境。小组通过抽签方式决定正反方。三个小组派成员组成正方队,另三个小组派成员组成反方队,选出辩论赛主席,在班会时间组织实施辩论赛。

任务三 维护和更新设施设备

【任务目标】

通过千岛湖等案例的学习,学生应掌握景区设施设备的概念和含义,掌握景区设施设备维护保养的主要内容。通过小组任务,学生能够制订景区设施设备维护和保养计划。

情景设计

玉女山景区发生了一起安全事故:游乐场的过山车在运行过程中,一游客的座位安全带断裂,造成游客重伤。李明被抽调参与这起事故的处理,他也在认真观察着,景区管理人员将如何处理这起安全事故?从该事故的发生中,景区管理方应该吸取哪些经验与教训?

【案例聚焦】

案例1

厦门龙海旅游山庄事故

2009年底,陈女士参加了厦门某旅行社组织的赴龙海某旅游山庄一日游活动。在"水山乐园"景点游玩时,陈女士不慎从3米高的地方跌落,腰部受伤。当日,陈女士被送往龙海市医院治疗,经营者支付医药费12 800元,45天后回家休养。可休养期间陈女士病情加重,经175、174两家医院会诊,诊断为"胸11—12椎体压缩性骨折"。2010年1月4日,陈女士在厦门某医院接受手术治疗,要求该旅游山庄预付手术费未果,于是向漳州市工商局12315指挥中心投诉。接诉后,龙海市工商局当即组织执法人员调查取证,发现旅游山庄在"水山乐园"高低处未设置安全防护栏和提示警示牌,对游客跌伤负有不可推卸的责任;其次,厦门某旅行社带团人员没有向游客开展旅游安全教育,没有做好游客的安全保护工作,也负有一定责任。

案例 2

欢乐谷安全事故

2011年11月2日晚上8点10分左,上海欢乐谷一台游艺设备突然着火,发生火灾的游艺设备为摇摆伞,游戏方式及原理和旋转木马相似,其顶部是一个类似伞面的构件,直径约10米,材料成分多样,其中有防火棉等。消防部门接报后立即赶到现场展开扑救,8点16分左右,大火被扑灭。但此时,整台游艺设备已被烧得面目全非,所幸并未造成人员伤亡,周边其他游艺设备也未受殃及。

据了解,这已经不是上海欢乐谷第一次发生意外事故了。今年1月24日,欢乐谷最受欢迎的游乐项目"绝顶雄风"发生传感器故障,25名游客在高达60米的轨道上被晾了30分钟。而在2009年上海欢乐谷试运行时,13天内发生12起事故,这也频遭游客们诟病。

对此,包括欢乐谷和锦江乐园在内的多位游乐园相关负责人表示,游艺设备在对外开放前,均需经过国家有关部门的检测。同时,每天开机前,也有工作人员对设备进行检查。此外,周检、月检、年检都是游乐园的规定工作。对于事故频发这一现象,相关负责人也承诺,将尽快查找原因,让游客们玩得安心。

【任务执行】

任务发布

任务5-3-1:小组讨论下面问题。

案例1、2中事故发生的原因是什么?对我们有什么启示?

任务具体要求:分析案例1、2发生事故的原因,并讨论景区应如何做好设施设备的维护与更新?

时间:30分钟

任务分析

景区设施设备是景区开展经营活动的物质载体,它直接影响到景区的档次和游客的满意度,反映了景区产品质量的优劣,体现了景区的整体形象。杜绝景区安全事故的发生,必须形成对景区设施设备定期保养、检查维修的制度。

任务实施

①小组阅读案例,并查阅相关内容,分析产生事故的原因。

②针对事故产生的原因,分析景区设施设备维修保养的重要性。

③分析应采用何种方法来更好地管理景区设施设备,杜绝隐患。

④写出书面总结,并展示。

学生小组任务成果书(NO. 23)			
实训任务任务5-3-1:景区设施设备保养探讨		任务性质	小组任务
小组任务成果名称	景区设施设备保养探讨结果		
分析安全事故产生的原因;总结设施设备维修保养的重要性;提出维修保养设施设备的好方法 注:成果以A4纸打印或手写			

知识讲解

一、旅游景区设施设备的类型

景区设施类型多样,根据其性质和功能,可分为基础设施、服务设施、娱乐活动设施三个大类(如表5-1)。

（一）基础设施类

景区基础设施看似与游客服务没有直接联系,但它却是景区正常运行、旅游活动顺利完成的基本保障。没有它,游客无法实现景区内的空间转移,所有的旅游服务几乎都无法提供。同时,景观协调、富于美感的基础设施还是构成景区吸引力的重要因素。因此,景区基础设施的完备程度、质量高低与景区运营紧密相关。景区的基础设施主要包括道路交通设施、给排水及排污设施、电力通信设施、绿化环卫设施、游览安全设施等。

1. 道路交通设施

道路交通设施是保证游客在景区正常合理流动的前提条件,在景区中起到贯穿全局的作用,是景区游客使用最普遍、最基本的设施。景区道路交通设施主要包括车行道、步行游道、停车场和特殊交通通道,如索道、缆车、踏步电梯、马帮、水面交通工具、空中交通工具等。

2. 给排水及排污设施

旅游者在景区内开展的旅游活动离不开水源的提供,因此,景区内必须具备足够的水源或蓄水、提水工程设施,并且有完善的供排水管道系统设施。同时,为保证对环境的影响降至最低,还必须有污水处理设施与污物处理排放的系统。

3. 电力通信设施

电力设施是景区其他设施的动力源泉和夜间照明的光源;通信设施是景区内游客和管理者与外界联系的基本保证。因此,景区内拥有能保质、保量、安全可靠的供电、输电网以及方便、快捷的通信设施,才能保证整个景区正常地为游客提供服务。景区的电力设施主要包括电力系统设施、预备供电系统;通信设施有电话网、移动信号基站、宽带信息网络、电话服务点、邮政等。

4. 绿化环卫设施

景区内的绿化设施除了能满足景区内功能配置的需要之外,也是营造良好景观效应的一种需要;同时,规划得体的绿化设施还可隐蔽、遮掩有碍景观的建筑,平衡生态和改善景区环境质量。环卫设施则起到保持旅游景区环境整洁、卫生的作用。景区的绿化设施主要是各种绿草花木;环卫设施主要包括厕所、垃圾箱和垃圾处理站等。

5. 游览安全设施

旅游业对安全的敏感度远高于一般产业和社会系统。严重事故、恐怖活动、不良治安、自然灾害等都会严重阻碍景区的可进入性。游客的人身安全是旅游者进行旅游活动的前提,因此必须消除一切可能的危险因素,为广大游客营造一个舒适、安全、环境优越的景区。景区游览安全设施包括闭路监控设施、消防监控设施、安全警告标志、危险地带安全防护设施、救护设施设备等。

（二）服务设施类

服务设施是游客在景区中重点使用的设施，主要包括：

1. 住宿设施

住宿设施主要指景区内为游客提供住宿服务的宾馆、饭店、疗养院、度假村、民居旅馆、野营地等设施。

2. 餐饮设施

餐饮设施主要指景区内为游客提供食品、酒水饮料的快餐店、中餐厅、西餐厅、风味餐厅、咖啡厅和酒吧等设施。

3. 商业设施

商业设施是指为游客提供日常用品和旅游商品购买的商业网点，既包括景区内分散的商业网点，又包括商业服务设施较为集中、完善并且标准较高的商业服务中心。

4. 康娱设施

康娱设施是指为满足人们康娱需要，进行康娱活动而兴建的建筑、设施设备等综合体的统称，如桑拿城、足浴馆、健身房、温泉泡池以及各类球场（馆）。

5. 导游设施

景区导游设施，是景区解说系统的重要组成部分。它包括游客引导设施和解说设施两种类型。游客引导设施是指对游客行为具有提示、引导性的文字、符号或图案等。景区解说设施是对景区总体以及主要景点进行讲解、介绍的图文解说或多媒体解说系统等。

（三）娱乐活动设施类

1. 水上娱乐设施

除了传统意义上的浴场、游泳池、水上乐园等水上娱乐活动设施以外，它还包括游船、游艇、垂钓池、漂流、竹筏等设施。

2. 陆上娱乐设施

陆上娱乐设施主要是指动植物园、娱乐中心、游览车、儿童乐园、博物馆、展览馆、高尔夫球场、滑雪场、速降、蹦极、攀岩等在陆地上进行的各种娱乐活动所依托的设施。

3. 空中娱乐设施

空中娱乐设施主要包括热气球、小型飞机、滑翔伞、索道等。

表 5-1　旅游景区设施的类型

设施大类	设施亚类	设施内容
基础设施类	道路交通设施	车行道、停车场、步行道、特殊交通道
	给排水及排污设施	蓄水系统设置、输水管道设置、排水系统设置、污水处理系统设置
	电力通信设施	电力系统设施、预备供电系统、电话网、移动信号基站、宽带信息网络、电话服务点、邮政
	绿化环卫设施	树木、花卉、草坪、旅游厕所设施、垃圾箱、垃圾收集站、垃圾处理设施等
	游览安全设施	闭路监控设施、消防监控设施、安全警告标志、危险地带安全防护设施、救护设施设备等

续表

设施大类	设施亚类	设施内容
服务设施类	住宿设施	包括各种住宿建筑设施及服务设施
	餐饮设施	餐饮建筑设施及餐饮服务设施
	商业设施	商业网点建筑及商业服务设施
	康娱设施	康娱建筑及辅助服务设施
	导游设施	引导标志、导游全景图、景物介绍牌、标志牌、旅游信息触摸屏、游客服务中心等
娱乐活动设施类	水上娱乐设施	浴场、游泳池、水上乐园、游船、游艇、垂钓池、漂流、竹筏等
	陆上娱乐设施	动植物园、娱乐中心、游览车、儿童乐园、博物馆、展览馆、高尔夫球场、滑雪场、速降、蹦极、攀岩等
	空中娱乐设施	热气球、小型飞机、滑翔伞、索道等

二、旅游景区设施设备管理的内容

（一）安全管理

建立安全管理责任制，定期检查安全设备，做好景区内各种游乐场所、游览道路、游客休息停留场所及其周边环境的安全管理工作，避免可能对人员造成的伤害。例如攀岩、冲浪、骑马、拓展等特种旅游项目的安全管理工作。

设立警示标志，正确引导和约束景区内游客的游览行为，防止游客因其不安全行为导致事故。例如不顾各种安全警示，跨越安全栏、随意攀爬、接近危险水源；在游览过程中，不遵守相关的安全规定，不按照规定的操作执行；在非指定的吸烟区域吸烟，或在禁火的景区乱丢烟头等。

（二）人员管理

做好员工工作及生活场所的安全管理，并对员工进行教育，如不得私拉电线、私用电炉，注意交通安全等。要求旅游设施设备操作人员严格按照规范操作，防止违章作业导致事故。例如因操作不当导致漂流船翻沉、客运索道停止运行、游艺机械造成人员受伤等事故。

要求景区员工按照既定的标准和流程操作，避免在提供服务过程中产生不安全行为。例如在为游客提供餐饮、购物等过程中，造成客人烫伤、食物中毒或食用过期物品等事故。

（三）档案管理

旅游景区内的各种设施设备需要进行详尽的档案管理。在设备安装调试后正常投入使用时，需要建立规范的设备档案。设施设备的各种技术资料，包括设备的说明书、图纸，设备维修、检修周期、内容和要求等都要存档保管，以备日后维修时查阅。对于设备运行中的维护、检修、技改等工作内容也要详细记录，以作为设备管理的基础性技术资料。

（四）应急管理

建立必要的应对机制，采取一系列必要措施，保障公众生命财产安全。搞好景区范围内的治安保卫工作,防止偷盗、抢劫等犯罪行为的发生,避免造成游客的人身伤害或财物损失,及时查禁"黄、赌、毒"等社会不良现象,依法打击强买强卖、敲诈勒索、殴打辱骂游客等各类违法犯罪行为。

景区内如有建设或维修施工的,应做好安全防护工作,防止施工对游客造成伤害。做好景区内的道路交通设施、各种车辆以及停车场的安全管制工作,这在旅游旺季、高峰期显得尤为重要。做好如台风、洪水,以及山体塌方或泥石流等自然灾害的预报或防范措施,尽可能减少对景区和游客的损害。

三、旅游景区设施设备的维护与检查

旅游景区设施设备的维护与保养是景区正常运营的前提。设施设备的维护保养需要有明确的日常维护和定期检查的制度,保证景区设施设备始终处于良好运行的状态。

(一)设施设备的维护制度

旅游景区设施设备的维护制度是景区安全管理的重点,应加强几方面的工作:

1. 加强景区配套公共设施的日常维护管理

要建立日常维护管理工作机制,发现设施损坏或被盗的,要及时维修和恢复,消除隐患,保持景区配套公共设施有效、安全,避免因维护管理缺位而引起负面影响。

2. 采取多种措施,加强景区公共设施的长效管理

一是制订并落实维护管理人员的值班巡查制度及责任,强化巡查管理;二是不断改进和加强防范措施,采取人防与技防相结合措施,注重技防手段在公共设施中的运用。要结合公共设施的分布现状和价值大小情况,因地制宜加强技术防范管理。

3. 加强景区的治安管理工作

公园要加强对治安管理人员的管理、教育,增强治安管理人员的责任心。日常治安巡逻和日常维护管理中,治安管理部门与物业管理部门要加强信息沟通,互通情况,及时掌握动态信息情况,一旦发现景区公共设施毁坏、被盗等情况,要及时通报,及时做好维护、维修管理工作。

(二)设施设备的定期检查制度

为了保障景区游客的游览安全,景区需制订完善的定期检查制度,尤其是游乐性质的主题公园,检查更需常态化。景区设施设备的检查一般分为五类:

1. 每日检修

每天早、中、晚,轮流对各设施设备进行检修,并针对每个游乐项目的特点和性质设计"每日检查与保养记录表",通过检查到位和责任到人,以确保景区游乐类设施设备处于良好的状态,保证游客的游玩安全。

2. 每周检修

每周对各设施设备进行监测性检修,通过监测大型重点设施设备的劣化程度和性能状况,为制订设施设备改进方案提供依据。

3. 每月检修

月检规模大于周检,使用特定仪器

有针对性地对特定项目进行设备检查，目的是将各种设施设备的综合效能发挥到最大化，以获得设施设备周期寿命里最高的安全保障。

4. 年末大检

每年对大型设施设备进行年度检修，根据设备的周期寿命情况，及时更换零部件或改进设备技术，以使设备满足不断变化的游客需求。

5. 紧急控制

紧急控制也是对设施设备的应急管理，这是在设施设备运行正常的情况下就要充分考虑的。景区对关键性设施设备准备充足的备品备件，以便出现突发情况时能及时抢修；另外，也需制订完善的应急预案，保证各职能部门可以从容应对紧急情况。

四、旅游景区设施设备的更新与改造

（一）设施设备的更新改造

景区设施更新是指以结构更加先进、技术更加完备、效率更高的景区新设施去代替物理上不能继续使用，或经济上不宜继续使用的景区设施。景区设施改造是指改变现有景区设施的性能、结构、工作原理，以提高景区设施的技术性能或改善其安全、环保特性，使之达到先进水平所采取的重大技术措施。

景区设施设备的更新改造按照其规模，可分为三类：

1. 全面更新改造

在使用一定年限后，有些设施设备已经达到使用年限，不能再承担正常运营工作，有些设备技术已经落后，不能满足旅游者不断变化的需求。此时，需要对设施设备进行全面更新改造，在基本保留原有项目的基础上，对主要的大型设施设备进行更新改造。

2. 系统更新改造

针对景区内某一具有特定功能的系统设施设备如景区的空调系统、发电系统、供水系统等，出现性能下降、效率低下或耗能严重、环保性差的问题，采取技术措施的更新改造。

3. 单机更新改造

针对某一单机设施设备采取更新改造。

（二）按景区设施更新改造的原因分类

1. 适应性问题更新改造

景区设施经过长时间的使用，已经不能适应景区运营管理的需要以及游客的需求，对此做出的增强其适用性的更新和改造。

2. 维修问题更新改造

景区设施出现技术故障或运行故障等问题而需要做出的维修更新和改造。

3. 效益问题更新改造

景区设施的老化或技术水平的落后使景区的运行成本提高或所得收益降低，为此而进行的设施更新和改造，以提高景区的整体效益。

五、旅游景区设施更新与改造的程序

旅游景区必须把采用现代先进的设施设备为游客服务列为景区发展目标之一，必须根据景区自身的实际情况，有计划有步骤地适时更新设施设备，使之接近或达到现代先进水平，为游客提供优

质的服务,提高景区的声誉和效益。景区设施更新改造一般遵循下述程序:

(一) 申请

景区设施更新申请单由景区企业主管部门根据各景区设施使用部门的意见汇总编制,经有关部门审查,在充分进行技术经济分析论证的基础上,确定实施的可行性和资金来源等方面情况后,经上级主管部门和景区长审批后实施。

景区设施更新申请单的主要内容包括:

(1) 景区设施更新的理由(附技术经济分析报告);

(2) 对新设施的技术要求,包括对随机附件的要求;

(3) 现有设施的处理意见;

(4) 订货方面的商务要求及需要使用的时间。

(二) 调研审查

景区针对所提出的设施设备更新改造申请,成立由工程师、技师、主管人员参加的更新改造项目小组,进行调查研究,充分讨论,提出审查意见。对旧设施组织技术鉴定,确定残值,区别不同情况进行处理。对报废的及国家规定淘汰的景区设施,不得转售其他单位。

(三) 计划筹备

项目改造的负责人组织制订项目改造的实施进度计划,详细安排项目在准备、开工、施工、竣工、投产各个阶段的进度计划,特别要注意各阶段之间的工作衔接、资金和物资供应、设计和施工的协调配合等问题,积极筹措景区设施更新资金。

(四) 现场管理

更新改造工程需要专业机构或人员进行日常管理,管理人员的主要工作职责包括落实改造计划、处理现场问题、保证进度顺利、监督工程质量、协调施工关系、及时反映并解决出现的问题等。

(五) 竣工验收

在竣工验收阶段,有关使用部门要对设施进行各种指标测试和检验工作,将验收情况详细记录在案,进一步提出改造意见,在各方验收合格后方可投入使用。

(六) 总结

在更新改造工程验收工作结束以后,需要从技术上以及管理上做好总结工作,为设施管理提供重要的资源积累。

【任务拓展】

任务5-3-2:结合任务一中小组的调研结果及小组成员所获取的调研景区设施设备保养制度,各小组根据本小组对设施设备的认识情况,选取该景区的某一类设施设备,为其制订一份维护和保养计划书。计划书包含设施设备的类型、分阶段维护和保养任务、执行机构等。各小组课下自行组织完成,成果两周后公开展示。

【任务反馈】

交流学习:各小组派出一名代表,携带本小组的成果与其他小组交流,接待组对来访成员予以接待,并针对其保养计划书提出意见或改进建议。

任务四 处理景区安全事故

【任务目标】

通过学习青岛崂山风景区的案例，学生能了解旅游景区安全管理的基本理论与方法。通过小组任务，学生能够处理景区安全事故和突发事故，提高处理问题的基本技能。

情景设计

针对近期国内其他景区出现的设施设备故障及游客摔伤等安全事故，为尽量杜绝类似事件的发生，景区决定进行安全事故模拟演习，预先设定突发事故，各部门配合行动，各司其职。

李明将参与这次演习，他应该做好哪些工作呢？

【案例聚焦】

案例1

旅游者得知某旅游地不太安全时的出游态度

在一项游客调查研究中，当游客得知某旅游地不太安全时，49.3%的游客会选择取消出行计划，44.9%的游客不取消计划但加强防备。如下表所示：

表 游客调查结果

态度	取消出行计划	不取消计划但加强防备
人数	178	162
比例（%）	49.3	44.9

案例2

近年来在景区发生的部分安全事故

1986年浙江金华市鑫州公园元宵灯会，由于门票脱售，入口处秩序混乱，造成人群踩踏事故，致使35人死亡，33人受伤。

1991年山西太原市迎泽公园举办"煤海之光"灯展，由于票务管理混乱，10万人涌进只能容纳4万人的公园，在通过一座石桥时秩序混乱，群众绊倒后互相挤压，造成106人死亡，98人受伤。

1994年3月31日，浙江省千岛湖"海瑞号"游船发生特大抢劫纵火杀人案，船上32人全部遇难，其中有24名台胞游客，2名导游，6名船上工作人员。"千岛湖事件"严重损害了我国的旅游形象，300多个预定到杭州或千岛湖的旅游团队因"千岛湖事件"而取消、减员或改道旅游，一度造成浙江旅游业的衰退，甚至波及我国整个旅游产业的发展。

湖北神农溪景区在1995年4月23日发生漂流翻船事故，8名台湾游客和3名船工全部死亡；1997年3月12日的翻船事故造成1人死亡，3人失踪。

1996年3月，广东飞图游乐城一热气球失控，导致一名17岁香港女游客坠地死亡；四川成都开展锦江河漂流，一对母子翻船溺水死亡；北京也曾发生过滑翔中游客被摔死的事件。

1999年10月，上海锦江乐园一台湾游客跳蹦极死亡。

2000年4月16日,天津两少年跳蹦极严重受伤。

1999年10月,贵州马岭和风景区发生令人震惊缆车坠毁事故,死亡14人,受伤22人。

2004年2月5日元宵夜,密云密虹公园发生元宵灯会踩踏事故。事故共造成37人被踩死,24人受伤,引起社会各方面针对旅游景区和大型活动的强烈反响。

2004年12月26日,印尼苏门达腊岛北部发生的强烈地震,在东南亚、南亚海域引发海啸。高达近10米的巨浪袭击了印尼、斯里兰卡、泰国等国沿海地区,造成几十万游客的伤亡。

2009年7月1日,由贵州黔西南州马岭河景区清水河漂流公司组织的云南散客漂流活动发生溺水事故,共7人落水,其中2人死亡(男女各1人),1人失踪,另外4人获救。

2011年5月20日,来自上海的老年游客张全才跟随一个自发的旅游团队来到临安太湖源镇东天目山下,当天下午老张约了同团的老叶夫妇爬山游玩。在爬山过程中,一马当先的老张与两位同伴失去了联系。下午4时许,老张与队员通了最后一个电话,称自己可能迷路了,叫大家不要担心,他会走出来的。26日,老张尸体被当地村民发现。

2011年8月13日,宜兴市竹海风景区发生一起因短时强风暴雨致滑道受损引发的伤亡事故,部分游客乘坐的滑道小车相撞、冲出滑道,导致多人伤亡。2人因抢救无效死亡,另有26人受伤,其中3人重伤。

案例3

广东肇庆市鼎湖区砚洲岛游客溺水死亡事故

2008年国庆节前夕,广东省职工国际旅行社(以下简称旅行社)接受郑州优德伟业科技发展有限公司广州办事处(以下简称公司)委托,组织该公司101名员工前往肇庆西江边的砚洲岛开展为期两天的拓展旅游活动。双方签订的旅游合同特别约定,旅游者不得擅自到西江游泳。开展活动前,旅行社团体部经理与公司负责人勘察了拓展旅游地,该区域有禁止游泳的警示牌。双方在签订旅游合同的基础上,又增加了旅游行程、活动安排、注意事项、有关要求等合同附件。拓展旅游活动按照合同的约定进展顺利。

10月4日上午,在游览鼎湖区砚洲岛、用完午餐后,公司负责人与随团导游员协商,给予旅游者1小时时间整理行李、稍事休息,下午4时集中乘车返回广州。导游员随即宣布自由活动,在告知集合时间的同时,提醒大家不要下西江玩水、游泳。当日下午约2:30时许,七、八名旅游者擅自到沙滩戏水。约2:40时,三名游客走到水深处突然溺水,大呼"救命",一名游客获救,两名游客失踪。旅游者向110报案。公安部门接报后,及时赶赴现场,会同海事部门、当地村镇人员搜救。10月6日上午8时许,在当地公安、海事、旅游及所在镇政府、村委会等有关单位的共同努力下,于事发现场下游2公里处找到两名失踪者遗体。经法医鉴定和公司领导现场确认,死者为该公司委托旅行社组织的赴肇庆旅游的团队成员。

事故发生后,肇庆市委、市政府和省旅游局高度重视事件的处理情况。肇庆市旅游局及时启动旅游突发事件应急预案,主要领导等有关人员,赶赴事发地点,协调相关部门。事发地鼎湖区政府组成了由公安、海事、旅游以及所在镇政府、村委会等单位参加的工作小组,研究部署事故的善后处理工作。在当地政府以及旅游、公安、海事等有关部门和组团社、组团单位的共同努力下,经过与死者家属友好协商,由组团单位代表旅行社、砚州村委会与死者家属签订协议,每位死者获得经济补偿10万元、旅行社为旅游团购买的旅游意外保险8万元。死者家属随后返回原籍,事故善后处理结束。

【任务执行】

任务发布

任务5-4-1:以小组为单位,分析案例2,讨论上述安全事故发生的原因有哪些?针对上述事故发生的原因,讨论景区应采取哪些安全防范措施,以最大限度的杜绝此类安全事故的发生?

时间:40分钟

任务分析

旅游业是一项综合性很强且较敏感的产业,极易受到外部不可预测的因素影响,如自然因素的地震、水灾、火灾、异常恶劣气候等,健康因素中流行性疾病等。它们会对游人的生命安全带来严重威胁,造成经济损失,破坏旅游资源,从而给旅游景区带来巨大损害,有的甚至给旅游景区以致命打击。安全事故的原因有多种,首先要对安全事故发生的原因进行分类,根据分类结果,逐一分析讨论,确定不同类型安全事故的不同预防方案。

任务实施

①小组阅读案例,并查阅相关内容,分析产生安全事故的原因。

②针对事故产生的原因,讨论景区应采取哪些安全防范措施。

③各小组成员在充分讨论基础上,形成本小组的最终成果。

学生小组任务成果书(NO. 24)			
实训任务5-4-1:安全事故发生的原因及其防范措施		任务性质	小组任务
小组任务成果名称	安全事故发生的原因及其防范措施		
针对安全事故产生的不同原因进行分类;针对不同类型的安全事故,提出可行的防范措施 注:成果以A4纸打印或手写			

知识讲解

一、旅游景区安全管理及其意义

(一)旅游景区安全管理的定义

旅游景区安全管理是指根据国家旅游安全工作方针政策,为降低旅游景区安全事故的发生,确保景区和旅游者的人身及财物安全,在旅游企业接待服务过程中所采取的一系列制度、措施、方法等管理活动的总称。它是维护景区声誉,提高服务质量,保证接待服务活动正常开展的重要条件。

(二)旅游景区安全管理的意义

旅游景区必须保障旅游者人身财物及景区财产安全,这是旅游景区经营服务的基础。没有安全,一切服务和生产就无从谈起。从这个意义上说,没有安全就没有旅游业。犯罪活动的暴力化、犯罪分子的智能化、灾害事故的复杂化,使安全管理工作在旅游风景区中越来越重要。

具体来说,旅游景区安全管理的重要性表现在如下几个方面:

1. 旅游景区安全是提高游客满意度的重要保证

根据马斯洛需求层次理论,安全需要是仅次于生理需求的基本需求。他在对一般美国人的调查中发现,安全需要占到70%,与其他较高层次的需要比较,占了相当大的比例。而出外旅游属于较高层次的享受需求和发展需求,要想使高层次的旅游活动行为得到满足,提高游客的满意度,就需要有较好的旅游安全保障措施作为基石和先行条件。

2. 旅游景区安全是旅游经营者获取经济效益的保证

对于旅游经营者来说,旅游景区安全是保证旅游活动顺利进行,并获取良好经济效益的前提。旅游事故的发生,无疑会给旅游经营者带来不同程度的影响,如直接的经济损失,较长时间内游客量的大幅度减少,信誉和形象的破坏,甚至导致景区旅游毁于一旦。

3. 旅游景区安全是旅游业可持续发展的基础

根据经济学中的"木桶原理",即木桶容量的大小并不取决于最长的那根木条,也不取决于平均长度,而是取决于最短的那根木条,若某一要素极端恶劣,其副作用足以抵消其余要素的全部正效应,就会出现服务业常提到的"$100-1=0$"的效果。安全需要作为游客的基本需求,因此,不管哪个方面出现安全问题,都会对景区整个旅游业产生影响。它不仅影响到旅游业的形象和信誉,还关系到旅游业的生存和发展。

总而言之,旅游景区安全管理是维护旅游景区声誉,提高服务质量,保证旅游景区接待服务活动正常开展的重要条件。

二、旅游景区安全事故的类型

旅游景区安全事故发生方式很多,造成的损害也不同,并且发生地点多种多样,这使得归类安全事故非常困难,归类的依据、角度也很多。

(一)从不同的景区类型来划分

旅游安全事故可分为自然类旅游景区安全事故和人文类旅游景区安全事故。

1. 自然类旅游景区安全事故类型

自然类景区中,游客的旅行活动,如山地自行车、潜水、滑雪、登山等,基本上是以自然景观为基础而开展的。其主要安全事故类型可分为机械活动类、自行车活动类、飞行跳跃类、撞击类、水域活动类。自然类旅游景区安全事故类型如表5-2所示。

表 5-2 自然类旅游景区安全事故类型

景区类型	旅游活动	安全事故类型	事故举例
地文景观	越野活动、登山、攀岩、山地自行车、滑翔、沙漠探险、洞底探险、滑雪等	机动机械、探险活动、自行车活动、飞行活动、跳跃、撞击、自然灾害等	外部创伤、机械事故、雪崩和洪水、泥石流等
水域风光	冲浪、滑水、帆板、游泳、潜水、跳水等	机动机械、水域活动、跳跃活动、自然灾害、动植物伤害等	溺水、外部伤害、水生动物伤害等
生物景观	原始森林探险、观鸟、野生动物观赏、草原骑马等	动物、植物伤害、花草过敏、野生水果中毒等	大型动物袭击、花卉过敏、植物对皮肤的伤害、蘑菇中毒等
气象气候	特殊天象、气候现象观赏（极光、海市蜃楼）、冰雪景观等	身体不适（由于海拔高度、气候变化、其他原因等引起）	高原病、水土不服、极高温或低温伤害等

在自然类的旅游景区,社会环境相对简单,人口构成单一。社会环境原因造成的如偷盗、抢劫等的旅游安全事故较少。有些景区,如保护区、国家公园等,远离城镇,甚至无常住居民。因而,在这类景区旅游安全事故的诱因主要集中于自然因素及旅游活动相关人群的行为上,如游客的旅游技能、道路安全状况、自然灾害、游客身体及心理素质等,而社会环境诱因则可以忽略不计。

2. 人文类旅游景区安全事故类型

人文类型的旅游景区多位于人口集中的城镇,有些城镇本身就是旅游景区,城市其他功能的规划、建设都是围绕旅游业而进行的。这类景区人口集中,构成复杂,游客与当地人不易区分。旅游社会环境复杂是其最大的特点之一。游客在人文类景区的各类活动比较多,人与物之间产生的伤害较少,而人为造成的安全事故则占主要比例,其中偷盗、欺骗、食物中毒等事故较为多发。

人文类旅游景区安全事故类型如表5-3所示。

表 5-3 人文类旅游景区安全事故类型

景区类型	旅游活动	安全事故类型	事故举例
大型主题公园	刺激性娱乐活动,如海盗船、蹦极、家庭娱乐等	设施设备事故、游客健康事故突变、盗窃、游客走失	停电、撞伤、心脏病突发、儿童走失等

续表

景区类型	旅游活动	安全事故类型	事故举例
度假区	休闲、疗养、会议、冲浪、潜水、一般性观光	食物中毒、欺骗、盗窃、水域设备、火灾、恐怖事件	酒店食物中毒、游客财物被盗、火灾等
大都市	购物、会展、参观等	购物欺骗、市内交通事故、暴力抢劫、食物中毒、恐怖活动等	饭店食物中毒或摔伤、购买到假货等
成熟的旅游中心地	一般观光、美食、刺激性娱乐活动、参加节庆活动等	盗窃、暴力、抢劫、食物中毒、健康突变、欺骗、设备设施事故	撞伤或摔伤、食物中毒、购买到假货等

（二）从旅游景区安全事故产生的原因来划分

旅游景区安全事故产生的原因可归纳为以下几种：

1. 管理者安全意识差导致的安全事故

管理者安全管理意识差主要表现为管理者工作疏忽，从业人员思想麻痹大意，对安全隐患重视不够。一般来讲，景区安全管理应该包括提供安全的游览场所，落实安全管理工作系统，为旅游者和景区工作人员提供安全的设施，配套有合适的导游或员工为游客服务，让旅游者和员工预知游览和工作环境情况。

2. 刑事犯罪和社会治安问题导致的旅游安全事故

旅游景区的刑事犯罪可大体分为三大类：一是侵犯公私财产类犯罪，这类犯罪数量众多，作案范围广，包括盗窃、欺骗、抢劫、敲诈勒索等；二是危害人身安全的犯罪，危害游客人身安全的暴力犯罪与侵财性犯罪密切相关，即在侵犯财产的同时侵犯游客的人身安全；三是性犯罪及与毒品、赌博、淫秽有关的犯罪，毒品、赌博、淫秽并不一定给游客带来直接的安全威胁，但它可以引发其他刑事犯罪，是威胁旅游安全的潜在因素。

3. 景区交通、旅游线路设计与旅游活动组织不合理导致的安全事故

在旅游景区的各个管理环节中，交通是管理的重要环节之一。景区交通事故发生率较高的地方是缆车索道。此外，景区旅游线路设计和旅游活动组织不合理也容易引起安全事故，线路不合理和疏导不畅通都会导致景点拥挤，甚至出现游客相互践踏等安全事故。

4. 自然灾害与野生动物带来的安全隐患和引发的安全事故

景区内发生的暴雨、洪水、塌方、泥石流以及毒蛇等具有攻击性的动物、有害植物，都可能会给景区带来安全隐患，如果管理措施不当或者不及时，极易引发事故。

5. 环境和食品安全卫生等问题导致的安全和健康事故

旅游卫生与旅游健康问题主要表现有：旅途劳累、异地性旅游导致的"水土不服"，因食品卫生等问题引发旅游者的疾病或导致食物中毒；旅游卫生服务环境差，缺少医疗点、常备药、厕所、垃圾箱等。

6. 景区设施设备存在安全隐患

景区的设施设备是旅游景区进行旅游活动接待的基本条件。旅游景区设施类型繁多，投资较大，设施设备的管理要求也就相应较高，必须给予高度重视，保证设施设备处于良好运行状态。景区设施设备的安全隐患首先表现在景区游览设施设备老化、配套不齐全、产品质量不合格等问题上，这些都易造成严重的安全事故；其次是个别景区把设施设备建设放在了追求美观性上，缺乏对设施功能性、实用性的考虑，或者是设计不合理，如有的景区修建起了高档的大理石路面，由于不防滑，雨天时有游客摔跤；三是景区游步道护栏不牢、阶梯梯坎不规则导致安全事故。

三、旅游景区安全事故的等级

旅游安全事故分为轻微、一般、重大和特大事故四个等级：

（1）轻微事故，是指一次事故造成旅游者轻伤或经济损失在 1 万元以下者；

（2）一般事故，是指一次事故造成旅游者重伤或经济损失在 1 万（含 1 万）～10 万元以下者；

（3）重大事故，是指一次事故造成旅游者死亡或旅游者重伤致残，或经济损失在 10 万（含 10 万）～100 万元以下者；

（4）特大事故，是指一次事故造成旅游者死亡多名，或经济损失在 100 万（含 100 万）元以上者，或性质特别严重，产生重大影响者。

四、旅游景区常见安全事故处理

（一）盗窃事故处理

景区盗窃案件发生后，安全保卫部接到报案，应迅速派员赶赴现场，采取切实有效的措施把现场保护起来，等候上级派人勘察。

由安保部门向警方报案，保护好现场，并对现场进出口进行简单勘验。了解被盗物品被盗前的情况，弄清财物存放在哪里，是否上锁，分析破坏部位是否准确，作案技术是否熟练，有无职业特点等问题。勘验现场周围情况，主要是为了发现犯罪分子去现场的路线并确定其作案前后停留、藏身的场所有无痕迹，有无遗留物及交通工具痕迹等。安保部门在警察到来前重点保护现场，积极了解线索，警察到来后安保部门要积极配合警察进行调查。

（二）人身安全事故处理

以爆炸、暗杀、凶杀、抢劫、绑架等暴力手段造成人身伤害的案件，性质恶劣，会给社会和人们的生命财产造成严重损失。如暴力案件已发生，安全保卫人员应火速赶赴现场，组织人员对伤员进行抢救护理；保护现场，注意收集整理遗留物和可疑物品，保管好受害者的财物；及时组织力量，力争将犯罪分子当场抓获；当警方到来后，协助警方破案，提供必要的方便条件；积极查找知情人、证人，协助警方做好取证工作。

（三）火灾事故处理

火灾是景区比较常见、也是危害较大的事故之一。景区发生火灾事故可以按如下方法处理：

1. 组织灭火

发生火灾的单位或个人应立即向报警中心报警,讲清失火的准确部位,火灾大小。报警中心接到报警后,应立即报告总经理或总负责人,并根据总经理或总负责人的指示呼叫消防队并拉响警铃。报警中心应指示总机播放录音,告知火势情况,稳定客人情绪,指挥客人撤离现场。

总经理或总负责人、安全部经理、工程部、消防队、医务人员等应立即赶赴火灾现场指挥或参与现场救火。迅速查明起火的准确部位和发生火灾的主要原因,采取有效的灭火措施。积极组织抢救伤员和老、弱、病、幼等游客。

2. 保护火灾现场

注意发现和保护起火点。清理残火时,不要轻易拆除和移动物体,尽可能保护燃烧时的状态。火扑灭后,应立即划出警戒区域。在公安部门同意后进行现场勘察和清理灭火现场。勘察人员进入现场时,不要随意走动。进入重点勘察区域的人员应有所限制。

【任务拓展】

任务5-4-2:小组角色扮演。在掌握景区突发事故处理程序、方法的基础上,设置几种情景的突发事故,由学生分别扮演游客、景区管理人员、景区员工等多角色,运用各种方法模拟演练景区突发事故处理的步骤。

【任务反馈】

分小组实地调研或网上调研旅游景区的突发事故,讨论突发事故的类型和原因,总结出处理突发事故的方法,并撰写旅游景区突发事故处理手册。教师将各小组编写的旅游景区突发事故处理手册提交给景区,由景区的管理人员对手册的正确性和实用性进行评价。

附

国家关于旅游景点景区安全管理的法规

①《旅游安全管理暂行办法》(国家旅游局,1990年2月20日发布)

②《旅游安全管理暂行办法实施细则》(国家旅游局,1994年1月22日发布)

③《重大旅游安全事故报告制度试行办法》(国家旅游局,1993年4月15日发布)

④《重大旅游安全事故处理程序试行办法》(国家旅游局,1993年4月15日发布)

⑤《关于加强旅游涉外饭店安全管理,严防恶性案件发生的通知》(国家旅游局、公安部,1993年8月10日发布)

⑥《旅行社办理旅游意外保险暂行规定》(国家旅游局,1997年5月30日发布)

⑦《漂流旅游安全管理暂行办法》(国家旅游局、1998年4月7日发布)

⑧《游乐园(场)安全和服务质量》(GB/T 16767—1997 国家技术监督局,1997年4月22日批准)

◆模块评价

【知识/技能评价】

景区日常管理是景区的基础性管理工作,同时也关系到景区的可持续发展。学生通过对景区资源、环境保护,设施设备维护,安全事故处理等内容的高仿真参与,可以处理景区运营中出现的常规事务。通过实地考察、知识学习和小组讨论,学生可以将理论与实践更好地结合起来。在前述任务的基础上,学生以个人为单位,选择本模块中自己最感兴趣的一个任务,完成"景区××管理总结提升",内容包括:任意选取景区日常管理的某一方面,如资源管理、环境管理、设施设备维护保养、安全事故处理等的某一方面,对其在该方面的管理提出现有的不足,并给出你的建议。字数1 000~2 000。

【能力应变】

项目:××景区资源保护报告

要求:学生就自己曾去过或本学期调研过的某景区资源保护情况进行分析总结,概括出该景区资源保护的主要措施,以及不利于资源保护或破坏资源的某些方面,形成专题性报告,并就景区不利于资源保护或破坏资源的某些做法,提出个人建议。

成果:××景区资源保护报告,调研报告字数1 000~2 000。成果以A4纸打印或手写。

【模块链接】

九寨沟景区的资源保护与开发

九寨沟是国内外知名的旅游景区,在生态资源保护方面,有很多开创性的举措。然而,十多年前,九寨沟曾在管理中走过弯路。九寨沟因沟内有9个藏族村寨而得名,沟内散落着100多个大大小小的高山堰塞湖。湖泊、瀑布、钙化滩流、泉水等各式美景镶嵌或流淌在山谷之间,翠海、叠瀑、雪峰、彩林、藏族风情形成了"九寨五绝"。数千年来,九寨沟隐藏在川西北高原的崇山峻岭中,沟内只有马道和山间小路,人类活动在那里显得微不足道。藏民把九寨沟视为神山圣水,呵护着山林,过着自给自足的生活。

1984年,九寨沟正式对外开放,很快名声大振,不仅定为国家级自然保护区,还被联合国教科文组织纳入《世界自然文化遗产名录》和世界"人与生物圈"保护网络。旅游者蜂拥而至,游客的迅猛增加在带来丰厚的经济收入的同时,还带来了生态环境的沉重压力。

虽然有关部门早就要求九寨沟要"沟内游,沟外住",但实际上九寨沟有很长时间处在"屋满为患"的状态。客人不断涌入,九寨沟内居民忙着修葺旧屋,平地起新楼,几百户人家都盖了客栈,有的还建起了"戴星"的宾馆,整个沟里竟然有5 000多张床位。水泥、石灰、瓷砖、马赛克、卫星接收器等城市化的设施遍布九寨沟。

旅游业的兴旺让九寨沟伤痕累累。不按规划建造的房屋大批出现,废弃的建筑材料随意堆放,土质和植被被破坏。宾馆饭店四周污水横流,垃圾丛生。2000年,九寨沟的沟口修起了跑马场。水是九寨沟的灵魂,但九寨沟管理局的监测结果表明九寨沟的水体已经有富营养化的趋势,湖泊有沼泽化倾向。

为保护九寨沟珍惜的资源，九寨沟管理局对景区的无序化发展情况予以严治，2001年5月1日起，景区内的宾馆饭店一律关闭，游客一律"沟内游，沟外住"，新建跑马场被拆除，新建旅馆被拆掉。在此基础上，从2001年7月1日起九寨沟实行"限量旅游"，限制每天进沟的人数，所有旅行社都必须在网上预约、预订。九寨沟的生态保护行动陆续开展，拆除景区内所有旱厕，代之以生态厕所和环保车载式流动厕所，粪便收集起来送到景区外处理；现代化污水处理厂启用；车辆不得进入景区，游客一律乘坐环保大巴；当地百姓不用再上山砍柴烧，全用上了电；管理局委托四川省环境科学院制定了九寨沟环境保护规划和景区污染防治规划，建立了九寨沟环境监测站，对水质、大气和噪声等进行监测。

资源是景区发展的根本。九寨沟景区早期的无序开发对景区资源造成了破坏，也制约了九寨沟的持续性发展。九寨沟管理局对景区资源重要性的理性反思，使九寨沟摆脱了因破坏性开发而带来的困境，步入了以资源和生态保护为发展核心的新阶段，并使之成为其他景区学习的典范。

拓展途径

①阅读邹统钎主编的《旅游景区开发与管理》（清华大学出版社，2004），全面了解中国旅游景区的开发、管理、营销、热点问题与发展趋势，对中国旅游景区的发展现状可以有全面的认识。

②阅读张凌云主编的《旅游景区景点管理》（旅游教育出版社，2004），了解世界遗产与旅游景区的关系，旅游景区产品概念、特性与开发规划内容，可以更好地完成本课程的相关任务。

③登陆中国旅游景区协会网（http://www.chinataa.org），了解旅游景区的动态及管理创新。

④登陆崂山政务网（http://www.qdlaoshan.cn/zhengwu_detail.asp?id=204），学习青岛市崂山风景区管理局旅游安全事故应急处置预案。

提高篇

提高篇主要包括旅游景区现代化管理模块，是在景区常规管理基础上的提升。三个篇章的设计从认知到管理到提高，符合大众认知发展的一般规律，也反映了景区管理的一般过程。景区发展达到一定规模和阶段后，景区的现代化管理、数字化管理以及绿色管理将提上日程，上述管理对于提升景区管理的水平，提高景区的影响力，优化游客游览环境具有非常重要的意义，将推动景区管理进入新阶段。

模块六　旅游景区现代化管理探讨

◆ **模块目标**

【行业要求】

熟悉国家、地方的法律法规；熟悉国家旅游局的相关法律法规及公告文件；熟悉标准化景区、绿色景区、数字化景区的相关国际标准及国家规定；协调能力强，能够联合各部门共同完成一项任务；熟悉景区管理、服务的各个环节；能够撰写符合要求的计划书文案。

【学习目标】

知识目标：了解旅游标准化的发展历程；了解旅游景区数字化建设的概念及我国旅游景区数字化建设概况；熟悉旅游景区标准化的内容；熟悉绿色景区的内涵和管理要点；熟悉旅游景区数字化建设要点；掌握绿色景区的建设原则。

技能目标：对国家政策具有敏锐的洞察力，能够及时作出行动上的反应；能够根据国家旅游局标准化景区评定标准，制定景区标准化建设的工作方案；能够根据国家旅游局绿色景区和数字化景区的评定要求，策划绿色景区和数字化景区的创建方案。

态度目标：有良好的心态，能适应高强度的工作；善于学习，对于不懂的问题能主动钻研；工作勤奋、踏实、吃苦耐劳。

◆ **模块任务**

本模块是景区管理的提升部分，是景区在日常管理基础上提高管理层次、管理水平，实现景区管理现代化的核心部分。景区的现代化管理应适应时代发展的要求和游客需求，将绿色、生态、环保、循环理念引入景区经营管理中，建设绿色景区；服务与管理的标准化可以避免景区经营管理和对客服务的随意性，使管理、服务有章可循，提高管理、服务水平和管理、服务效率；同时，绿色景区的建设也是景区标准化建设的必要内容，是景区标准化建设的重要考核要素；在计算机和网络盛行的时代，景区需要充分利用科技发展带来的便利，推进景区管理的现代化，建设数字化景区，实现游客在景区的智慧之旅。

任务一　创建绿色景区

【任务目标】

通过学习深圳市绿色景区创建的相关案例，了解绿色景区的相关知识，通过小组任务形式,学生能够熟悉绿色旅游的相关内容、绿色景区建设的要点及绿色景区建设涉及的相关部门,能够制定相对完善的绿色景区创建计划书。

情景设计

在各个岗位轮岗之后,李明最后来到办公室,出任办公室主任助理。李明接到的第一个新任务就是为莲峰山景区制定一套切实可行的绿色景区创建计划,力争使莲峰山景区成为本省第一家绿色景区,使景区在现代化建设方面起到先锋示范作用。假如你是李明,应如何制定绿色景区创建计划书?

【案例聚焦】

案例1

深圳绿色景区标准确定
有"金叶"和"银叶"之分

2006年9月29日,深圳市旅游局正式颁布了深圳市绿色景区标准,填补了国内地方旅游景区行业管理标准的空白。据介绍,到2010年,深圳市环保生态型景区的比例将达到90%以上。

全国第一部绿色景区行业标准

据深圳市旅游局局长李小甘介绍,在国内尚无绿色景区行业标准的前提下,深圳市旅游局邀请业内资深人士、专家,大胆创新,借鉴绿色酒店行业标准,并结合旅游景区管理实际,以及新景区规划建设中的具体问题,创出了全国第一部绿色景区行业标准,为深圳创建绿色景区,提供了操作性强且规范具体的方法,也为全国推广绿色景区进行了先期试验,具有深远意义。

绿色景区是一种全新的管理理念,要求将循环经济发展模式融入管理中,使景区建设对环境的破坏最小,物质消耗最少,积极引导游客绿色消费,节约资源,以达到建设节约型、环保型、生态型景区的目的。

提供绿色服务倡导绿色消费

据介绍,绿色标准要求:景区规划建设要采用绿色设计。即,设计中有保护本区域自然景观和生物的技术安排,景区建设未造成区域内和周边植被、水系及生态恶化,绿地面积充分等;要求节约使用水资源,使用中水浇灌绿地、进行环卫,不使用一次性用品,简化包装,节约使用清洁剂,做到资源再利用;要求控制污染排放,保护景区内景观和文物资源,使用环保型设备(用品)和材料;提供绿色服务,提供绿色食品,倡导绿色消费,拒绝使用污染环境的用品等。

标准还要求:在景区的规划建设中,纳入环境因素和预防污染措施。在建筑设计、室内设计与装修等方面,充分考虑能源节约和生态环境保护,特别是新建景区、景点,应全面使用节能设施和环保材料。景区有节能改造计划,积极采用太阳能、地热能、风能等。

绿色景区评定分为两个等级

据悉,深圳市绿色景区评定将划分为"金叶级"和"银叶级"两个等级。绿色景区等级的标志、标牌、证书由深圳市旅游行政管理部门规定并颁发。其评定依据绿色景区评定细则和"游客意见评价表"所得的分数。绿色景区评定细则以分值对各项指标进行了量化,总分为300分,金叶级应达到评定细则的240分以上,游客意见分在80分以上。银叶级则应在评定细则上达到180分以上,游客意见分在70分以上。

深圳市旅游局同时公布了绿色景区评定程序,景区可自查、自评及整改,在达到标准细则要求后,可向市、区旅游行政管理部门申请进行评定。

案例2

深圳华侨城的绿色景区建设工作

东部华侨城位于深圳大梅沙,占地近9万平方公里,由华侨城集团投资35亿元人民币,是集生态旅游、娱乐休闲、郊野度假、户外运动等多个主题于一体的综合性都市山地主题休闲度假景区,是以文化旅游为特色的国家生态旅游示范区。于2007年7月正式开业,宣传生态文化,创建绿色旅游方式,把发展循环经济作为项目开发建设的理念,并贯彻到项目开发建设过程的各个环节和方面,成为旅游景区生态环保和创建绿色景区的引领者和实践者。

一、绿色规划与设计

在规划设计环节,旅游景区以符合循环经济、生态环保的超前科学规划和设计理念,保证旅游景区各建设项目走发展循环经济的道路。做到在保护原有自然资源、保护自然环境特性的前提下,突出自然景观特色。在建筑选址上,根据生态敏感度分析,将建筑物规划在优化发展区和适度建设区,尽量减少山石开挖量。在建筑方案设计上,以绿色建筑为根本,注重建筑物自身的节能、节耗。

二、绿色设施与设备

旅游景区的设施、设备是景区提供服务的载体和支撑。建设和推广绿色设施、设备是建设绿色景区的前提。东部华侨城广泛采用节电柜、节电变频遥控器、节水坐便器等节能机器、设备。优先考虑最新的节能技术成果和成熟经验。其酒店建筑墙体选用保温、质轻、隔热性能好的加气混凝土砌块,屋顶采用保温板隔热层,大堂及花园餐厅玻璃采用了纳米隔热保温涂层以及纳米自洁涂层,不仅有良好的保温效果,而且避免了洗涤剂带来的环境污染。酒店的地下室及后勤区域采用节能灯,灯光控制采用智能调光系统,在夜晚或客人较少的情况下,自动调至最暗模式,外墙等采用自动感应模式,充分节省电能。酒店还采用带热回收功能的空调主机,制冷的同时回收热量用来加热生活热水,并利用湖水来代替冷却塔进行冷却,大大节约了能源消耗。酒店空调主机单台回收热量为1 200千瓦/小时,两台空调主机共计回收热量每小时按2 400千瓦计,每天可回收约2 160万大卡的热量,每立方天然气的热值为1万大卡,则合计每年回收的热量相当于58.4万立方天然气。每立方天然气价格按4.5元计算,相当于节省了约262万元费用。

三、绿色能源

因地制宜地制定绿色能源应用项

目,建设水能发电站、风能发电系统、太阳能利用系统等。该旅游景区在大峡谷安装的大瀑布水轮发电机,发电功率为1000千瓦,实现了水库蓄水与水能发电的结合。在云中部落,投资2000万元人民币建成的云中风车,是国内首座近万平方米的旅游景观风力发电站群,风车每年可发电170万度,有效地利用了绿色风能。在湿地花园内的亲水步道和生态大棚,建设太阳能光伏发电站,发电供水族馆和蝴蝶展示馆使用;山地自行车道则采用风光互补路灯;生态住宅区采用太阳能热水器、太阳能地脚灯以及风光互补路灯等。

四、绿色交通系统

景区避免使用不利于环境保护和生物栖息的交通工具。使用环保的绿色巴士、电瓶车、老爷车、专用球车等电能交通工具,并创意设计、建设了丛林缆车、森林小火车等交通工具,这些交通工具不仅自身无害无污染,还成为旅游景区的美丽风景。严格按照生态景区的要求,禁止机动车辆进入旅游景区范围或核心范围。旅游景区内根据实地环境,修建了数十公里的游客步道、观景栈道、登山道、山地自行车道等,倡导"绿色出行"。

五、清洁生产与废弃物循环利用

景区内分建了11个生活污水处理站,设计污水总处理量为6 200立方米/天,采用HBAF型复合水解—曝气生物滤池工艺,污水经处理后能够达到《城镇污水处理厂污染物排放标准》GB 18918—2002中的一级A标准,中水经过泵房提升,用于山地树林和草坪的绿化浇灌、喷灌。部分污水处理站再采用MBR膜处理+超滤深度处理工艺,经过处理的污水达到三类地表水水质标准要求,能够充分补充园林绿化、景观湖等用水,实现了水资源的循环利用。景区的生物质能利用系统,利用马场的马粪及生活垃圾为填料,在沼气池中发酵生产沼气供员工宿舍使用,产生的沼渣作为肥料用于养植花、草、树木。

六、加强教育宣传、更新思想观念

景区通过建设湿地廊桥科普馆、四季植物馆、气象站和环境监测站等生态科普教育基地,集科普教育与游客趣味性、生态宣传活动于一体,把生态环保思想、方法和效果及其深远意义进行广泛传播。同时,向游客和员工普及气象、环境保护、循环经济知识,引导人们关注生态环保,爱护自然环境。东部华侨城遵循生态旅游、可持续发展的原则,通过科学的规划、设计,最大限度地实现生态旅游,把产品开发和游客活动对生态环境所产生的消极影响降至最低程度,以实现社会效益、环境效益与经济效益三者之间的有效结合。在这里,经济增长与环境保护同步发展,资源、能源得到了合理利用,循环经济在东部华侨城表现得淋漓尽致。

【任务执行】

任务发布

任务6-1-1:以6人为一个小组,阅读案例1~2,参考下面绿色景区的相关知识和国家要求,讨论并撰写一份绿色景区创建思路书。

任务具体要求:内容应涵盖创建绿

色景区的主要内容、参与行动的部门、如何创建。

时间：60分钟

任务分析

绿色景区是近几年提出的新概念，在现实操作中尚处于摸索阶段，深圳的绿色景区建设目前走在前列。创建绿色景区，首先要熟悉绿色景区的相关知识及国家旅游局发布的绿色景区的相关内容。结合景区实际，着力从景区旅游产品设计与生产、景区管理、景区服务等几方面探讨可能的行为，结合景区管理机构设置的特点，将创建工作落实到各个部分，切实实施。

任务实施

①分析案例1~2，讨论旅游景区创建应从哪些方面入手。

②细化绿色景区创建的主要内容。

③讨论创建的时间段安排。

④讨论创建的各部门任务分解。

⑤形成最终的创建思路书。

学生小组任务成果书（NO. 25）			
实训任务6-1-1：撰写绿色景区创建思路书		任务性质	小组任务
小组任务成果名称	绿色景区创建思路书		
内容包括创建绿色景区的主要内容、参与行动的部门、如何创建			
注：成果以A4纸打印或手写			

知识讲解

一、绿色景区的概念和内涵

（一）绿色景区的概念

绿色景区是以可持续发展和循环经济为经营和管理理念，以生态化设计为基础，实施清洁生产，倡导生态化服务和消费，有效保护旅游资源和旅游环境的旅游景区。

（二）绿色景区的内涵

绿色景区是在可持续发展背景下出现的，绿色景区包含下述六个方面的内涵。

1. 绿色生产

绿色生产是指旅游景区在生态环境保护、污染物排放、废物回收利用方面达到国家和地方有关标准的基础上，积极采用新的环境技术和工艺，降低对景区资源的消耗，减少或消除有害废弃物的排放，同时能充分满足旅游者需求的生产模式。

2. 绿色服务

绿色服务是景区满足游客需求、实现景区可持续发展的重要手段。旅游景区服务中应使用环保型的设施、设备、用具，提供安全、高效、节约的绿色能源，提供有利于旅游者身心健康的旅游活动项目。

3. 绿色消费

绿色景区的构建离不开对游客绿色消费行为的引导，绿色、环保、安全的消费方式的构建。景区应引导旅游者在旅游消费中加强对生态环境、历史文化的保护,节约利用各种资源和能源,合理处置废弃物,不造成生态环境破坏和污染。

4. 绿色旅游

绿色旅游是指旅游者在旅游中不破坏自然环境,并将景区环境教育功能融入旅游活动中的旅游方式。绿色旅游强调"除了脚印什么也别留下,除了记忆什么也别带走"的理念。

5. 绿色设计

旅游景区在规划设计中,应考虑将旅游设施对环境的负面影响减到最小,景区各项建设指标要符合生态环境保护要求,并尽可能减少资源、能源的消耗。

6. 绿色管理

绿色景区的建设离不开景区管理者的绿色思维及绿色管理。景区管理者应将保护生态环境的意识纳入旅游景区的经营管理中,重视对旅游者、员工进行环境保护宣传,重视建立企业生态文化的管理方式。

二、绿色景区建设的原则

绿色景区,是以循环经济为理念,采用绿色设计,坚持清洁生产,倡导绿色消费,保护生态环境和合理使用资源的环境友好型、资源节约型景区。环境友好是指在生产和经营过程中充分保护环境,采取到位的预防污染措施,能够保障区域的生态安全。积极采用减量化、资源化、无害化的手段,把对环境的影响降低到最小,实现可持续发展和资源的永续利用。而绿色设计则在设计阶段就将环境友好和预防污染措施纳入产品设计之中,将环境效益作为设计产品的出发点,使产品对环境的污染最小化。在景区设计中体现为,景区在园区内景观设施、游乐设备、建筑设计等方面均采用先进的技术和材料,充分考虑环境保护和能源、资源节约。清洁生产则通过不断改进设计、使用清洁的能源和原料、采用先进的工艺技术与设备等措施,改善管理、综合利用,从源头削减污染,提高资源利用率,减少或者避免生产、服务和产品使用过程中污染物的产生和排放,以减轻或消除生产过程和所生产的产品对人类健康和环境的危害。绿色消费即在购买物品和消费时,关注商品在生产、使用和废弃后对环境造成的影响,并在消费过程中关注环境保护。在游客游览景区时体现为,认同并理解景区循环经济的措施,主动采取办法减少游览消费过程中产生的废弃物,回收可再生资源,参与公益性环保活动等。其基本原则如下:

(一)减少生态成本原则

生态成本是指人为地修复经济生产活动给生态系统带来的破坏所需要的代价。一般生态景区划分为核心区、缓冲区、旅游服务区和景区边缘接待区。对核心区要严格管理和控制,不允许任何形式的开发和利用;在缓冲区可适当进行开发和利用,开展一些对环境影响小的旅游项目。所以在开发旅游资源时,应充分考虑旅游区的生态承受能力,对旅游景区进行分区开发、管理。除了考虑短期的经济成本外,还要考虑更深远的生态成本。

（二）减量化原则

旅游景区在生产过程中，在不影响产品和服务质量和不降低景区的体验性和游客的满意度的前提下，景区应当尽量使用较少的原料和能源投入，达到既定的生产目的或消费目的。通过简化包装、减轻重量、节约使用等措施，节约能源、节约用水、节约用材、节约用地，最大限度地降低资源消耗，减少废弃物的产生。

（三）循环利用原则

采用可行的技术措施，在材料使用、能源回收、生态涵养等方面，实现资源利用创新。物品在使用后回收处理，成为可以利用的再生资源。通过再生、替代、热回收等方法实现资源的高效利用、循环利用。

（四）绿色消费原则

绿色消费原则是针对一般消费而言的，它有利于环境保护、生态平衡。绿色旅游消费要求限制以不可再生资源为原料的一次性用品的生产与消费等。绿色消费包括旅游景区自身的消费绿色化、生产绿色化和游客的消费绿色化。

三、构建绿色景区的主要内容

绿色景区可以理解为在旅游企业层面的一种循环。企业层面的循环要求企业在循环经济理论指导下，根据生态效率理念，通过能够支持可持续发展的共同行为，在最经济目标和最优秀环境目标之间建立一种最佳链接。要求旅游景区的经营者、管理者以宏观的角度、长远的眼光，处理好整体和部分、部分与部分之间的关系。建设绿色景区应通过对旅游系统进行物流和能流的方面分析，降低旅游消费过程中的资源、能源消耗并且减少废弃物的产生和排放。建立旅游景区绿色技术体系是发展绿色景区的前提条件和核心力量。其绿色技术体系包括用于消除污染物的污染治理技术，包括用来进行废弃物再利用的资源化技术，更包括生产过程无废、少废、生产绿色产品的清洁生产技术。在景区开发过程中积极推行清洁能源与节能设施、污水处理与中水回用的技术，设计结构与功能协调的废弃物的循环网络系统，形成系统间的"代谢"和"共生"关系。始终坚持以资源的高效利用和循环利用为核心，通过清洁生产技术实现生产过程中废物排放最小化，使得景区给环境带来的负面影响减少到最低程度，达到"低消耗、低排放、高效率"的目的。这样既降低了生产成本，又保护了生态环境，是绿色景区追求的理想境界。

四、绿色景区的管理要点

（一）引进现代技术和方法，健全绿色管理机制

旅游经营者要不断引进世界先进的绿色旅游管理技术和方法，逐步建立、完善绿色旅游管理机制。如改变绿色旅游消费模式，增收绿色环境费用；加强绿色旅游可行性研究，组织一批体现可持续发展原则的绿色旅游示范工程；注意交通工具对环境的影响；运用经济手段限制对不可再生资源的使用；积极参与绿色旅游信息的交流工作；不断引进绿色管理可持续发展技术。

（二）对建设项目进行环境影响评价

环境的破坏往往是不可逆转的，为了把绿色旅游区的建设项目对绿色环境的破坏程度降低到"绿色标准"允许的范围内，在审批建设项目时必须"重视环境影响的预评价"。预评价的内容主要包括对大气环境、水环境、土壤环境、噪声环境、生存环境和社会经济环境等进行的单因子影响评价和综合评价；此外，还有"视觉资源影响评价"，即以地形、植被、水体、人工设施和地表等形成的线、形、色、质地为考察对象，分析视觉环境状况，进行建设前后的比较，然后对比分级。我国已有这种成套的评价技术标准。

（三）对绿色环境的管理

这种绿色管理主要包括对植被和动物两个系统的管理。植被管理系统的基本目标是保持绿色旅游区植被的原野特性，如对植物生态群落发育良好的地区，采用不干涉植物生长的方式，随其自然生态发展；对植物生态群落受到人为和自然破坏出现异化的地区，要控制和调整植物物种与群落的发展，采用适当的人为干涉方式，使其更接近原野自然生态与生境；对植物生态大部分或者局部受到破坏的地区，要建立新的生境，引进新的物种，或模拟自然生态，或按人类的需要引进物种，以配置新的生态群落。在防治植物病害时，不得使用化学农药，而应采用生物防治和综合防治的绿色防治技术。

野生动物绿色管理系统主要是根据自然地带的特点，保护野生动物不受旅游者的干扰。在绿色旅游区内规划道路和游览场所时，要与动物栖息地保持一定距离。在建立动物观察所、观察站或者架设动物瞭望台时，以不破坏生境和景观质量为度。在允许狩猎的绿色旅游区，要严格按照国际和国家狩猎规定进行管理，如不在动物哺育期狩猎，狩猎的数量视动物繁殖的年度变化而定，考虑动物越冬的死亡率等因素。

（四）对旅游设施设备和场所的绿色管理

在进行绿色旅游区总体规划时，必须考虑设施、设备和场所对生态环境的影响，从绿色角度严格控制其规模、数量、色彩、用料、造型和风格。如加拿大的生态旅游区多采用五层区划模式，从区内到外分为特别保护区、原野区、自然环境区、游憩区及公园服务区。各层区内配置设施、设备都有严格规定：特别保护区没有道路和设施；原野区没有道路，仅有宿营基地和登山者掩蔽处；自然环境区提供非永久性的宿舍和低度运动设施与信息中心；游憩区和公园服务区集中提供旅游、娱乐、运动等服务设施。

（五）对垃圾、污水等污染物的绿色管理

绿色旅游区内必须保持无垃圾、无污水、无污物。区内要设置专门卫生管理机构和人员，由保洁队伍专门负责清扫，并将垃圾及时清运出风景区。区内还要建立严格的卫生管理检查制度，对违反风景区卫生规定的旅游者要进行必要的教育和处罚。饭店、旅社的生活污水必须经过较好处理后方可排放。对风

景区燃煤设备排出的烟尘要进行技术治理。景区厕所必须保持干净，对所积粪便要有严格的消毒处理措施。

（六）旅游从业者的绿色意识教育

为了提高景区企业的绿色管理水平，必须对旅游从业者进行绿色环境意识教育。景区企业的管理者既是旅游区绿色环境的建设者和使用者，又是进行绿色旅游活动的旅游者的引导者、教育者和管理者，他们的一举一动、一言一行对游人的影响都很大。从这个意义上讲，对旅游从业者的绿色意识教育比对旅游者的教育更为重要。

【任务拓展】

任务6-1-2：在实训任务6-1-1的基础上，各小组自选（或由教师联系）本地某一景区，前往该景区调研，并制定××景区绿色景区创建计划书。计划书包含绿色景区创建时段、创建内容、执行机构、预期效果等。各小组课下自行组织完成，成果两周后公开展示。

任务6-1-3：结合班级主题班会时间，由班主任带领班级学生自行组织一次绿色旅游知识竞赛活动，教师担任竞赛的评委和顾问，为竞赛提供题目，并设计规则。知识竞赛分为必答题、选答题、抢答题三种。每组选派三名代表参加，必答题部分为所有参赛选手必须回答部分；选答题由各小组自行决定，可以回答，也可以放弃，放弃无分，评分者根据回答者回答内容与标准答案的匹配度给分；抢答题由抢到者回答，答错倒扣相同分数，答对加分。最后评出前三组，颁发证书。

【任务反馈】

各小组在课堂公开展示调研成果和××景区绿色景区创建计划书的主要内容，其他小组针对其成果提出修改意见，各小组落实修改。

各小组将××景区绿色景区创建计划书打印、装订，送给××景区，与景区沟通，获取其反馈信息。

任务二　创建标准化景区

【任务目标】

通过学习峨眉山·乐山大佛、十三陵、崆峒山等景区的标准化创建案例及"知识讲解"中部分内容，了解标准化景区的内涵、创建内容等。通过小组任务，学生在讨论和实战中应熟悉标准化景区创建的主要内容、步骤，并能够制定景区旅游标准化试点单位创建方案。

【情景设计】

莲峰山景区的绿色景区建设开展得如火如荼，为进一步规范景区的管理，办公室王主任决定将标准化景区建设提上日程，以推动莲峰山景区早日进入旅游标准化试点企业名单。李明因在绿色景区创建中的优异表现，被安排继续主抓莲峰山的标准化景区创建工作。主任让李明为莲峰山景区制定一份切实可行的莲峰山景区旅游标准化试点单位创建方案，假如你是李明，应如何制定旅游标准化试点单位创建方案？

【案例聚焦】

案例1

峨眉山·乐山大佛景区标准化建设工作

峨眉山·乐山大佛风景区自2010年6月被国家旅游局确定为首批全国旅游标准化试点景区以来，按照国家旅游局和四川省旅游局提出的创建要求，以"争创全国第一"的精神全力做好"全国旅游标准化示范单位"的创建工作，积极担负先行先试、树立标杆、形成示范、辐射和带动当地乃至全面升级全国旅游标准化的重任。根据自身特点，结合管理实践，景区以提升旅游服务业整体水平为目标，不断总结成功经验和做法，突出自身亮点，在达到ISO 9001质量管理体系、ISO 14001环境管理体系和OH-SAS 18001职业健康安全管理体系等国际先进管理标准的基础上，科学制定具有景区自身特色的标准，构筑起涵盖景区旅游要素的标准化框架。从基础通用标准、企业管理标准、服务提供能力标准、服务和工作流程标准、岗位规范标准、质量反馈处理标准等七个方面形成推动机制，建立健全旅游标准体系，提高旅游产品质量，提升旅游服务水平，形成旅游产业品牌，优化旅游发展环境，全面提升景区的吸引力和竞争力，为建设国际休闲度假旅游目的地夯实基础。

领导重视，组建班子，建立上下共联的工作网络

为使创建"全国旅游标准化示范单位"顺利开展，峨眉山·乐山大佛景区管委会专门成立了创建"全国旅游标准化示范单位"领导小组，党委书记和主任任组长，班子成员为副组长，各单位各部门负责人为成员。下设办公室，由分管领导担任主任，抽调精兵强将组成办公室人员，负责创建工作的指导和协调。同时设九个实施小组，分别负责九个不同方面的内容。景区内所有单位均成立了创建领导小组。建立了联络员制度，确保创建工作健康顺利开展。目前，创建工作按实施方案预定阶段要求有序进展，在"四川省旅游标准化试点工作培训会"上，景区管委会做了经验交流。

广泛宣传，严密组织，形成全民参与的创建格局

为使创建活动深入持久开展，管委会党委多次召开专题会议，对创建工作进行研究和部署。先后在景区召开两次规模宏大的动员部署大会和工作大会，组织召开了峨眉山·乐山大佛风景名胜区旅游标准化工作会议暨全面推进旅游标准化试点启动仪式。邀请了四川省标准化研究院专家到会进行专题辅导，使景区广大干部群众的创建热情日渐高涨。与此同时，管委会标准办向景区干部群众发放了5 000多份《创建知识手册》，景区机关各处室、职能部门、窗口服务单位纷纷组织学习，并准备测试，还办起了板报、墙报进行宣传，形成良好的创建氛围。为更准确理解和掌握旅游标准化工作细则，景区管委会还特别邀请了中国标准化研究院专家到景区指导，举办"标准化基础知识"培训班。同时，积极派员参加四川省旅游局组织的"四川省旅游标准化试点工作培训会"和中国旅游协会旅游景区分会组织的首届"中国旅游景区标准化建设论坛",为制定企业标准奠定了基础。

明确目标,细分任务,实施责任到人的工作制度

为使创建工作在景区有序进行,管委会标准办制订了实施方案,对19个创建大项中的162个评估项目进行逐一分解,管委会与各责任单位签订"目标责任书",明确完成任务的质量、时间、要求,把任务落实到责任领导、责任单位和责任人。管委会还特地成立了旅游标准化工作督查小组,做到月月有部署,周周有活动,日日有检查,并把创建工作列入月、季度、年度目标考核,与责任人奖惩、聘任(用)、评优挂钩,增强了所有创建单位和人员的责任感,使命感和危机感,推动创建工作向纵深发展。

抓住特色,寻求结合,突出创建示范的工作亮点

为做到"人无我有,人有我精",峨眉山·乐山大佛景区管委会紧密做好三个结合,突出工作亮点。

一是与景区现行国家、行业和地方旅游标准化的实施情况相结合,全面开展自查,把各单位创建工作所需制定的标准汇编成册,为下一步创标工作打下良好基础。

二是与景区自身管理、服务、经营、接待等工作相结合,拟出景区保护管理、行业管理、营运管理、营销管理、保障管理、辅助管理等方面的标准化体系所需内容,确保全方位覆盖景区。

三是与峨眉山寺院礼佛工作相结合,把寺院的管理纳入贯标,使峨眉山寺院成为全国寺院的典范。

目前,景区已形成规范性标准81个,形成覆盖"吃、住、行、游、购、娱"等要素及城市旅游服务功能的地方标准和服务规范。其中17个标准获得国家相关行业主管部门的肯定。景区制定的《旅游服务业标准体系评价准则》、《茶文化旅游景区(点)服务规范》、《佛文化旅游景区(点)服务规范》、《非星级饭店服务质量要求》等四部区域性旅游地方标准全部通过了质监、旅游、科技等有关单位专家进行的评审。这四部区域性地方标准填补了国内旅游标准的空白,对四川旅游产业的发展具有重要的指导意义,并为全国类似地区提供了宝贵的参考依据。2011年2月,峨眉山红珠山宾馆因其严格的管理标准、规范的服务流程,从众多竞争对手中脱颖而出,一举夺得"五星级酒店首选品牌"的桂冠,成为世界自然与文化遗产景区中唯一获此殊荣的酒店。据悉,目前,该景区上下正在再鼓干劲,再拓思路,再添举措,瞄准目标,真抓实干,全面推进各项试点创建工作的顺利进行。力争于2011年上半年成功创建国家和四川省旅游标准化示范试点企事业单位。

案例2

崆峒山景区旅游标准化试点工作实施方案

为认真贯彻落实国家旅游局《关于全面推进旅游标准化试点工作的通知》(旅办发〔2010〕40号)和《关于确定首批全国旅游标准化试点单位的通知》(旅办发〔2010〕85号)的精神,充分发挥标准化在旅游服务业中的技术支撑作用,有力推动崆峒山景区发展步伐,全面提高旅游服务质量和水平,结合景区实际,制定本实施方案。

一、指导思想

以邓小平理论和"三个代表"重要思想为指导,深入贯彻落实党的十七大精神和科学发展观,以建设西部人文生态旅游基地为主线,以提升景区旅游服务整体水平和竞争力为重点,以构建"大旅游、大市场、大产业"的发展格局为方向,以"吃、住、行、游、购、娱"标准化服务为主要内容,进一步加快景区旅游标准化的贯彻执行,结合景区自身构建符合实际的标准化体系,提高旅游服务质量和服务水平,促进旅游发展方式的转变和发展质量的提升,提高广大游客满意度,推动崆峒山景区旅游事业又好又快发展。

二、工作目标

1. 加大现有旅游业国家标准和行业标准的贯彻实施力度,扩大其实施范围和影响力,规范和提高旅游服务质量和产品质量。

2. 创新旅游标准实施方法和评价机制,结合景区自身构建符合实际的标准化体系。

3. 提高旅游吸引力和竞争力,全面提升景区旅游整体发展水平。

4. 培养一批工作能力强、业务水平高的旅游标准化管理人才。

三、工作任务

1. 制定景区旅游标准化试点工作方案和行事历,并按步骤实施。

2. 在景区大力推广和实施旅游业国家标准、行业标准及地方标准。在景区开展旅游标准化试点创建工作,遴选旅游标准化工作表现突出的部门建立示范点,树立标杆、以点带面,带动全景区严格实施国家标准、行业标准、地方标准,规范服务行为。

3. 建立健全景区旅游标准化体系。根据我景区旅游发展现状,技术和管理创新要求,构建以国家标准和行业标准为主体,地方标准为补充的标准化管理体系,形成覆盖"吃、住、行、游、购、娱"等要素及景区服务功能的景区标准和服务规范。

4. 开展旅游标准实施评价。加强旅游标准实施的督导检查,积极探索建立旅游服务标准化活动效果评价模式,开展标准化服务评比工作,将制定标准和效果评定结合起来,促进标准实施、服务质量提高和经济效益增长。加强旅游标准化宣传培训工作,定期对景区各部门、站(所)、公司执行标准情况进行检查和指导,并实施奖惩措施。

5. 培养旅游标准化工作管理人才。通过旅游标准化试点工作,对员工加强业务知识及旅游业服务标准方面的培训,全面提升景区服务和管理水平,培养一批旅游标准化工作人才。

四、方法步骤

第一阶段:启动阶段(2010年6月—2010年10月)。根据试点和创建工作要求,组织专题调研,提出相应的工作方案,建立组织领导和工作机构,细化创建工作任务,明确职责分工。广泛宣传发动,统一思想认识,召开启动大会,引导全景区支持创建、参与创建。

（一）研究制定《崆峒山景区旅游标准化试点工作实施方案》，进行各部门责任分工，做好前期准备工作。

（二）召开崆峒山景区旅游标准化试点工作动员大会，安排部署各项工作。

（三）开展旅游标准化调研工作，进行旅游服务质量调查，全面了解旅游服务质量状况和旅游标准化工作情况，梳理旅游标准化工作问题，收集旅游标准化资料，研究制定加强旅游标准化建设的措施。

第二阶段：实施阶段（2010年10月—2011年5月）。景区各部门根据《全国旅游标准化体系》和工作要求，结合自身实际，逐项抓好落实，做到阶段性工作与整体创建活动有机结合，既分工又协作，增强创建实效。加强经常性督查，采取专项督查、游客满意度调查等相结合的办法，及时发现问题，认真整改提高。

（一）研究制定《崆峒山景区旅游标准体系表》，并组织实施。

（二）升级和完善景区旅游服务设施。抓好旅游基础设施配套工作，加强景区导向及旅游标准系统建设，完善旅游标志系统，实现景区内主要道路及重点部位的标准化导向信息系统全面覆盖。

（三）进行旅游标准宣贯培训。组织景区工作人员进行旅游标准宣贯培训，引导和督促各部门、站（所）、公司严格执行《旅游景区质量等级的划分与评定》《饭店星级的划分与评定》《旅行社国内旅游服务质量》《导游服务质量》《标志用公共信息图形符号》等已经发布的国家标准、行业标准和地方标准。

（四）建立健全景区旅游标准化体系。围绕"吃、住、行、游、购、娱"旅游六要素，依据旅游标准化发展规划、总体安排，结合我景区实际，构建具有自身特色的旅游标准化体系，并组织制订崆峒山旅游集团下属的餐饮、旅行社、农家乐、景区导游员等旅游服务标准和规范。

（五）组织开展旅游标准化试点和推广。景区各部门、站（所）、公司要督促专职人员全力做好标准化试点工作，负责与景区标准化试点领导小组的联系协调，组织本部门各项工作的落实。标准化试点办公室积极对照试点评分标准开展创建、自检工作。通过工作信息简报等形式，及时向上级业务指导部门上报工作进展情况，总结试点经验，并在全景区推广。

（六）进行旅游标准实施评价。在试点过程中通过对标准实施情况的检查，及时发现问题并提出修订意见，认真总结工作经验，在对标准的不断改进和完善中提升旅游产品和服务的质量。

（七）在本单位网站开设"全面推进旅游标准化试点工作"专栏，在市内各媒体发布工作进展信息，在景区制作悬挂宣传条幅，营造旅游标准化试点工作氛围。

第三阶段：中期评审及整改阶段（2011年5月—2011年10月）。坚持高标准、严要求，认真对照考核标准，积极查漏补缺，软硬件建设高水平、高质量，迎接省旅游局组织的中期评审。按照省旅游局组织中期评估反馈意见,认真针对我景区存在的不足加大整改力度。

(一)做好试点中期评审工作。把握试点和创建工作动态,依据《全国旅游标准化试点企业评估表》,掌握评估内容,在旅游标准化试点中期,迎接省旅游局组织旅游标准化专家对我景区进行中期评估,随时准备接受国家旅游局的抽查。

(二)落实整改措施。根据省旅游局组织的中期评估反馈意见,针对我景区存在的不足,加大整改力度,落实整改措施,力争景区各项指标达到国家及行业标准。

第四阶段:终期评估阶段(2011年10月—2011年12月)。试点工作期满,制定迎接检查方案,按照《全面推进旅游标准化试点工作实施细则》要求,在巩固发展试点创建工作成果的同时,做好迎接省旅游局组织旅游标准化专家对我景区旅游标准化试点工作进行评估。景区各部门及时总结旅游标准化试点和创建工作取得的成果,推广成功经验,找出不足,持续完善各项标准,不断改进景区的管理和服务水平。适时召开景区创建旅游标准化试点工作总结表彰大会,对在试点创建工作中涌现出来的先进部门和优秀个人实施表彰奖励。

五、组织领导

为加强对服务标准化试点工作的组织领导,建立健全崆峒山景区旅游标准化试点工作领导机构,统一协调,特成立以下机构。

(一)成立崆峒山景区旅游标准化试点工作领导小组。

(二)领导小组下设办公室,负责处理景区旅游标准化试点日常管理工作。

(三)旅游服务标准化试点工作领导小组工作职责:

1. 贯彻执行国家标准化标准、法规和方针、政策;

2. 组织编制和实施景区旅游标准化工作方案、标准体系和行事历;

3. 组织实施相关标准,并对实施情况进行监督检查;

4. 组织景区旅游标准化工作人员的学习培训;

5. 组织参加旅游标准化试点工作有关会议和活动;

6. 组织景区旅游标准化试点成果的申报和表彰奖励工作。

(四)景区各部门按照任务分解表逐项抓好旅游标准化试点工作的落实,各部门负责人为标准化试点工作直接责任人,并确定负责此项工作的专职人员(部门有明确人员分工的文件),负责本部门标准化试点工作的上下协调,具体落实。

六、保障措施

(一)健全机构,加强领导。景区要将服务标准化试点工作列入年度工作计划,纳入各部门量化考核范围,及时研究解决标准化试点工作过程中出现的各类问题。景区旅游标准化试点工作领导小组要加强组织协调,监督检查工作计划中各项工作的进展情况,确保经费投入,及时向上级请示汇报工作。各部门要充分认识做好旅游标准化试点工作的重大意义,高度重视,认真组织,扎实推进,真正做到认识到位、领导到位、经费到位、措施到位。

(二)广泛宣传,强化培训。要大力宣传开展旅游服务标准化试点工作的重要意义、方法步骤、创建目标和创建标准,以本单位网站、市内各大媒体、景区大屏幕为平台,重点宣传和普及标准化知识,增强景区员工的标准化工作意识,营造开展标准化试点工作的良好氛围,增强景区广大干部职工使用标准的自觉性。

(三)统一管理,综合协调。各部门要各司其职,齐抓共管,加大组织实施、督促检查和工作落实力度,要把实施旅游标准化试点工作作为推进景区旅游事业发展的一项基础性工作来抓,努力提高服务质量和服务水平,为建设"环境更优美、秩序更优良、服务更优质、游客更满意"的旅游景区发挥应有的作用。

【任务执行】

任务发布

任务6-2-1:以6人为一个小组,阅读案例1~2,参考下面标准化景区的相关知识和国家要求,各小组讨论并撰写一份标准化景区创建中某一方面的细化方案。

任务具体要求:各小组根据成员的知识结构和兴趣,选择标准化景区创建中的某一方面,如景区讲解规范、游客中心设施及服务规范、餐饮店管理及服务规范、购物店管理及服务规范、景区标志规范等,深入探讨、挖掘、充实规范内容,最终形成一份细化方案,如××景区讲解规范细化方案等。

时间:60分钟

任务分析

标准化景区是近两年提出的新概念,如何建设标准化景区,虽然已有各种规范化的制度,但尚不完善。创建标准化景区,首先要熟悉标准化景区的相关知识及国家旅游局发布的标准化景区评定要求,结合景区实际和国家标准,从细节做起,打造标准化景区。

任务实施

①分析案例1~2,总结标准化景区创建应从哪些方面入手。

②小组决定本小组最有兴趣的某一方面。

③就该方面的标准化建设提出小组的见解,并细化观点。

④形成该方面的细化方案。

学生小组任务成果书(NO. 26)			
实训任务6-2-1:撰写标准化景区创建中某一方面的细化方案		任务性质	小组任务
小组任务成果名称	××景区××规范细化方案,如××景区餐饮店管理及服务规范细化方案		
内容包括××规范的构成、××规范细则。内容应具体,可实施 注:成果以A4纸打印或手写			

知识讲解

一、旅游标准化发展历程

(一)国际标准化发展历程

国际上标准化运动起源于20世纪初叶的欧洲,最早开始于电子领域,1906年成立了世界上最早的国际标准化机构国际电工委员会(IEC)。其他技术领域的工作原由成立于1926年的国家标准化协会的国际联盟(International Federation of the National Standardizing Associations,简称 ISA)承担,重点在于机械工程方面。ISA 的工作因二次大战在1942年终止。1946年,来自25个国家的代表在伦敦召开会议,决定成立一个新的国际组织,其目的是促进国际合作和统一工业标准。1947年2月23日,国际标准化组织(International Organization for Standardization,简称 ISO)宣告成立,这是一个总部设在瑞士日内瓦的非官方国际组织,并于1951年发布了第一个标准工业长度测量及标准参考温度。后来,国际标准化运动由工业产品、农产品、交通运输等领域扩展到信息产业和服务业,旅游标准化则出现在20世纪80年代以后,是标准化家族中年轻的成员。

(二)中国旅游标准化建设情况

我国的旅游标准化工作起步要早于欧洲国家。1987年,我国首次制定并于1993年颁布实施了旅游涉外饭店的星级划分和评定标准,后经1997年、2003年、2010年修订为《旅游饭店星级的划分与评定》。这一标准的出台,不仅对我国旅游行业,而且对全国服务性行业标准化工作的推动起到了非常显著的示范作用。目前,星级的概念已经成为消费档次和服务质量的象征,其应用范围已经远超出了饭店行业。

1995年,经国务院标准化主管部门批复,国家旅游局成立了旅游标准化专业机构——全国旅游标准化技术委员会(SAC/TC 210),负责旅游业的标准化技术归口工作,分别负责旅游标准化各个方面的研究工作和标准编制的组织工作。旅游标委会由国务院标准化主管部门(即国家标准化管理委员会,简称"国家标准委"),委托国家旅游局负责领导和管理,委员由旅游行政管理人员、旅游专家及旅游企业的专业人员组成。2000年,国家旅游局发布实施旅游业标准体系表,首次建立了以旅游六要素(吃、住、行、游、购、娱)为基础的标准体系框架,2009年又对该框架进行了全面的修订完善。这一体系框架根据旅游业的基本特点和内在规律,按照标准技术内容的共性特征,分为旅游业基础标准、旅游业要素系统标准、旅游业支持系统标准、旅游业工作标准4个业务领域,并扩展到部分标准项目。国家旅游局制定的《全国旅游标准化发展规划(2009~2015)》显示,截至2010年6月,已发布实施的标准共有12项,待发布(已制定和修订)的旅游标准有20项。

旅游标准在促进行业素质提高方面起到了巨大作用,已经成为行业管理的一柄利器。比如,旅游区(点),自《旅游区(点)质量等级的划分与评定》1999

年10月1日起正式施行以来,已据此标准评定出各种A级景区近千家,深刻而显著地改变了我国旅游区(点)管理和服务长期落后的面貌,促进了我国旅游区(点)加快迈向保护、开发、建设、经营和管理的新高度。2003年5月1日实施《旅游区(点)质量等级的划分与评定》GB/T 17775—2003,替代了GB/T 17775—1999。新标准的制定旨在加强对旅游区(点)的管理,提高旅游区(点)服务质量,维护旅游区(点)和旅游者的合法权益,促进我国旅游资源开发和利用,推动环境保护。

2010年6月10日,国家旅游局公布了首批全国旅游标准化试点城市(区)、县和试点企业(单位)名单,包括1省、5市(区)、5县、66家试点企业(单位),其中旅游景区企业有三十多家。

二、旅游景区标准化的内容

旅游景区标准化的内容可归结为七个方面:

(1) 旅游景区公共信息导向系统。旅游景区公共信息导向系统包括周边导入系统、游览导向系统、导出系统三个子系统,由位置标志、导向标志、平面示意图、信息板等要素构成。公共信息图形符号统一,符合国家或国际标准。

(2) 旅游景区服务指南,规定旅游景区服务的基本内容、构成要素和质量要求。包括旅游景区质量管理要求、人员服务、服务设施和管理、安全设施和管理、投诉处理和管理、危机事件应急预案等内容。

(3) 游客中心设施与服务规范。包括设置标准、设施设备、服务内容和管理办法等。

(4) 旅游景区讲解服务规范。包括景区导游须持有导游证,使用普通话,统一导游词,统一服装等内容。

(5) 旅游交通规范。包括景区内外交通的可进入性、停车规范、景区内交通工具管理规范、旅游交通管理人员服装统一、指挥规范等。

(6) 景区管理规范。包括景区管理机构设置完善,功能明晰;人员管理、财务管理、日常行政管理等管理制度完善;景区有总体规划和详细规划;定期对员工进行培训等。

(7) 景区内旅游企业管理规范。包括景区内旅游餐饮店、旅游购物店、旅游住宿机构的服务、管理规范;旅游菜品的标准化建设,统一菜品名称,量化配料和菜品分量,统一规定菜品制作流程等;旅游商品包装和价格规范;旅游住宿机构服务礼仪、服务用语、服装、手势等的统一,服务流程,突发事件处理的标准化设置等。

【任务拓展】

任务6-2-2:在实训任务6-2-1的基础上,各小组自选本地某一景区(或由教师联系某景区),前往该景区调研,并制定××景区旅游标准化试点单位创建方案。创建方案包含组织机构设置、创建的时段安排、创建任务、创建参与部门等内容。各小组课下自行组织调研或在教师指导下统一调研,调研结束后各组自行讨论完成,成果两周后公开展示。

【任务反馈】

由教师组织，邀请××景区管理人员前来课堂参与成果评审。各小组在课堂公开展示调研成果和××景区旅游标准化试点单位创建方案，景区管理人员、教师、其他小组成员针对创建方案的内容给予点评，给出建议。并由景区管理人员选出两份最优方案，小组人员修改后打印装订送给该景区。获得最优方案的两个小组将获得课程成绩加分，分值可为2～5分，由教师控制。

任务三　创建数字化景区

【任务目标】

通过学习广州白云山、安徽黄山数字化景区创建的相关案例及"知识讲解"中部分内容，学生应了解数字化景区的概念、创建要点等相关内容。通过小组任务，学生能在讨论和实战中熟悉数字化景区创建的主要内容、步骤、重点，并能够制定相对完善的数字化景区创建计划书。

情景设计

李明带领同事们所进行的绿色景区、标准化景区创建工作取得极大成绩。办公室王主任决定再接再厉，实现莲峰山的数字化管理，将莲峰山打造成全国景区现代化管理的典范。假如你是李明，将如何开展数字化景区的创建工作？

【案例聚焦】

案例1

广州白云山数字化景区建设实例

2003年开始，白云山从推广办公自动化系统应用、提高局网站信息量、建设景区展示系统等方面加大了信息化建设工作的力度。经过多年努力，白云山已经建成了一系列专项系统，初步形成了全方位的信息化体系，主要建成了白云山主干网络、白云山门户网站、白云山OA办公系统、电子商务系统、白云山信息监控中心、白云山电子巡查系统、移动视频监控系统等。

数字化工程的全面实施，不仅大大提升了白云山景区的品味，而且在领导科学决策、提升景区旅游服务质量和整体管理水平等方面发挥了巨大的作用。建成的白云山监控指挥中心，发挥景区监控、工作人员调度管理、主要路段客流量监控、门户信息发布管理、电子政务管理等功能，实现各类信息的采集、传输、接受、存储和处理，通过打造统一的信息技术平台和指挥调度体系，实现信息数字化、应用网络化、管理服务智能化，从而树立新的景区旅游形象；移动视频监控系统对白云山视频监控系统重点位置的视频源进行压缩和优化，通过流媒体处理，将视频集成在智能终端显示，方便管理部门随时随地通过互联网或手机视频方便、快捷地浏览和调用视频图像资源，实现统一监控、统一存储和统一管理；整合在白云山网站平台的电子商务系统，极大地方便了广大游客，使他们足不出户，就可以完成购买门票、预订酒店、预订餐饮等在线商务交易；电子巡查系统的建成大大提高了对巡查人员的监控力度，从而实现对整个白云山景区安防的全方位监控，确保景区的治安和防火安全，为游客提供安全、舒适的游览环境。这些系统的使用，大大提升了景区管理的科技水平，使景区能够可持续发展。白云山数字化景区建设的经验主要可归结为六个方面：

一、领导高度重视，组织机构健全

信息化战略投资，领导重视是关键。白云山管理局党委对数字化的建设工作相当重视，在"数字白云山"建设的初期就成立了"数字白云山"建设工作领导小组，由该局主要领导担任组长，领导小组下设信息化管理办公室，负责处理数字化建设的相关工作，并制定相关的规章制度。

景区的数字化建设工作得到了建设部、省建设厅和市相关主管部门领导的大力支持。广州市信息办的领导先后3次参与《"数字白云山"建设规划》评审工作，对景区的数字化建设工作给予了极大的帮助和支持。国家建设部"数字景区"专家组的领导深入景区实地，先后考察了游客中心、中心机房、LED信息发布系统和景区资源保护情况，对景区的信息化工作给出了具体的指导。

二、注重谋篇布局，规划编制先行

"数字白云山"规划是在遵循对景区资源进行保护型开发的基础上，将数字、信息、网络技术应用到白云山景区的保护、管理和开发中来，全力推动和全面提升白云山风景区的科学管理水平，实现精细化管理，促进景区资源与旅游产业的可持续发展。为此，景区在建设部信息中心的指导下，按照建设部《数字景区建设指南》的有关要求，结合白云山的实际编制了《"数字白云山"建设规划》(2006~2010)。"数字白云山"规划提出四大建设目标：资源保护数字化、运营管理智能化、游客服务多元化、内外资源协同化。该规划于2006年12月1日通过建设部"数字景区"专家组评审。

三、构建局域网络，搭建门户网站

白云山管理局局域网承载管理局办公自动化系统等业务应用系统，实现了白云山管理局和局属各管理单位之间的基础网络互连。白云山管理局局属10个管理处分布较分散，其中4个在山上风景区内；6个在山下，且与管理局之间有市政道路和各种建筑物阻隔。4个在山上的管理单位通过铺设15公里的光纤进行互连，其余6个管理单位采用VPN技术接入。管理局办公大楼网络以多层(L3)交换式千兆以太网为主干，10M/100M交换到桌面。景区于2005年12月建立了白云山风景名胜区的门户网站。充分利用互联网满足浏览者旅游信息咨询、信息交换和白云山管理信息共享等方面的需求，让浏览者熟悉白云山的情况，并通过有效的在线交流方式搭起浏览者与风景区管理者之间沟通的桥梁。

四、加强技能培训，力推系统应用

白云山管理局办公自动化系统基于B/S方式，主要实现文件和信息的流转、审批、催办督办等功能，并针对文件、信息处理情况向单位领导提供了简单易用的实时监控功能,方便单位领导及时掌握单位工作人员的工作情况。信息流转的处理范围几乎可以涵盖现有的各种文本和数据信息。内部办公自动化系统具体工作流程可以由系统管理员在无须改动程序的情况下进行灵活定义,实现处理工作流程自动化,过程计算机化,提高办公效率。

五、突出技术创新,建立视频监控系统

目前在景区建立了18个监控点,5个中心基站。系统传输采用的先进的5.8G无线接入系统是一种面向IP数据业务的接入系统,以无线数据交换技术支持高速IP接入业务,包括互联网和虚拟专网接入等。无线传输比较有线传输的优势在于可摆脱管道、光纤等束缚,具有建设周期短、维护方便、投资较少等优势。

六、强化景区宣传,实现彩屏联动

LED显示屏是近年来应用十分广泛的高科技显示设备,具有清晰度高、质量稳定、寿命长、显示功能灵活多变的特点,十分适用于文字、图形和多媒体节目的播放宣传。南门LED显示屏位于白云索道东侧,西门的LED显示屏位于白云山西大门入口广场,用于发布旅游导航、景区动态、法律法规、通告、旅游知识等信息。南门和西门LED显示屏都通过光纤连接到游客中心的LED控制中心,实现远程控制开、关机以及节目的编播,节约了管理成本。

案例2

安徽黄山数字化景区建设实例

2005年、2011年,黄山风景名胜区先后完成了《黄山风景区数字化建设总体规划(2005—2010)》、《黄山风景区数字化建设总体规划(2011—2015)》的文本编制工作。规划以景区信息化现状为基础,将黄山风景区的资源保护、旅游服务、经营管理、安全防范和持续发展等方面的信息化工作有机地结合起来,为黄山风景区数字化建设提供了依据。

一、建设概况

数字黄山景区总体架构可以概括为:"一个中心、三大平台、五大系统"。"一个中心"即黄山风景区信息中心,它是整个黄山风景区信息系统管理、运行维护、指挥调度的中枢。"三大平台"即信息网络、数据库和空间信息技术平台,它们与多媒体技术平台共同为数字黄山景区的建设提供技术支撑。"五大系统"即资源保护、旅游服务、经营管理、安全防范和持续发展系统。这五大系统以三大平台为支撑,既相对独立又有机结合,形成完整的数字景区。

一个中心:黄山风景区保护管理指挥调度中心(以下简称"指挥中心")建筑面积1 496平方米,由清华大学负责设计,先后邀请了50多位国内一流专家学者对中心智能化建设进行了六轮次的专家评审论证,并首次引进了信息化监理技术,完善了信息化建设监督管理机制。指挥中心拥有核心机房2个,领导决策会议室1个,候会议室1个,办公室2个,UPS及精密空调间2个,同时拥有目前世界一流的DLP大屏显示墙（46平方米）一面，为全国风景名胜区所仅有。指挥中心内部均按照国家A类机房标准进行设计施工，本身就是一个智能化的楼宇。

指挥中心是数字黄山景区的中枢，承担着数字黄山景区总体构架中的"一个中心"的职能。它可以实现整个景区的信息管理，命令发布和综合管理调度任务。同时也是数字黄山景区已建、在建和未来待建所有子系统整合的平台。目前中心涵盖了DLP大显示系统、会议决策系统、景区门户网站、三台合一系统、350兆无限集群寻呼系统、短信群发系统、景区视频监控系统、管委会办公区域内部视频监控系统、电子门禁和OA办公系统等数字化系统。在整合了所有已建和待建子系统后，指挥中心将能实现森防监控及报警、水电调度管理、人员定位管理、客流及车辆调度管理、门户信息发布管理、电子政务管理、酒店经营管理、公安接处警等功能。

电子门禁系统。黄山风景区电子门禁系统一期项目——票务管理信息化系统，已经正式投入使用。该系统的使用极大提高了黄山风景区各类门票、索道票务的信息化管理，改变了传统手工出票存在的种种弊端。将现代化的电脑现金售票系统与电子商务网上票务预订系统进行整合，实现了景区票务管理的信息化。景区管理者只需通过景区指挥控制中心或任何一台联网的电脑，就可实现实时掌握景区所有入口进山的人数、进行各索道上下行动态人数对比、报表分类自动统计、智能化分析与自动预警等功能，为景区管理调度提供了直接依据。黄山风景区电子门禁系统二期项目将建立一个集智能卡工程、信息安全工程、软件工程、网络工程及机械工程于一体的智能化集成管理系统，并与电子商务系统结合，真正达到无缝连接，满足快速准确进行查询汇总、报表统计、账目平衡的财务需求，电子门票防复制、防伪造的安全需求，以及快捷、便利的服务需求。景区视频监控系统（一期）已经完成全山40余监控点的前期建设并投入使用，其中在电缆光纤无法铺设到的如天都峰、西海大峡谷等重要景点还建设了5个无线监控点。这些监控点的设置已初步满足了景区内监控的需要，基本上覆盖了景区旅游交通专线，重要游览步道以及重点部位的游客集散地。

地理信息系统。数字黄山景区由基础平台层和应用平台层组成。2006年，黄山启动了黄山风景区地理信息系统（GIS）的建设工程。一期工程包括了数字化地形图、正射影像图和数字高程模型制作三项基础工作，完成了黄山风景区全区域和周边地区的数字地理信息产品，构成了黄山风景区基础地理信息空间框架，为景区数字化管理提供实时、动态、详细、可靠、精确的保障。黄山景区的二期基础地理信息系统建设和相关专题数据库搭建工程已经开始。项目建成后，规划、设计部门可以通过数字化地形图和三维模拟实景系统，进一步提高规划制定和项目设计的全局性、科学性；旅游服务部门可以通过虚拟电子导游系统,使游客实现三维和多季节的景区游览、查询分析,弥补由天气、景点轮休、游客体力等各方面原因造成的游客游览景点不全,充分领略黄山的神奇、秀美景观;保护管理部门可以通过建立多个实时影像检测点,实现自然灾害特别是森林火灾、洪涝灾害的预测、检测,并在突发紧急事件时,快速地分析周边的情况,提供最快捷的到达线路;交通运输部门可以在该平台上开发智能运输系统,科学调度车辆,提高游客运输能力;科研部门可以通过该平台了解到景区的固定游客容量、瞬时容量、古树名木保护、地质灾害等情况。基础地理信息系统的建成和完善,将大大提高黄山风景区行政管理、规划建设、遗产保护、森林防火、气象预警、旅游服务、运输管理、国土资源管理、科学研究等多方面工作的数字化、科学化、规范化水平,为实现黄山风景区快速发展提供科学的保障。

旅游电子商务系统。黄山旅游电子商务系统,由黄山旅游股份有限公司投资兴建,实行独立经营、商务运作。系统利用现代网络技术,为游客和旅行社提供网上在线交易服务,建立客户服务中心并开通电话查询热线,为各类客户的网上交易和定购提供跟踪服务。2006年12月,黄山获得由中国社科院旅游研究中心颁发的"2006年度中国十大优秀旅游景区网站"荣誉。

公安三台合一系统。黄山风景区公安局指挥中心是一个符合国内应用技术发展趋势并具有国内领先技术水平的融合警子系统、通讯调度子系统、数字录音子系统、GIS地理信息系统、数据管理子系统为一体的公安综合指挥中心。该中心运行以来,对提高信息获取能力、快速反应能力、协调组织能力、决策指挥能力、防灾减灾能力、综合服务能力起到了积极的推动作用。

350兆无线集群指挥系统。该系统是保障政令警令畅通、统一指挥、快速反应、协同作战最重要的通讯手段,具备个呼、组呼、紧急呼叫、有无线自动转接等多种呼叫功能和强大的管理功能,在执行重大保卫任务及黄金周保卫任务过程中,特别是在防范或处置重大治安事件、重大自然灾害事故或其他应急救援需要时,在大规模的指挥调度中,有着较其他通讯和指挥调度方式所不可替代的作用。

电子政务系统和GPS定位系统。黄山还进行了电子政务系统和景区内GPS定位系统的创建工作,取得可喜进展。

二、黄山实施数字化景区建设的效益

数字黄山景区信息化项目的有序建设,特别是通过对系统整合,清除各子系统间相对独立的部分,增强系统之间的联动性,减少了重复投资、重复建设现象,提升了工作效率和管理水平,创造了良好的社会效益;通过利用保护信息系统,实行动态监测,提高了管理水平,创造了良好的社会效益;通过利用保护信息系统,动态监测空气、植被、生物等,及时采取积极的保护措施,使景区资源得到及时、有效的保护,创造了良好的生态效益;全面实施规划中的旅游服务有系统,增强了管理部门与企业、企业与游客间的互动,企业和游客急需的信息能及时得到反馈,景区内的所有信息也能及时地传递给中外游客,景区也因此吸引了更多的中外游客,创造了良好的经济效益。此外,通过智能导游设备的租赁,人员、车辆的 GPS 定位,视频监控系统和电子门禁系统的应用以及对森林防火、气象预警系统等安全防范系统的建设,都极大地提高了黄山风景区对各类灾害的预防能力,减少灾害带来的损失,为景区带来不可估量的间接经营效益。

【任务执行】

任务发布

任务 6-3-1:以 6 人为一个小组,阅读案例 1~2,参考下面数字化景区的相关知识和建设部的指导意见,讨论并总结景区哪些方面可以进行数字化建设。

任务具体要求:讨论什么是数字化景区;景区哪些方面可以进行数字化建设;列出景区能够进行的数字化建设的项目。

时间:40 分钟

任务分析

数字化景区的出现是科技发展的必然结果。目前我国数字化景区的建设处于试点阶段,一批国家级风景名胜区成为试点单位,在数字化建设方面做出了一定成绩。景区哪些方面可以进行数字化建设,需要操作者熟悉景区管理实务,同时又要清醒地认识到基于电脑和互联网的数字化建设的核心关键点,进一步开发景区数字化建设可以实现的项目,为景区的数字化建设提供保障。

任务实施

①阅读案例 1~2,讨论什么是数字化景区。

②讨论并确定景区可以进行数字化建设的主要内容,形成框架。

③细化景区数字化建设的内容,形成最终的分析报告。

学生小组任务成果书(NO. 27)			
实训任务 6-3-1:景区数字化建设内容讨论		任务性质	小组任务
小组任务成果名称	景区数字化建设内容分析报告		
内容包括:数字化景区的概念和内涵;景区进行数字化建设的主要方面;景区能够进行的数字化建设的项目			
注:成果以 A4 纸打印或手写			

知识讲解

一、旅游景区数字化建设的概念

20 世纪 90 年代以来,数字化、信息化技术得到了充分的发展,这不仅表现在工业领域方面,在旅游景区与世界遗产的保护方面也取得了瞩目的成绩。随着 21 世纪的到来,大众旅游朝文化性、生态性和责任性方向发展,旅游动机和要求更具有个性化、多元化的特征,因此现时的旅游目的地已不能适应多层面细分市场的需要,在从传统旅游到创意旅游转换的市场驱动下,对旅游景区的数字化建设要求应运而生。它以虚拟现实技术、增强现实技术、流媒体技术、图形图像处理技术和宽带普及等为支持，通过数字媒体展示网上旅游景区，以达到景区资源数字处理、产品虚拟化、管理智能化的目标。

景区数字化，是指以信息技术、通讯技术、存储技术等现代的基于数字支持的技术，优化企业的业务流程与管理流程，目的在于为客户、企业、社会创造更多的价值。其主要包括景区地理信息系统（Geographic Information System，简称GIS）、数字监控系统、电子门票系统、智能指挥中心、LED户外大屏、旅游咨询系统、自动语音导游系统、背景音乐系统、数字化营销体9个系统，建成后可以大大提升景区的管理水平和服务水平。

二、我国旅游景区数字化建设概况

中国的遗产数字化保护是从故宫和敦煌开始的。2000年，敦煌与美国梅隆基金会决定共同建立"数字化虚拟洞窟"；同年底，中国故宫博物院和日本凸版印刷株式会社签订"故宫文化遗产数字化应用研究"合作协议书。如今，两处世界遗产的数字化保护已见成效。30个工程师，22个月，故宫太和殿在一部片长40分钟的三维作品中再现了康乾盛世的金碧辉煌。三维作品的妙处在于当初拍摄的位置就是今日观众观看的位置，利用虚拟技术，观众在计算机前，可以从不同的位置向不同的方向看，可以"飞"到空中远观匾文，也可以钻到桌底细赏雕刻。故宫博物院信息技术研究所主任徐虎兴奋地说："这是一种全新的观赏体验。"

2002年底，国家级风景名胜区监管信息系统建设研发和试点工作开始，打下了今天数字化景区建设的重要基础。2004年，国家"十五"科技攻关计划重点项目数字景区示范工程正式开展，两个示范点的数字化景区——黄山和九寨沟，成绩显著，得到专家和领导的肯定，并于2005年，在全国的风景名胜区启动了数字化建设的试点工作。2006年，建设部城建司确定八达岭、净月潭、江苏云台山、西湖、普陀山、九华山、武夷山、庐山、泰山、河南云台山、武当山、衡山、武陵源、白云山、青城山、峨眉山、路南石林、天山天池18个国家重点风景名胜区为数字化景区试点单位。建设部编制印发了《国家重点风景名胜区数字化景区建设指南（试行）》，对数字化建设目标、技术路线、重点建设项目和具体实施办法等都提出了明确的要求和统一的技术标准，促进了试点景区规范化建设和信息共享，对风景名胜区行业数字化建设起到很好的统筹和指导作用。

据初步统计，目前已有石林、青城山、都江堰等12个试点景区的数字化建设总体方案通过建设部专家组的评审；黄山、峨眉山等8个试点景区初步建成了综合性的数字化指挥调度中心；九寨沟、武陵源等10个试点景区开通了门票网络预售，累计销售额超过10个亿；龙门、庐山等15个试点景区安装使用了电子门禁系统；十三陵、钟山、天山天池等20个试点景区建成LED大屏幕信息发布系统，通过卫星联播实现了景区资源相互推介宣传的功能；大部分试点景区还都建成并使用了森林防火或集游客安全、资源保护等多功能为一体的综合视频监控系统,实现了对主要景区、景点和游人集中地带的实时监控。峨眉山风景名胜区按照数字化建设总体方案,加紧实施"1153 N 系统"工程,构建生态保护、管理服务和市场营销三大体系,设立监控、门禁、旅游咨询等多个子系统,形成景区保护、管理、服务、营销等全方位的数字化管理体系。武陵源近几年来积极推进"数字武陵源"建设,完成了规划监测系统、森林防火系统、电子门禁系统、视频监控系统、GIS 地理信息系统、GPS 车辆调度系统、电子导游系统、网络售票系统等 10 个系统,"数字武陵源"雏形初显。石林和河南云台山风景名胜区的数字化建设,都是 2006 年 4 月在昆明召开数字化景区试点座谈会议之后启动的,虽然起步较晚,但起点高,成效显著。石林等景区的数字化建设还得到联合国教科文组织遗产保护专家的高度评价。另外,数字化景区建设工作也得到了国家有关部委的大力支持,以此为基础的研发课题已经纳入"十一五"国家科技支撑重点扶持项目。应用技术研究旨在建设具有中国特色的旅游目的地资源营销技术体系、服务体系和产业链条。该课题的实施必将对我国的数字化景区建设产生强劲的推动力。

三、旅游景区数字化建设要点

（一）建立高效运转的景区数字化建设

协调管理机构建立高效运转的景区数字化管理机构是景区数字化管理工作正常开展的前提。根据景区数字化管理的需要,设置一个相关的协调管理机构,按照高效、科学、合理、实用、精简的原则设置相关管理部门。

（二）明晰各职能部门的管理权限

针对景区管理机构重叠、权限相互交叉的情况,应明确景区数字化管理的内涵、性质、社会功能,明晰各职能部门的管理权限,从而结束政出多门、管理混乱、保护不力、利用低下的局面。

（三）充实管理层的专业技术人员

景区数字化管理建设涉及多个学科,科技含量很高,绝非什么人都可以去管理。建议景区应与国内外相关企业、科研单位及高校合作,设立景区数字化管理专家委员会,参与科技决策与咨询。

（四）以 GIS 为基础平台进一步完善景区综合管理信息系统

一个景区的综合信息具有明显的空间分布特征,而 GIS 就具有空间数据的输入与编辑、组织与分析、查询与管理以及制图输出等功能。

（五）健全风景名胜区环境监测指标体系及分类评价标准

健全环境监控指标体系和评价标准,景区环境管理才有可靠的依据,从而才能掌握好治理的力度,真正实现资源的合理配置和永续利用。

（六）强化管理量化方法,提高管理科技含量

景区数字化管理建设中,由于缺乏量化方法,管理决策往往带有较大的主

观性。因此,应强化景区数字化管理的量化方法,比如建立生态景观环境监控的数量化指标体系,监测风景环境因子的定量指标,用 GIS 对景区各类环境变化做量化分析等。用量化方法取得的数据是科学监管风景名胜区的重要依据。

 附

关于国家级风景名胜区数字化景区建设工作的指导意见

建城函〔2010〕226 号

各省、自治区住房和城乡建设厅,直辖市建委(园林局),各国家级风景名胜区管理机构:

为积极推进风景名胜区信息化建设,稳步开展国家级风景名胜区(以下简称"风景名胜区")数字化景区建设工作,提高风景名胜区现代化、信息化管理水平,实现风景名胜区事业又好又快发展,结合五年来风景名胜区数字化景区建设试点经验,现就做好风景名胜区数字化景区建设工作,提出以下指导意见。

一、指导思想和基本原则

(一)指导思想

风景名胜区数字化景区建设是风景名胜区在总结监管信息系统建设经验基础上开展的一项信息化建设工作。建设风景名胜区数字化景区,要综合运用现代信息技术,以信息化基础设施为支撑,以业务应用系统为纽带,以数据中心和指挥调度中心为核心,整合景区管理资源,实现信息共享,推进风景名胜区信息化建设。通过数字化景区建设,提高风景名胜区在资源环境保护、规划建设管理、游览组织管理与公共服务、游客安全保障、防灾减灾、应对突发事件等方面的管理和服务能力,改进管理方法,降低管理成本,提高管理效率。

(二)基本原则

(1)需求主导,突出重点。风景名胜区要结合自身条件和管理需要,按照数字化景区建设的特点和要求,积极组织开展数字化景区建设工作。工作中要量力而行,突出重点,以需求为导向,以管理应用和优化服务为重点,优先建设景区资源保护、规划、利用和管理需求迫切的项目。

(2)因地制宜,分类指导。风景名胜区的类型不同,数字化景区建设的需求和管理模式存在差异。要根据景区的类型和特点,实行分类指导,因地制宜建立符合风景名胜区特点的数字化管理模式。

（3）总体规划，分步实施。风景名胜区要深入研究数字化景区建设的具体需要，统筹兼顾，科学论证，编制数字化景区建设规划，合理确定规划目标、建设内容和实施步骤，分步实施建设规划。

（4）实用节约，安全高效。风景名胜区要在满足数字化景区建设功能要求的前提下，增强成本效益意识，合理控制建设运行成本，优先选择业务流程稳定、管理效益明显、信息密集、实时性强、实用节约的项目，应用技术做到适度先进。要构筑完善的信息化安全防范体系，做到效率与安全并重。

二、主要任务

（一）编制数字化景区建设规划

数字化景区建设规划是开展信息化建设的基本依据。风景名胜区要按照国家以及住房城乡建设领域信息化建设的有关要求和技术规范，结合自身实际，以实际需求为导向，编制数字化景区建设规划，明确数字化建设的基本思路、总体目标、总体框架、建设内容、重点任务和实施方案等，确定分期建设目标和实施保障措施，经过专家论证通过，有计划有步骤地实施。

（二）建立健全数字化基础设施

基础设施是信息化建设的基础和前提。风景名胜区要按照数字化景区建设要求，逐步配备和完善计算机设备、网络设备、服务器设备、数据存储设备、安全设备、机房及配套等设施，构建结构合理、覆盖面广、容量充足、性能稳定的基础网络体系，为数字化建设提供保障。

（三）建立统一的数据中心

基础数据库和共享机制建设是信息化建设的关键。风景名胜区要以信息资源共享为突破口，提高基础数据的质量，统一数据标准，整合信息资源，建设统一的数据中心，从技术上和管理上建立一套有效的共享机制，为实现地理信息、规划建设、资源环境本底、遥感监测等基础数据与业务数据的互联共享以及不同系统互通互联、数据共享和系统集成奠定基础，实现信息资源集中、高效、便捷的管理和应用。

（四）建设统一高效的综合指挥调度中心

要通过建立风景名胜区综合指挥调度中心，改进传统管理模式，改善管理部门之间信息不畅、调度不良的问题。通过采用功能集成、网络集成、软件界面集成等多种集成技术，实现互通互联和交互操作，充分发挥集成应用的协同效应，实现对各个集成设备和系统的集中高效应用和对相关管理部门的统一协调和组织，构建统一指挥、快速反应的管理体系。

（五）加强应用系统建设

风景名胜区数字化景区建设，除风景名胜区监管信息系统等必备应用系统外，可以根据业务工作信息化管理的需要，全部或者有选择地建设视频监控（含森林防火）、应急救援、车辆运行监控调度、人员巡检监控调度、资源环境监测、规划建设管理、景区门禁票务、电子政务、电子商务、多媒体展示等应用系统，也可以自行开发建设其他应用系统，提高信息化管理水平。

（六）构筑安全防范体系

风景名胜区要按照国家信息安全有关要求，加强信息安全管理，采取技术与管理相结合的综合性保障措施，建立包括物理安全、网络安全、数据安全、系统安全、应用安全等内容的安全保障体系，制定并严格执行安全管理制度，确保设备和系统有效安全运行。

三、工作要求

（一）加强组织领导

各级风景名胜区管理部门要加强领导，积极稳步推进风景名胜区数字化景区建设。住房城乡建设部负责全国风景名胜区数字化景区建设的总体指导和监督实施，制订有关技术标准规范，并成立专家小组提供技术指导和服务。省级住房城乡建设（或风景名胜区）主管部门负责本辖区风景名胜区数字化景区建设的指导协调和监督实施。风景名胜区管理机构要设立专门工作机构，落实专业技术人员，稳步扎实推进数字化景区建设的各项工作。

（二）规范有序建设

风景名胜区数字化景区建设要遵循国家和住房城乡建设领域信息化建设的有关要求和技术规范，做到标准统一、网络互连、数据共享，推进信息资源共享，提高信息资源效益。要充分利用和整合现有基础设施、应用系统和信息资源，避免自成体系、重复建设等问题，促进景区内部以及景区与外部业务系统的互通互联。

（三）加强制度建设

风景名胜区要建立健全数字化景区建设的规章制度，制定包括规划立项、招标采购、设计施工、调试运行、项目验收、业务操作、日常运行、管理维护、文档管理、安全管理、应急管理、部门协作、绩效评估以及硬件、软件、人员、信息、数据等各方面的程序规范与管理制度，推进风景名胜区数字化建设与管理的规范化、制度化。

（四）搞好人才培养

风景名胜区要加强数字化景区人才队伍建设，在积极引进专业人才和技术支持协作单位同时，加大对现有干部职工的培训力度，积极开展信息化建设有关政策法规、技术规范、专业知识的培训辅导，努力提高现有管理人员专业技术能力，适应数字化景区建设的需要。

（五）加大资金投入

风景名胜区数字化景区建设需要一定的资金投入和保障。要积极拓宽融资渠道,加大资金支持力度,在充分利用自有资金的同时,积极争取财政资金、科研立项、银行贷款、社会投资等多方面的资金支持,为数字化景区建设提供可靠稳定的资金保障。

各地在实际工作中遇到的具体问题,请及时与我部风景名胜区管理办公室联系。

中华人民共和国住房和城乡建设部
二〇一〇年八月二十五日

【任务拓展】

任务6-3-2:在实训任务6-3-1的基础上,各小组自选本地某一景区(为便于任务实施,最好区别于前面所选景区),前往该景区调研,并制定××景区数字化景区创建计划书。计划书包含数字化景区创建所需的组织机构设置、景区管理层的政策支持、数字化景区创建的主要内容和核心项目、数字化景区创建的主要执行机构和协调机构、预期效果等。各小组课下自行组织完成,成果两周后公开展示。

【任务反馈】

各小组在课堂公开展示调研成果和××景区数字化景区创建计划书的主要内容,其他小组针对其成果提出修改意见,各小组落实修改。

各小组将××景区数字化景区创建计划书打印、装订,送给××景区,与景区沟通,获取反馈信息。

◆模块评价

【知识/技能评价】

绿色景区、标准化景区、数字化景区的创建工作是一项长期而复杂的任务。学生通过对上述景区创建内容的高仿真参与,对于上述创建工作有了基本的认知和了解,上述三个任务貌似分散,但实际均围绕一个中心,即景区的现代化管理,进行设计。同时,在任务完成过程中,因为任务复杂且庞大,所有任务均以小组为单位进行,对学生独立工作能力缺乏考核。因此,在完成上述三个任务的基础上,学生以个人为单位,每人完成一份"景区现代化管理总结",内容包括:你对景区现代化管理的认识;你所在的小组在完成三个任务的过程中的收获与不足;你个人从小组任务中的收获及反思。字数不少于1000字。

【能力应变】

任务名称:××景区现代化管理调研

任务要求:学生自主选择某一景区,并对该景区的绿色景区建设、标准化景区建设和数字化景区建设情况进行调研,自主找出该景区绿色景区建设、标准化和数字化景区建设的细节,通过归纳整理,形成最终的调研报告。

任务性质:个人任务

任务成果:××景区现代化管理调研报告

任务成果要求:调研报告字数不低

于2 000字。成果以 A4 纸打印或手写。任务成果不得有雷同,如果两份调研成果雷同,则视为互相抄袭,两份调研成果成绩为零分。

任务实施时间:周末,学生自主安排

【模块链接】

景区现代化管理的关键

景区是一个复杂的巨系统,涉及面广,因素众多。景区现代化管理需要用创新、超前的理念,主动将信息、科技、管理方面的创新点融入景区管理之中,建立与国际接轨的管理平台,与先进的国际管理水平保持同步,持续提高景区的管理水平和管理效果。

旅游景区现代化管理的关键在于以下三方面:一、建立管理信息平台。借助信息技术和互联网构建管理信息平台,实现企业管理上的变革,通过景区数字化、信息化建设,打造智能景区、数字景区,推动景区信息革命,全面提高景区的现代管理水平。二、与国际对接,采用国际企业管理标准。推动旅游标准化工作发展,导入 ISO 9000 质量管理体系,将管理的标准化内化到景区日常管理之中,通过标准化管理提升景区服务水平、管理效率和游客的满意程度。三、积极响应低碳经济建设,打造绿色景区。在景区规划中,以低碳理念为指导,为景区规划低碳设施、低碳建筑、低碳交通等绿色产品;在景区管理中,倡导文明、健康、低碳的旅游方式,采用低碳办公方式,节约办公用电、用纸等;在游客游览中,积极引导游客进行绿色旅游,除了脚印什么都不留下,引导游客将自己产生的垃圾带走或分类投放,全面培养游客低碳旅游、绿色旅游的习惯。

拓展路径

①查阅论文:张凌云、朱莉蓉《中外旅游标准化发展现状和趋势比较研究》(《旅游学刊》2011 年第 5 期),了解旅游标准环建设现状。

②查阅论文:魏来、梁永宁《旅游景区数字化建设研究》(《数字与缩微影像》2008 年第 3 期),了解旅游景区数字化建设的相关内容。

③登陆绿色中国网(http://www.lvsecn.org/index.html),了解绿色旅游、数字旅游、生态旅游等相关内容。

④登陆国家旅游局网站,了解关于全面推进旅游标准化试点工作的通知(http://www.cnta.gov.cn/html/2010-3/2010-3-30-14-36-80381.html),以及全面推进旅游标准化试点工作实施细则(http://www.cnta.gov.cn/html/2010-3/2010-3-30-14-36-80381.htm)。

⑤登陆北京市旅游局网站(http://www.bjta.gov.cn/lybzhpt/index.htm),了解北京市旅游标准化建设情况。

⑥登陆金华旅游政务网,了解绿色旅游景区的标准(http://www.jhtour.gov.cn/gov/gov_details.aspx?Rid=5510)。

⑦登陆北京市旅游局标准化建设网站,了解十三陵景区旅游标准化试点创建的相关经验(http://www.bjta.gov.cn/lybzhpt/bzhjyjl/324929.htm)。

参考文献

[1] C. R. 戈尔德耐,J. R. 布伦特·里奇,罗伯特·麦金托什. 旅游业教程[M]. 贾秀海,译. 大连:大连理工大学出版社,2003.

[2] 董观志主编. 现代景区经营管理[M]. 大连:东北财经大学出版社,2008.

[3] 杜江,王昆欣主编. 旅游景区管理[M]. 大连:东北财经大学出版社,2003.

[4] 甘澜. 旅游市场调查设计之浅探[J]. 旅游学刊,1991(3):27-32.

[5] 郭亚军编著. 旅游景区管理[M]. 北京:高等教育出版社,2006.

[6] 国家旅游局人事劳动教育司. 旅游心理学（第三版）[M]. 北京:旅游教育出版社,2005.

[7] 黄翔主编. 旅游区管理[M]. 武汉:武汉大学出版社,2004.

[8] 黄潇婷. 国内旅游景区门票价格制定影响因素的实证研究[J]. 旅游学刊,2007(5):78.

[9] 姜若愚主编. 景区服务与管理[M]. 大连:东北财经大学出版社,2003(3):47-118.

[10] 林健,李英群. 试论循环经济模式下的绿色景区的建设[J]. 消费导刊,2008(8):46-47.

[11] 刘春莲,李茂林. 西江千户苗寨旅游开发中利益相关者分析[J]. 安徽农业科学,2011,39(1):329-330.

[12] 刘锋,董四化. 旅游景区营销[M]. 北京:中国旅游出版社,2006.

[13] 卢晓主编. 旅游景区服务与管理[M]. 北京:清华大学出版社,2009.

[14] 马勇,李玺. 旅游景区管理[M]. 北京:中国旅游出版社,2007.

[15] 马勇,李玺编著. 旅游规划与开发[M]. 北京:高等教育出版社,2006.

[16] 彭淑清主编. 景区服务与管理[M]. 北京:电子工业出版社,2010.

[17] 邱萍. 旅游景区标准化服务模式研究[J]. 桂林旅游高等专科学校学报,2006,17(5):532-535.

[18] 沈敏,周永博,丁振山. 旅游目的地客源市场细分方法创新研究[J]. 无锡商业职业技术学院学报,2011(6):34-39.

[19] 宋玉蓉,姜锐编著. 景区管理与实务[M]. 北京:中国人民大学出版社,2006.

[20] 王晋. 我国自然类旅游景区营销策略研究[D]. 成都:西南财经大学,2008.

[21] 王昆欣主编. 旅游景区服务与管理案例[M]. 北京:旅游教育出版社,2008.

[22] 王庆国主编. 旅游景区经营与管理[M]. 郑州:郑州大学出版社,2006.

[23] 王衍用,宋子千编著. 旅游景区项目策划[M]. 北京:中国旅游出版社,2007.

[24] 王瑜主编. 旅游景区管理实训教程[M]. 北京:机械工业出版社,2009.

[25] 魏来,梁永宁. 旅游景区数字化建设研究[J]. 数字与缩微影像,2008(3):23-27.

[26] 吴必虎. 区域旅游规划原理[M]. 北京:中国旅游出版社,2005.

［27］杨丽,陆易农,白洋,海米提·依米提.新疆吐鲁番葡萄沟景区旅游市场营销组合策略［J］.新疆大学学报(哲学·人文社会科学版),2008(1):36-39.

［28］杨正泰,等,主编.旅游景点景区开发与管理［M］.福州:福建人民出版社,2003.

［29］姚红.浅谈河南旅游景区的数字化建设［J］.特区经济,2010(4):164-165.

［30］禹贡,欧阳洪昭主编.旅游景区景点经营案例解析［M］.北京:旅游教育出版社,2007.

［31］禹贡主编.旅游景区景点经营案例解析［M］.北京:旅游教育出版社,2010.

［32］张凌云,朱莉蓉.中外旅游标准化发展现状和趋势比较研究［J］.旅游学刊,2011,26(5):12-21.

［33］张凌云.旅游景区景点管理［M］.北京:旅游教育出版社,2004.

［34］章平,李晓光主编.旅游景区管理［M］.北京:科学出版社,2006.

［35］赵黎明主编.旅游景区管理学［M］.天津:南开大学出版社,2002.

［36］钟永德主编.旅游景区管理［M］.长沙:湖南大学出版社,2005.

［37］周国忠主编.旅游景区服务与管理实务［M］.南京:东南大学出版社,2007.

［38］周玲强编著.旅游景区经营管理［M］.杭州:浙江大学出版社,2006.

［39］邹统钎主编.旅游景区开发与管理［M］.北京:清华大学出版社,2004.

中国景区管理网,http://www.168tour.com.cn/.

四川新闻网,http://www.newssc.org.

绿色中国网,http://www.lvsecn.org/index.html.

中国旅游网,http://www.cnta.gov.cn/.

第一旅游网,http://www.toptour.cn/.

中国旅游信息港,http://www.travel169.com/.

世界旅游组织,www.world-tourism.org/.

世界旅游理事会,www.wttc.org/.

中国旅游营销网,http://www.aatrip.com/.

中国旅游信息港,http://www.travel169.com/.

巅峰国智中国旅游营销网,http://www.davost.com/case/plan/.

新浪地产 2011/5/17 新闻,http://news.dichan.sina.com.cn/2011/05/17/319401.html.

海宁新闻网,http://hnnews.zjol.com.cn/hnnews/system/2011/09/05/014193303.shtml.

峨眉山乐山大佛景区标准化试点工作初探,http://scnews.newssc.org/system/2011/06/14/013200317.shtml.

崆峒山景区旅游标准化试点工作实施方案,http://www.kongtongtour.com/kts-zt/bzhsd-detail.asp? NewsID=1277.

案例改编来源文献

[1] 江西旅游规划设计所,江西师范大学.樟树市阁皂山旅游区控制性详细规划[Z].

[2] 北京中坤塔格旅游景观规划设计有限公司.珍珠湖旅游风景区总体规划[Z].2006-04.

[3] 朱晓翔.河南旅游景区的绿色营销研究[J].河南商业高等专科学校学报,2007,20(3):70-71.

[4] 黑龙江省城市规划勘测设计研究院.音河湖风景区旅游总体规划(2003—2020)[Z].2003-06.

[5] 河南省林业调查规划院.河南省博浪沙森林公园总体规划[Z].

[6] 华南理工大学建筑设计研究院研究室,山西省古建筑保护研究所.碣石山旅游区总体规划(2003—2020)[Z].

[7] 临川温泉风景名胜区总体规划(2005—2020)[Z].

[8] 上海同济城市规划设计研究院.安徽省太平湖风景区总体规划(2007—2025).

[9] 北京创新旅游开发中心.莲花湖旅游区总体规划(2003—2020)[Z].

[10] 国家旅游局网站,2008-02.

[11] 湖北大学旅游发展研究院.东湖风景名胜区旅游发展总体规划.

[12] 沈敏,周永博,丁振山.旅游目的地客源市场细分方法创新研究[J].无锡商业职业技术学院学报,2011(3).

[13] 董锁成.兰州市旅游业发展规划[Z].中国科学院地理科学与资源研究所.

[14] 销出效益——来自峨眉山风景区系列报道之三[N].乐山日报,2009-06-09.

[15] 七月流火.五千年文博园公关活动方案设计[Z].

[16] 赵琳.旅游景区如何开展节庆营销[N].中国旅游新闻通讯社,2011-04-06.

[17] 余明阳,陈志明.龟山景区项目全案策划[Z].武汉国咨联企业管理咨询有限公司.

[18] 郑泽国.丽江玉龙雪山景区营销成功案例分析[EB/OL].http://blog.sina.com.cn/zhengzeguo.

[19] 贾云峰.美国黄石国家公园生态旅游案例研究[N].中国环境报,2010-04-21.

[20] 郑向敏主编.旅游安全学[M].北京:中国旅游出版社,2003.

[21] 罗振军,佟瑞鹏.旅游景区安全容量分析与事故风险评价[J].中国安全科学学报,2008,18(2):150-156.

后 记

教育部16号文对于高职教学目标提出了明确要求,即"要针对高等职业院校学生的特点,培养学生的社会适应性,教育学生树立终身学习理念,提高学习能力,学会交流沟通和团队协作,提高学生的实践能力、创造能力、就业能力和创业能力,培养德智体美全面发展的社会主义建设者和接班人"。要实现这样的目标,就需要"改革教学方法和手段,融"教、学、做"为一体,强化培养学生的能力。加强教材建设,重点建设好3 000种左右国家规划教材,与行业企业共同开发紧密结合生产实际的实训教材,并确保优质教材进课堂。

好的教材是教师实施行动导向教学的重要抓手,也是提高高职学生综合能力的有力保障。《景区服务与管理》是一本行动导向教材,教材以大学毕业生李明进入景区工作为引子,由此展开了一名新员工在进入景区管理机构后可能经历的各项工作,并依据旅游景区的基本业务流程,构建了6个模块和29个任务。

教材在编写过程中,注重突出四个特点:

一是可操作。教材中的任务是景区工作中实际发生的,景区工作人员必须完成的工作内容。任务内容具体,任务要求明确清晰,既便于教师在教学中依照落实,又有助于学生在实际任务的完成中锻炼自己未来工作的能力。

二是可模仿。任务的完成有可资借鉴的范本,保证了任务的可实施和完成质量。教材的案例分析和附录部分,提供了与任务相近的案例或相关内容,便于学生在任务实施过程中,通过学习、借鉴其他范本,依葫芦画瓢,完成任务。并通过任务的层层递进和部分基本内容的重复再现,使学生在初级模仿的基础上逐步积累经验,达到由模仿到创新的学习效果。

三是可提高。教材在编写中,通过任务由简入繁的设计,逐步提高学生的综合技能。每个模块任务的设计,遵循了由简单到复杂,由单一到综合的设计原则。课堂实施部分设计多个单一性任务,拓展部分设计具有一定综合性的任务,模块总结部分设计整合本模块综合技能的任务,任务设计的层层递进,既符合学生的认知规律和技能培养的规律,又可以使学生在递进性完成任务过程中稳步提高技能。

四是可成长。教材注重对学生未来发展后劲的培养,杜绝因强调实操而忽略知识积累和理论提升等现象的出现,通过知识链接部分的设计,既为学生完成任务提供了具有指导性的理论知识,又使学习过程变为学生为完成任务而主动和自发的学习行为,保证了学生在完成简单或复杂工作任务的同时,能够及时补充相关理论知识,培育发展后劲。模块链接部分,提供了有用的文章、书籍和网站,为学生课外学习提供指导。通过任务的梯次完成,学生可以逐步养成良好的学习习惯、工作技巧和研究兴趣,为学生未来的职业提升奠定坚实基础。

本书是集体智慧的结晶,由邹统钎、吴丽云共同制定框架、审核和统稿。书中案例、图表除注明出处外,其他一律由相应作者编写或绘制。

本书各部分的具体安排是:

模块一　北京城市学院　郑洁

模块二　北京城市学院　彭敏

模块三　北京交通职业技术学院　高润

模块四　福建三明学院　杨会娟

模块五　北京科技经营管理学院　徐萍

模块六　中国旅游研究院　吴丽云

全国高职高专旅游类"十二五"示范教材
(黄震方总主编)

旅游概论	旅游法规实务	景区服务与管理
旅游英语	旅游电子商务	会展服务与管理
旅游经济	旅游服务礼仪	导游操作实务
客源国接待实务	旅游财税基础	模拟导游
旅游心理与人际沟通	饭店经营与管理	酒店前厅实务
旅游文化	餐饮服务与管理	酒店客房实务
旅游市场营销	旅行社经营与管理	(待续)
中国旅游地理		

读者反馈表

感谢您长期以来对南师大版旅游类教材的关注和支持,为了践行一体化教学理念和全程为师生服务的理念,我社建立了旅游类教材互动反馈平台,每一位选用我社旅游类教材的读者均可享受免费获赠旅游类教研参考资料、书讯、最新教材样书以及免费使用我社旅游类教材教学和学习资源包,长期参与互动者,可成为我社高教部读者俱乐部高级会员,定期获赠样书。为了加强我社对每位读者服务的针对性和有效性,烦请填写如下反馈表。

姓 名		单 位				地 址			
院 系		电 话		邮 编		E-mail			
授课科目		学生数		其他授课科目		学生数		欲开设科目	
第__学期 春季□ 秋季□	教材选择者		第__学期 春季□ 秋季□	教材选择者		第__学期 春季□ 秋季□	学生数 教材选择者		
研究方向	欲出版教材(有□无□)	书稿名		欲出版专著(有□无□)	书稿名		欲出版其他类(有□无□)	书稿名	
对我社教材反馈意见	内容质量			编校质量			装帧质量		
	印刷质量			体例设计			定价		

填妥后请选择以下任一方式将此表返回。
电话:025-83598887   025-83598187 转 1057
E-mail:lvyoubianjishi@126.com   邮编:210097
地址:江苏省南京市宁海路122-1号南京师范大学出版社高教部
注:登录我社门户网站"资源下载"栏目免费下载旅游类教材教学资源包、学习资源包和"读者反馈表"等相关资源,请使用图书配套下载码 lgywfqj16。